MOOK no.082
地圖隨身

地圖快易通

巴黎地鐵

PARIS

Metro

2024 ～ 2025

no.082 地圖隨身
巴黎地鐵
地圖快易通
Seoul metro
2024~2025

本書所提供的各項可能變動性資訊，如交通、時間、價格、地址、電話或網址，係以2024年1月前所收集的為準；但此類訊息經常異動，正確內容請以當地即時標示的資訊為主。
如果你在旅行中發現資訊已更動，或是有任何內文或地圖需要修正的地方，歡迎隨時指正和批評。你可以透過下列方式告訴我們：
寫信：台北市104中山區民生東路二段141號9樓MOOK編輯部收
傳真：02-25007796
E-mail：mook_service@hmg.com.tw

目錄

目
錄

如何使用本書

如何使用本書

介紹該地鐵線的特色。

依地鐵線行駛的方向詳列各站,只要對照本書,就不怕坐過站!

將該線重要的地鐵站做介紹。

本站的代表景點,千萬別錯過了。

由達人帶你Stop by stop玩該地鐵線上的重要景點,循站拜訪毫無遺憾。

附上景點介紹和建議參觀時間,貼心度百分百。

本書依地鐵線→重要地鐵站→必訪景點逐步介紹。

景點、美食、購物等介紹,依照編號與地圖對應,找路好方便。

針對景點中特別典故做更深入的介紹。

右邊邊欄依序標出該地鐵線的重要停靠站,方便尋找翻閱。

針對景點中的各細部在地圖上做對位式的介紹。

地圖ICONS使用說明

◎景點	Ｈ飯店	公車站
博物館	教堂	乘船處
公園	學校	麵類
商店	劇院	和菓子
異國美食	政府機關	洋菓子
日式美食	咖啡廳	百貨商場
酒吧	旅遊服務中心	地圖

書中資訊ICONS使用說明

電話:如果要前往需事先預約的景點或是人氣排隊店,可打電話預約或確認。

傳真:可直接以傳真方式向飯店預約即時訂房。

地址:若店家均位於同一棟大樓或同一家商場,僅列出大樓名稱及所在樓層。

時間:顯示景點和店家的營業時間。

休息日:如果該店家沒有休市日就不列出。

價格:到該餐廳用餐的平均消費。

交通:在大區域範圍內詳細標明如何前往景點或店家的交通方式。

網址:出發前可先上網認識有興趣的店家或景點。

特色:提供景點或店家的優惠訊息與特殊活動的時間。

注意事項:各種與店家或景點相關不可不知的規定與訊息。

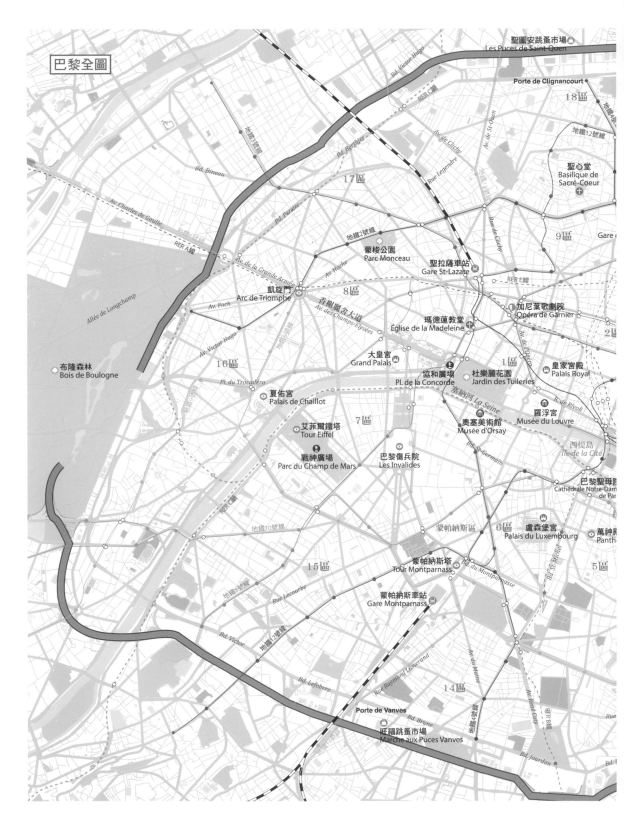

巴黎全圖

聖圖安跳蚤市場
Les Puces de Saint-Ouen

Porte de Clignancourt

18區

聖心堂
Basilique de
Sacré-Coeur

17區

9區　Gare

蒙梭公園
Parc Monceau

聖拉薩車站
Gare St-Lazare

RER E線

加尼葉歌劇院
Opéra de Garnier

凱旋門
Arc de Triomphe

8區

香榭麗舍大道
Av. des Champs-Elysées

瑪德蓮教堂
Église de la Madeleine

布隆森林
Bois de Boulogne

16區

大皇宮
Grand Palais

皇家宮殿
Palais Royal

1區

協和廣場
Pl. de la Concorde

杜樂麗花園
Jardin des Tuileries

羅浮宮
Musée du Louvre

夏佑宮
Palais de Chaillot

奧塞美術館
Musée d'Orsay

塞納河 La Seine

西提島
Île de la Cité

艾菲爾鐵塔
Tour Eiffel

7區

戰神廣場
Parc du Champ de Mars

巴黎傷兵院
Les Invalides

巴黎聖母院
Cathédrale Notre-Dame
de Paris

6區

盧森堡宮
Palais du Luxembourg

萬神

15區

蒙帕納斯區

蒙帕納斯塔
Tour Montparnass

5區

蒙帕納斯車站
Gare Montparnass

14區

Porte de Vanves

旺福跳蚤市場
Marché aux Puces Vanves

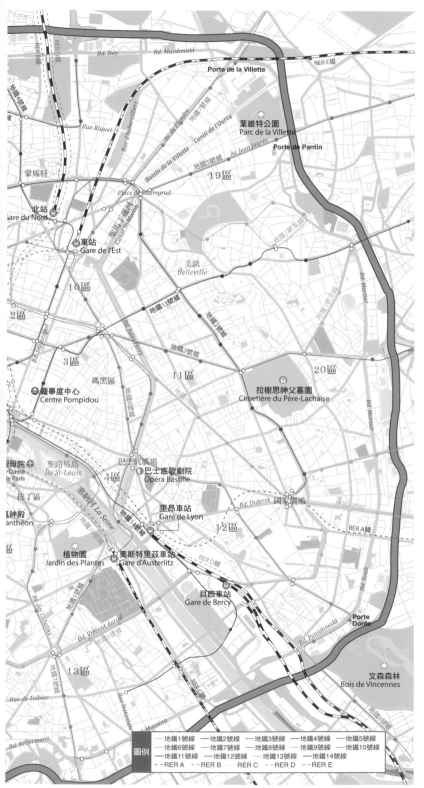

Bd. Ney
Rd. Macdonald
RER E線
Porte de la Villette
RER B線
地鐵4號線
Rue Riquet
Rue d'Aubervilliers
Av. de Flandre
Canal de l'Ourcq
地鐵7號線
葉維特公園
Parc de la Villette
Porte de Pantin
Bassin de la Villette
Av. Jean Jaurès
地鐵5號線
19區
蒙馬特
Place de Stalingrad
地鐵7號線
北站
Gare du Nord
Canal St-Martin
東站
Gare de l'Est
美鎮
Belleville
Bd. Mortier
10區
地鐵11號線
2區
地鐵9號線
Bd. Jules Ferry
地鐵3號線
3區
11區
20區
瑪黑區
龐畢度中心
Centre Pompidou
拉榭思神父墓園
Cimetière du Père-Lachaise
Bd. Mortier
母院
Dame
Paris
聖路易島
Île St-Louis
巴士底廣場
4區
巴士底歌劇院
Opéra Bastille
國家廣場
拉丁區
Bd. Diderot
RER A線
神殿
anthéon
La Seine
地鐵1號線
里昂車站
Gare de Lyon
12區
RER D線
Bd. Soult
植物園
Jardin des Plantes
奧斯特里茲車站
Gare d'Austerlitz
貝西車站
Gare de Bercy
Porte
Dorée
Av. des Gobelins
Bd. Vincent Auriol
地鐵6號線
13區
Rue Nationale
Bd. Poniatowski
文森森林
Bois de Vincennes
Rue de Tolbiac
Massena
Bd. Kellermann

圖例	地鐵1號線	地鐵2號線	地鐵3號線	地鐵4號線	地鐵5號線
	地鐵6號線	地鐵7號線	地鐵8號線	地鐵9號線	地鐵10號線
	地鐵11號線	地鐵12號線	地鐵13號線	地鐵14號線	
	RER A	RER B	RER C	RER D	RER E

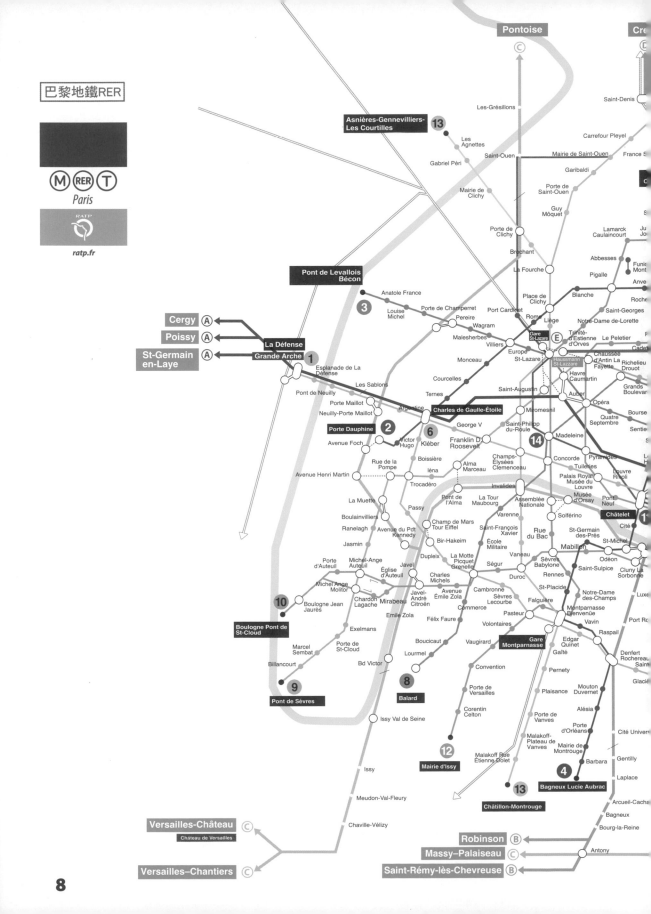

Aéroport Charles de Gaulle — Ⓑ

⑬ Saint-Denis-Université

Ⓑ **Mitry-Claye**

Basilique de
Saint-Denis

Le Bourget

St-Denis — La Courneuve
Pte de Paris — Aubervilliers

La Plaine Stade
de France

La Courneuve 8 Mai 1945 ⑦

⑫ **Mairie
d'Aubervilliers**

Aimé Césaire — Fort
d'Aubervilliers

Front Populaire — Aubervilliers-Pantin
Quatre Chemins
Pantin

**Bobigny Pablo
Picasso** ⑤

Porte de
la Chapelle — Porte
de la Villette

Bobigny-Pantin-
Raymond Queneau — Ⓔ **Chelles Gournay**

Marx
Dormoy — Corentin
Cariou — Église de
Pantin — Noisy-
le-Sec — Ⓔ **Tournan**

Marcadet
Poissonniers — Crimée — Hoche

Château
Rouge — Porte de Pantin

La Chapelle — Riquet — Ourcq

Stalingrad — Laumière — **Pré-Saint-Gervais**

Magenta — Jaurès — Danube — ⑦ᵇˢ

Bolivar — Botzaris

Gare
de l'Est — ⑦ᵇˢ — Château
Landon — Butteés
Chaumont — Télégraphe — **Porte des Lilas**

Louis Blanc — Jourdain — ③ᵇˢ — ⑪

Château
d'Eau — Colonel
Fabien — Place
des Fêtes — **Mairie des
Lilas**

Pyrénées — Saint
Fargeau

Jacques
Bonsergent — Belleville — Pelleport

Strasbourg
Saint-Denis — Goncourt — Couronnes

République — Parmentier — Ménilmontant — Porte de
Bagnolet — ③ **Gallieni**

Temple — Filles du
Calvaire — Rue St-Maur — Père
Lachaise — ③ᵇˢ **Gambetta** — **Mairie de
Montreuil**

Arts et
Métiers — Oberkampf — Croix de
Chavaux — ⑨

St-Sébastien
Froissart — Saint-Ambroise — Robespierre

Étienne
Marcel — Richard
Lenoir — Philippe
Auguste

Rambuteau — Voltaire — Alexandre
Dumas

Chemin
Vert — Bréguet
Sabin — Charonne — Avron — Porte de
Montreuil — **Marne-la-
Vallée Chessy**
Parcs Disneyland

Hôtel de
Ville — St-Paul — Ledru-Rollin — Rue des
Boulets — Buzenval — Maraîchers

Bastille — ② **Nation** — Porte de
Vincennes — Ⓐ

Faidherbe
Chaligny — Picpus — Ⓐ **Boissy-
Saint-Léger**

Quai de la
Rapée — Reuilly-Diderot — Saint-Mandé

Morland — ⑥ Montgallet — Bel-Air — Bérault

Jussieu — **Gare de Lyon** — ① — **Château de
Vicennes**

⑩ **Gare d'Austerlitz** — Daumesnil

Place
Monge — Saint
Marcel — Bercy — Michel Bizot

Campo
Formio — Quai de
la Gare — Porte Dorée

Les Gobelins — Chevaleret — Porte de Charenton

Nationale — Cour
St-Émilion — Liberté

⑭ — Bibliothèque François
Mitterrand — Charenton-Écoles

Olympiades — École Vétérinaire de
Maisons-Alfort

⑤ — Mairie d'Ivry — Pierre et
Marie Curie — Maisons-Alfort
Stade

Tolbiac — Ivry
sur-Seine — Maisons-Alfort
Alfortville — Maisons-Alfort
Les Juilliottes

Maison
Blanche — Porte de
Choisy — Le Vert de
Maisons — Créteil-L'Échat

Le Kremlin-Bicêtre — Porte
d'Italie — Vitry
sur-Seine — Créteil-Université

Villejuif Léo
Lagrange — ⑦ — Créteil-Préfecture

Villejuif
P.Vaillant-Couturier — **Mairie d'Ivry** — ⑧ **Créteil-Pointe du Lac**

⑦ Les Ardoines

Villejuif-Louis Aragon

Ⓓ **Melun**

Malesherbes

Dourdan-la-Forêt Ⓒ

Saint-Martin-d'Étampes Ⓒ

塞納河

C1 Pontoise
A3 Cergy Le Haut
Saint-Ouen-l'Aumône
Saint-Ouen-l'Aumône–Liesse
Cergy Saint-Christophe
Pierrelaye
Montigny–Beauchamp
Cergy Préfecture
Franconville–Le Plessis-Bouchard
Neuville Université
Cernay
Ermont–Eaubonne
Conflans–Fin d'Oise
Saint-Gratien
Achères–Ville
Épinay-sur-Seine
Achères Grand Cormier
Gennevilliers
Saint-De
A5 Poissy
Les Grésillons
Maisons-Laffitte
Sartrouville
Sta
Saint-Ouen
de Fran
St-Den
Houilles–Carrières-sur-Seine
Porte de Clichy
Nanterre Préfecture
Saint-Germain-en-Laye A1
Nanterre–Université
Pereire Levallois
Gare d
No
Nanterre-Ville
E1 Haussmann St-Lazare
Rueil-Malmaison
La Défense
Le Vésinet–Le Pecq
Charles de Gaulle Étoile
Auber
Le Vésinet–Centre
Neuilly Porte Maillot
Chatou Croissy
Avenue Foch
Musée d'Orsay
Invalides
Avenue Henri Martin
St Mic
-Notre
Boulainvilliers
Pont de l'Alma
Champ de Mars Tour Eiffel
Avenue du Pdt Kennedy
Luxembourg
Zone 5
Zone 4
Zone 3
Zone 2
Javel
Port-Royal
Denfert-Rochereau
Pont du Garigliano
Cité Universitaire
Issy-Val de Seine
Gentilly
Laplace
Chaville–Vélizy
Issy
Arcueil–Cachan
Viroflay–Rive Gauche
Meudon Val-Fleury
Bagneux
Porchefontaine
Fontenay aux-Roses
Sceaux
Versailles-Château C5
Bo
la
Saint-Cyr
Parc de Sceaux
C7 Saint-Quentin-en-Yvelines
Versailles Chantiers C8
Petit Jouy Les Loges
Robinson B2
La Croix de Berny
Por de Ru Aérop d'Or
Antony
Jouy-en-Josas
Fontaine-Michalon
Vauboyen
Les Baconnets
Rungis La Fraternelle
Bièvres
Chemin d'Antony
Or Oue
Igny
Massy–Verrières
Palaiseau
Massy–Palaiseau
Bures sur-Yvette
Palaiseau–Villebon
C2
La Hacquinière
Orsay Ville
Le Guichet
Lozère
Longjumeau
Saint-Rémy-lès-Chevreuse B4
Gif sur-Yvette
Chilly Mazarin
Courcelle sur-Yvette
Gravigny Balizy
Petit Vaux
St- sur
Dourdan-la-Forêt C4
La Norville Saint-Germain lès-Arpajon
Bré sur
Dourdan
Sermaise
Saint-Chéron
Breuillet Village
Breuillet Bruyères le-Châtel
Égly
Arpajon
Ma en-
Bouray
Lardy
Chamarande
Étréchy
Étampes
C6 Saint-Martin d'Étampes

速讀巴黎

文·圖／墨刻編輯室

1分鐘搞定巴黎

地理位置

位於法國北部盆地的中央，塞納河(La Seine)蜿蜒其間，將巴黎分成左右岸，河中央還有兩座河心島——西堤島(Île de la Cité)與聖路易島(Île Saint-Louis)。

氣候

屬於溫帶海洋性氣候，受到北大西洋洋流的影響，終年受西風吹拂的它雨量平均，唯獨冬日天氣較為陰霾，夏季平均溫度介於15~24℃，冬季則在2~7℃。

時差

台北時間減7小時，夏令時間(3月最後一個週日起至10月最後一個週日止)減6小時。

營業時間

◎餐廳

一般酒吧和咖啡廳07:00~08:00營業至22:00，而巴黎人的吃飯時間大約是12:00~13:30以及20:00~22:30，所以這兩個時段以外比較難找到正餐，但餐廳還是會供應冷盤小吃，若餐廳標有「service continu」則表示不分時段供應正餐。

◎商店

大部分商店的營業時間是週一至週六09:00~19:00，而週日及例假日休息；少數商店會在午餐時間以及週一全天休息。至於香榭麗舍大道(Champs-Élysées)和瑪黑區(Le Marais)的商店則是全年無休！

◎博物館、地標

博物館一般從09:00~10:00開放至17:00~18:00，週一或週二休館，1/1、5/1及12/25也不開放參觀。目前全年無休的景點包括艾菲爾鐵塔(Tour Eiffel)、蒙帕納斯塔(Tour Montparnasse)與達利美術館(Espace Salvador Dali)。

歷史‧巴黎

建城開始

◎很久很久以前…

凱爾特人(Gauls)來到塞納河中游(現今的西堤島)，建立了一個名為魯特西亞的村莊，並稱為「巴黎斯人」(Parisii)，可說是巴黎最早的起始。

◎西元前52年

羅馬皇帝凱撒大帝(Gaius Julius Caesar)進占高盧(Gallia)，羅馬人開始統治這一區。然而從3世紀後，羅馬帝國開始出現危機，日爾曼人迅速向帝國境內的領土侵徒。

◎508年

日爾曼人的法蘭克人部族占領此地，部落的墨洛溫王朝(Merovingian)國王克洛維一世(Clovis)與高盧人共同建立王國，首府就設在原先被稱為巴黎斯人的這塊區域，此時也更名為「巴黎」。

英法百年戰爭

◎8~10世紀

巴黎開始繁榮與進步，歷經了加洛林王朝(Carolingian)、卡佩王朝(Capetian)；在雨果卡佩(Hugo Capet)公爵的領導之下，這裡成為歐洲文化、學術和政治的中心。

◎12世紀

巴黎許多歷史上的經典建築是在這段時期完成的，如巴黎聖母院、索邦大學、羅浮宮等。

◎1328年

瓦盧瓦王朝(Valois)腓力六世(Philippe VI)與英王愛德華三世(Edward III)，因王室繼承問題引發英法百年戰爭(Hundred Years' War)。

◎1428年

南部城鎮奧爾良(Orlans)宣告淪陷，此舉激起了法國人的愛國心。

◎1429年

聖女貞德(Joan of Arc)率軍前進奧爾良，成功擊退英軍，從此扭轉法國在百年戰爭裡一直敗退的局勢。查理七世(Charles VII)被擁立為新任法王。

◎1436年

法國終於正式收復巴黎

法國大革命

◎1515~1547年

弗朗索瓦一世(François I)在位，喜愛藝文的他，在巴黎周邊建立了許多美麗的城堡。

◎1638~1715年

波旁王朝(Bourbon)路易十四(Louis XIV)5歲時登基，是法國史上執政最久的君王，然而在位時頻繁的戰爭以及各種嚴重的治安、財政問題，讓人民民不聊生，他卻不顧子民感受，還在郊區大興土木建造凡爾賽宮。

◎1789年

路易十六(Louis XVI) 執政期間依舊不得民心，君主專制制度引發嚴厲挑戰，巴黎人攻占巴士底監獄，揭開了長達10年的法國大革命(Guerres de la Révolution Française)的序幕，這一天後來也成為法國國慶日。

◎1792年

法國君主專制政體正式廢除

◎1793年

路易十六被送上斷頭台，波旁王朝結束。

拿破崙時期

◎1799年

在過去這段充滿動盪不安的時期，巴黎建設幾乎處於停擺，直到拿破崙(Napoléon Bonaparte)出現，他的好大喜功讓巴黎出現了難得一見的建設，然而隨著他的失勢退位，這個城市又面臨百廢待舉的局面。

◎1852年

拿破崙三世(Napoleon III)登基稱帝，他在奧斯曼男爵(Baron Georges Eugène Haussmann)的建議下，致力發展巴黎，將有如貧民窟的巴黎改造成摩登大都會，塞納河也搖身變成優雅的仕女，巴黎自此增添了無與倫比的美麗與浪漫。

◎1871年

法國在普法戰爭(Franco-German War)中戰敗，巴黎遭到破壞，許多重要建築被燒毀，而法國也宣告第二共和國結束，第三共和國時期開始。

美好時代

◎1900年

巴黎終於擺脫了戰爭的陰霾，在這段象徵法國美好時代(La Belle Epoque)的時期，巴黎不論在藝文、建築甚至科學方面，都有了嶄新的面貌，新藝術(Art Nouveau)建築不斷出現，成了前衛藝術人士夢想進駐的地方，科學發明傳入巴黎，讓這裡有了現代化的發展，巴黎成為兼具藝文和文明的現代之都。

◎1940年

第二次世界大戰爆發(1939~1945)，納粹德國入侵巴黎，當時希特勒(Adolf Hitler)曾打算對這個城市進行全面性的摧毀，所幸計畫尚未實行，4年後盟軍就順利擊退德軍。

現代巴黎

◎1972年

法國總統喬治龐畢度(George Pompidou)下令建造的龐畢度中心。

◎1981~1995年

密特朗總統(François Mitterrand)任職期間，針對巴黎有所謂的十大工程建設，如改造羅浮宮、拉德芳斯都市規畫、拉維雷特建設…而巴黎第一條高速鐵路——東南線(LGV Sud-Est)，也是在這段時期完成。

今天

巴黎仍扮演著法國首都與政治、文化中心的角色，這裡居住來自世界各地的人，包括大量來自北非和越南的移民，也吸引無數的觀光客造訪這個美麗的城市。不論是就藝術、時尚、文化、美學、音樂、建築、美食各方面，巴黎都引領風騷，是世人永遠矚目的焦點。

在巴黎必做的10件事

「這座城市是電動的，是一條流動的筵席。」作家海明威曾巧妙地形容巴黎，在艾菲爾鐵塔前等待亮燈的時刻、到羅浮宮花上一整天，或者在溫暖的夏日午夜，沿著塞納河岸散步，沒做過這些事，不能說你來過巴黎！

①塞納河遊船

塞納河可說是巴黎的母親之河，巴黎多少名勝古蹟，沿著河畔建立發展，並於1991年就名列世界文化遺產。

巴黎以塞納河為中心分成左岸和右岸，為連結河的兩岸，建立了多達37座橋樑，讓遊客可以隨時站在橋上，欣賞塞納河的綽約風姿；而除了靜態欣賞美景，沿著河畔悠行，也可以看盡巴黎幾世紀以來的絕代風華；當然，最輕鬆的方式莫過於搭乘觀光船，順著船行、迎著涼風，便可一一瀏覽兩岸經典建築，輕鬆進行一趟精緻的巴黎小旅行。

②拜訪羅浮宮

羅浮宮是世界最大最具象徵地位的博物館，同時是古代與現代建築史的最佳融合。這裡收藏了42萬件藝品，藏品年代橫跨古代東方文物(西元前7,000年)到19世紀(1858年)的浪漫主義繪畫，其中經常展出的有13,000件，有人說，每天花3小時到羅浮宮看展覽，就可以在巴黎待上一年了。20世紀，因應博物館開放給大量人潮，館方邀請華裔建築師貝聿銘替羅浮宮設計新空間除了面積廣達45,000平方公尺的超大型地下建築外，最著名的要屬當作博物館主入口的玻璃金字塔。

③從凱旋門看巴黎都市規劃

凱旋門所在的戴高樂廣場(Place Charles de Gaulle)，是巴黎12條大道的交匯處，這些大道部分就是以法國知名將領命名。

買票可登上284階的凱旋門頂樓，從這裡可眺望整個巴黎市區，包括從東邊香榭麗舍大道(Avenue des Champs-Élysées)望至羅浮宮(Musée du Louvre)，西邊則可以遠眺至拉德芳斯(La Défense)的新凱旋門(Grande Arche)。

④艾菲爾鐵塔看夜景

要體會巴黎的浪漫風情，最好的方法之一，就是在天幕低垂之際登上艾菲爾鐵塔，落日輝映晚霞，等待星辰交替的城市夜景，欣賞巴黎的沉靜之美，特別是往燈火通明的凱旋門方向望去，車流與街燈交織的璀璨之景，令人目光不忍稍移。當然，你也可以將艾菲爾鐵塔當成主角，無論是從夏佑宮或戰神公園兩地取景，這個當地人口中的「巴黎貴婦」(La Grande Dame de Paris)，都是極為經典的明信片畫面。

⑤ 凡爾賽宮看過去皇室的奢華

這是法國有史以來最壯觀的宮殿，耗費了50年才打造完工，其規模包括宮殿(Le Château)、花園(Jardins de Versailles)、特里亞農宮(Les châteaux de Trianon)、瑪麗安東奈特宮(Le Domaine de Marie-Antoinette)和大馬廄(La Grande Ecurie)等。在這裡，看到的不僅是一座18世紀的宮殿藝術傑作，同時也看到了法國歷史的軌跡。

⑥ 香榭大道購物

香榭麗舍大道從16世紀開始便已存在，當時這裡是紳士名媛著名的社交舞台，今日依舊不減光輝，成為觀光客眼中購物大道的代名詞，寬廣的林蔭大道兩旁林立著精品店和服飾店，其中包括LV巴黎最大的旗艦店，此外還有平價品牌，讓人逛起街來沒有壓力；如果不購物，大道上有不少咖啡店、餐廳可供休息，像是以馬卡龍(macaron)聞名的百年糕餅老店Ladurée門口總是大排長龍，坐在這條全世界地段最昂貴之一的街頭，欣賞川流不息的遊客與車水馬龍的街景，也別有一番滋味。

⑦ 加尼葉歌劇院看芭蕾

這裡是過去法國皇帝欣賞歌劇的場所，不管內部裝飾或外觀建築都極盡華麗之能事。進入歌劇院後，視線馬上又被宏偉的大階梯所吸引，大理石樓梯在金色燈光的照射下更加閃亮，至於裝飾大階梯上方天花板的，則是描繪許多音樂寓言傳奇故事的壁畫。在這樣富麗堂皇的歌劇院看芭蕾舞劇，不論是柴可夫斯基的《胡桃鉗》，還是普羅高菲夫的《羅密歐與茱麗葉》，都是難得的體驗。

⑧ 坐在奧塞美術館雕刻中庭賞景

奧塞美術館的收藏不但集印象畫派之大成，古典主義藝術風格的建築物本身也是頗有看頭；它的屋頂採用玻璃，讓人可在自然光線下欣賞藝術作品。

置身雕刻中庭正中央，就位在入口下方，抬頭往上看大巨大的時鐘，透過毛玻璃，你可以看到人影穿越走道，而立在中庭的歷史雕像，更是栩栩如生。

⑨ 喝杯悠閒左岸咖啡

多年前，一支「左岸咖啡」廣告，讓大家對巴黎的咖啡館有了浪漫瑰麗的聯想，但事實上，巴黎並沒有任何稱做「左岸咖啡」的咖啡館，真的要解釋，位於塞納河左岸的咖啡館都可以廣義稱之。而左岸的咖啡館之所以出名，最主要的還是它的氣氛，造就此魔力的幕後推手是活躍於當地文化舞台的作家、詩人、思想家、畫家等藝文工作者，其大本營正是在巴黎的學術文化中心——拉丁區。西蒙波娃和沙特這對永恆的戀人每天都要到花神(Café de Flore)或雙叟(Café aux Deux Magots)咖啡館消磨時光，他們在此書寫、與友人辯論，許多影響後世的思想和作品就這麼浮現於滿載咖啡香的空氣中。

⑩ 攀行蒙馬特街道

這個位於巴黎北面的區域，洋溢著迥異於巴黎市中心的風情，狹窄的石頭巷弄、可愛的購物小店、齊聚著畫家的廣場…早年的蒙馬特充斥著藝術家和酒館，瀰漫著放蕩不羈的氣息。陡峭石梯、淡色粉刷的老屋、還有厚重石頭鋪設的古老街道，在蒙馬特窄巷緩慢遊走，十分饒富趣味。

巴黎地鐵大解析

文·圖／墨刻編輯部

巴黎的大眾交通工具有地鐵(Métropolitain，簡稱Métro)、RER、巴士(Bus)、電車(Tramway)，以及往大巴黎區的火車Transilien，其中對遊客而言，最重要且最方便的交通工具就是地鐵了。

1900年，巴黎就已經開通了第一條地鐵(1號線Ligne 1)，經過一個世紀以來的經營，巴黎的地鐵網絡愈加綿密，總長度和客流量，也位居全球前十名。

巴黎的地鐵是由RATP(Régie Autonome des Transports Parisiens)所經營，巴黎地鐵主要運行於市中心和部分近郊(1~3環)，由於各站之間的平均距離約僅有500公尺，讓人到巴黎旅遊，也僅要靠地鐵，就可以順利抵訪各大觀光勝地，可說實實在在節省了時間和金錢，快速又方便，大大增加到巴黎自由行的可能性。

14條METRO暢行無阻

巴黎地鐵Métro主要運行的範圍在2環之內(巴黎所有必訪景點幾乎都在這2環內了)，共有14條路線，以數字表示，分成M1、M2、M3…M14，在路上你只要看到有牌柱立著M或是MÉTRO字樣的，就表示是地鐵站。

在大型的地鐵站內，都設有線路告示看板，只要沿著指示走準沒錯。如果必須轉車，記得尋找「Correspondence」(轉乘)看板，看板上會註明線路號碼與終點站名，跟著看板指示走，就可抵達月台。

5大RER高速郊外快車

除了地鐵，RER也是遊客可能會搭乘到的，RER是高速郊外快車(Réseau Express Régional)的簡稱，其運行範圍較廣，可以通行到2環之外的郊區，共有5條線，以英文字母表示，分成RER A、B、C、D和E，在RER的入口站，會豎立RER的牌招。

RER雖然通行範圍較廣，但站距較廣，以遊客經常出入的市區2環範圍來說，密度反而不及地鐵，因此，除非到巴黎近郊，遊客實際搭乘RER的機會比地鐵少很多，本書的介紹也以Métro為主。

早期由Hector Guimard設計的地鐵出入口，採用新藝術(Art Nouveau)風格，這類型的設計也被稱為「地鐵風格」(style Métro)，如今巴黎還保留著80多個Guimard地鐵站。

下車後，先找到上頭寫著「Sortie」(出口)的藍色看板，跟著箭頭走，即可出地鐵站。

地鐵站外，一般都會豎立著這種有「METRO」字樣的站牌。

像這樣單單以黃色「M」的牌柱來表示地鐵站也很常見。

若沒有相通的地鐵線可轉乘，RER通常是獨立成一站，圖為Cité Universitaire站。

若該站為轉乘大站，有地鐵、RER，甚至火車、公車站相接，RER則多為室內的獨立閘門，圖為La Défense站。

等車別站在月台邊

在沒有安全閘門的月台，建議等車時不要站在月台邊緣，因為曾經發生過有人從後面將準備搭車的人推下月台而致死的事件，所以等車時最好還是站後面一點，反正巴黎人上地鐵是不排隊的。

　　由於地鐵均位於2環以內，因此只有一種票價，至於RER則因為通往5環，所以票價出巴黎市區後會隨距離而異，不過在市區內地鐵和RER是可以互相轉乘使用的，相當方便。但如果你前往的景點超過2環，如凡爾賽宮、迪士尼樂園、河谷Outlet購物村、新凱旋門(La Défense)或戴高樂機場等，從地鐵轉乘RER前往的話，由於地鐵票的涵蓋區域沒這麼大，請務必先下車，到售票櫃台重新購票(票價依目的地遠近而不同)，再轉乘RER，以免到了目的地卻無法出站。特別提醒的是，和Métro不同的是，RER的出入口處都是設有驗票機的，需通過驗票機能進出(Métro目前僅有14號線的少數站出站需刷卡)。

車票種類和車資

　　巴黎地鐵的票價是以次數計算，也就是不論搭乘Métro或RER，只要在有效的區域內，不管距離遠近，價格都是一樣的，而且可以同時使用於Métro、RER和巴士，換言之，只要一張票，就可以自由搭乘(轉搭)這些交通工具。

單張票Billet/Ticket

　　可於有效區域內自由搭乘(轉搭)地鐵或2環內的RER至目的地。
💲一張€2.1

回數票Carnet

　　目前購買紙本車票沒有特別優惠，需要透過Navigo Easy加值才能享有10張票€16.9的優惠。但首先要購買Navigo Easy的儲值卡€2。

一日票Mobilis

　　可以在一日內，在有效區域內不限使用巴黎公共交通(地鐵、RER、公車等，機場到市區的交通除外)的次數，一般來說，如果在同一天內使用地鐵的次數超過5次以上，買一日票會比較划算。由於巴黎大部份景點都位於2區內，因此建議購買1~2區即可。需在票上填寫使用日期和姓名後啟用。可於地鐵站和RER站櫃台或售票機購票。

💲1~2區€8.45、1~3區€11.3、1~4區€14、1~5區€20.1

🌐www.ratp.fr/en/titres-et-tarifs/mobilis

如何辦一張
Pass Navigo Découverte

第一次使用時，請到售票口以€5購買Pass Navigo卡片(退卡時不退費)，並繳交2.5×3cm的照片一張(如果未帶照片，可至一旁的快照機付費拍照)，拿到卡後才能開始加值。Pass Navigo卡片共有兩張，一張是感應卡，進出站時要刷，另一張則是身份卡，上頭有照片與個人資料，遇到站務員查票時，必須拿兩張卡一起查驗。離境前若沒退卡，下次再來巴黎旅遊時，仍可繼續使用。可於地鐵站和RER站櫃台或售票機，以及網站(navigo.fr)購票。

Pass Navigo Découverte

　　這是一種IC乘車通行卡，和台灣的悠遊卡相似，都需要儲值，一次加滿一週或一個月的額度，如額度用完了，就再以機器加值即可。

　　Pass Navigo Découverte可以在有效期限內無限次的使用地鐵、RER和其他交通工具，但需特別注意的是，週票的使用效期都是從週一開始至週日結束，換言之，如果是週二買票，一樣只能用到週日，所以最好從週一開始儲值使用，時間愈晚，如已經週四、週五甚至週六了，使用Pass Navigo Découverte顯然就不划算了。至於月票亦然，是從每月的1日使用到最後一天。

Pass Navigo票價(單位：歐元€/每人)

區域	週票	月票
1~2區		
1~3區		
1~4區		
1~5區	30	84.1
2~4區		
2~5區		
3~5區		
2~3區	27.45	76.7
3~4區	26.6	74.7
4~5區	26.1	72.9

🌐www.iledefrance-mobilites.fr/en/tickets-fares/media/navigo-decouverte-travel-card

1 尋找加值機。

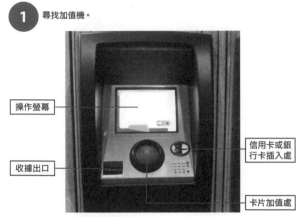

操作螢幕

收據出口

信用卡或銀行卡插入處

卡片加值處

2 目前加值機多已換成新式的觸控式螢幕，只要手指碰觸螢幕即可進入選擇畫面。這裡先選「英文」選項，畫面即可以英文操作。

3 螢幕出現加值指示，此時將卡放在螢幕下方圓形紫色的加值區。

4 出現要加值多久的畫面。

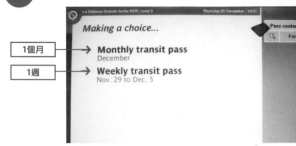

1個月 → Monthly transit pass
1週 → Weekly transit pass

5 選擇要買的環區後，點選螢幕右下綠色的Validate表示確定。

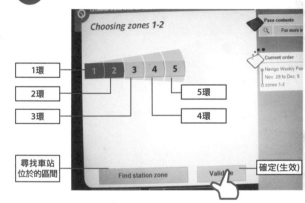

1環
2環
3環
5環
4環

尋找車站位於的區間   Find station zone   Validate   確定(生效)

6 接著螢幕會顯示所購買的區域和價錢，如無誤再點選右下綠色Validate。

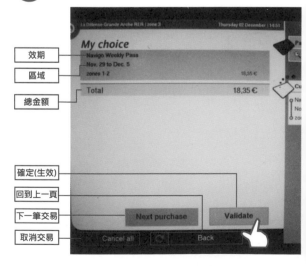

效期
區域
總金額

確定(生效)
回到上一頁
下一筆交易
取消交易

Next purchase   Validate   Cancel all   Back

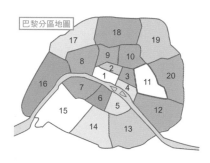

7 插入信用卡付費，螢幕下方所顯示的是此機器可接受的卡別。（因為金額較大的緣故，這種單純加值的機器僅收信用卡或銀行卡，不收現金。）

8 付費完後螢幕會出現取出卡片的指示，此時表示加值成功，請取出卡片。

小叮嚀 請問您要加值還是買票呢？

　　各站機器略有不同，有些是加值、買票合一機，有些則是分開。若只寫Rechargement Navigo，表示此機只能加值，若有再寫上tickets表示可買票。可同時加值及買票的機種，其螢幕非觸控式的，操作時以螢幕下方的鐵色滾輪為主。至於付費方式，新一點的機器通常也收Visa和Master card。

巴黎通行證Paris Visite

　　如果喜歡到處跑，建議買張巴黎通行證，分為1~3區、1~5區兩種，天數則有1、2、3、5日可選擇，在期限內不僅可以無限次搭乘地鐵、RER、巴士、火車等大眾運輸工具，而且參觀景點、搭乘觀光巴士或塞納河遊覽船都有折扣，不妨多加利用。需在通行證上填上使用日期和姓名後啟用，可於地鐵站和RER站櫃台或售票機、遊客服務中心購票。

巴黎通行證票價(單位：歐元€/每人)

區域	全票				優待票			
	1日	2日	3日	5日	1日	2日	3日	5日
1~3區	13.55	22.05	30.1	43.3	6.75	11	15.05	21.65
1~5區	28.5	43.3	60.7	74.3	14.25	21.65	30.35	37.15

網址：www.ratp.fr/en/titres-et-tarifs/paris-visite-travel-pass

巴黎的區間

從巴黎市區到近郊一共分成5個區間(Zone)，巴黎主要觀光景點都位於1~2區內，也就是都在地鐵票適用的範圍，但如果要到遠一點的地方，則要購買RER車票或適合的優惠票券。
1區(1 Zone)：巴黎市區(巴黎的行政區域20區內皆是)
2區(2 Zone)：巴黎市周邊，含布隆森林。
3區(3 Zone)：拉德芳斯一帶
4區(4 Zone)：奧利機場、凡爾賽宮。
5區(5 Zone)：戴高樂機場、河谷Outlet購物村、巴黎迪士尼樂園、楓丹白露。

巴黎分區地圖

地鐵票真好用

介紹的這些票種除了可以搭地鐵，還可以搭乘購買區域內所有的RER、巴士、電車(Tramway)、火車及蒙馬特的纜車，但到機場的Orlybus、Roissybus、Bus Airfrance除外。至於單程票和回數券，除地鐵外，還可搭小巴黎(1~2環)內的RER，及整個大巴黎區(Île de France)由RATP所經營的巴士系統；在1.5小時內可任意轉乘有效區域內的地鐵／RER、RER／RER、巴士／巴士、巴士／電車、電車／電車，唯每次轉乘時都要刷卡。

如何購買地鐵票

　　巴黎地鐵票可以在地鐵站的售票窗口購買，可以直接說英文購買，若擔心售票人員聽不懂，可以直接在字條上寫出法文，再交給對方看就沒問題了。或者也可以直接至自動售票機購買，機器可選擇英文頁面，方法很簡單。但要注意，此時最好自備零錢，因為有些機器並不接受紙鈔，或是只接受當地法國銀行發行的信用卡。

可以用英文向地鐵站的售票窗口買票。

常見交通法語

法文怎麼說？
我想要_____票。 Je voudrais acheter un _____.　　　　　(空白處填上想要購買的票種)

單張票	Billet/Ticket	巴黎通行證	Paris Visite
回數券	Carnet	目的地	Destinations
一日票	Mobilis	前往方向	Direction
週票和月票	Pass Navigo Découverte	入口	Entrée
		出口	Sortie

1 尋找加值機。

2 操作機器時,任何步驟都需先轉動螢幕下方中央的灰色圓筒滾軸,在螢幕上選擇該項時整欄會轉成深藍色,接下來就要按螢幕右下方綠色的「Valider」鍵表示確定,左下方的紅色鍵「Annuler」則是取消鍵。而購票機因為機種不同,有的可收硬幣、有的可收鈔票,可從機器上有無投幣口或餵鈔口來判斷。

操作螢幕

紅色的 Annuler 鍵(取消鍵)

圓筒滾軸

信用卡或銀行卡插入處

卡片密碼輸入按鍵

綠色的 Valider 鍵(確認鍵)

吐票口

3 遇到此類型可買票或加值Pass Navigo Découverte的機器,首頁要先選擇「買票」或「加值」,選擇「買票」後按綠色鍵。

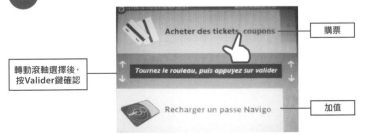

轉動滾軸選擇後,按Valider鍵確認

購票

加值

4 接下來選擇操作螢幕時的使用語言。法語的買票選項下方有其他語言選項,轉動滾軸至此項後按綠色鍵確定。

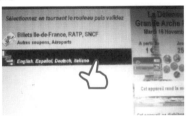

5 選擇「English」後按綠色鍵,就會進入下一步驟的英文操作頁面。

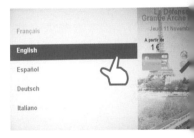

6 出現英文的買票頁面,同樣轉動滾輪,選擇購買巴黎地區各種車票的選項,然後按下綠色鍵。

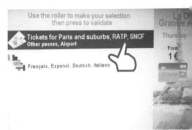

7 接著會出現各式票種的頁面,注意票種的選擇上可能會依所在車站、機型不同,而有排列順序上或選項的不同。本書以2台機器為例,同樣依個人需要轉動滾輪選擇後,按下綠色鍵。

從該站出發往大巴黎郊區的單張車票

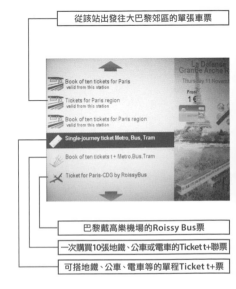

巴黎戴樂高樂機場的Roissy Bus票

一次購買10張地鐵、公車或電車的Ticket t+聯票

可搭地鐵、公車、電車等的單程Ticket t+票

8 這時會出現購買全票或半票的畫面，同樣轉動滾輪選擇後按綠色鍵。

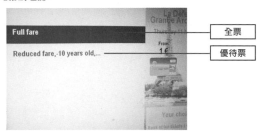

全票

優待票

9 然後，機器會問是否要收據。選擇後按下綠色鍵確定。

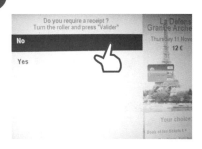

10 不同的機器顯示的畫面可能不同。付款時只需直接插入信用卡或投入硬幣、紙鈔即可，不需再按任何選項。

使用信用卡

使用現金
（硬幣或紙鈔）

使用信用卡

使用硬幣

使用紙鈔

11 本書使用信用卡付費，待螢幕顯示可抽出信用卡後，表示結帳成功。

購買可搭地鐵、公車、電車等的Ticket t+票，按下去後將會出現單程票和回數票的選項

從該站出發往大巴黎郊區的票

從該站出發往巴黎市區的票

26歲以下的青年票

巴黎通行證Paris Visite

一日票Mobilis

往機場的票

12 待出票口亮燈熄滅後，票便吐出，請儘速將票取出。

停擺的地鐵

巴黎交通系統常有大大小小的意外，有時是故障、有時是整修，有時還會罷工，通常每個地鐵站入口閘門前都有個小電視，隨時更新狀況，可惜幾乎是法文。另外，如果發現車廂內的地鐵圖上某站被打了個╳，並註明工程時間，那就表示那站的地鐵正在施工，不會停靠。

如何搭乘地鐵

　　首先要有一份正確的地鐵路線圖，請參考本書P.18~20，或是至地鐵站、百貨公司、遊客服務中心或各大飯店免費索取。依地鐵路線圖決定自己要去的地方要搭哪一線的地鐵。

1 進入地鐵站入口，尋找有綠色箭頭的驗票機，由此進入，持票的要找有插票口的入口，持Navigo Découverte則以感應卡片的方式進入。

2 將車票有磁條的面朝下，插進驗票口；持Navigo Découverte卡者則將卡片放入紫色感應區。

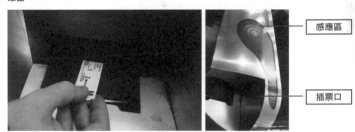

感應區

插票口

3 票吸進去後會出現白色Reprenez Votre Billet(請取出車票)的訊息，此時可把票抽出來(持Navigo Découverte則直接感應)，此時自動門會打開(或推旋轉桿)，即可進站。若插票後顯示橘紅色燈號，並出現類似機器故障的嗶聲，則表示該張票有問題。

4 尋找Direction指示牌，上面會註明線路號碼和終點站的站名，與自己欲前往目的地「路線和終點站相符」的指示牌，才是正確的方向，找到了即依箭頭指示前往該月台。

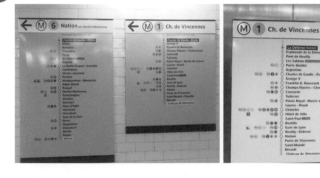

5 大部份路線的地鐵車門不會自動開啟，上下車時，皆需自行啟動門把(把門把往上提，見圖左)或按下綠色按鈕(圖右)。

門把往上提　　　　　　　　　　　　　　綠色按鈕

7 當需要轉乘時，就請依指示牌的箭頭標示前往，上面會註明線路號碼和終點站名，同樣依其指示的方向前往，即可抵達該月台。

6 由於大部份地鐵的停靠站不一定會廣播，即使有也是法文，所以上車時可以對照手中或車上的地鐵圖，留意大概要坐幾站下車，或是每到一個停靠站時，向窗外確認站名，就不容易坐錯站了。

8 出站時，可依本書或地鐵站內的周邊街道圖尋找正確出口，或是直接查詢寫著法文出口「Sortie」的藍色指示牌，上頭會註明出口的街道名和最近的建築名。

擁有完整網絡的巴黎地鐵，
讓人不用跟團，
即可造訪所有精華景點。
現在就請你跟著MOOK達人，
善加利用地鐵和自己的雙腳，
以最經濟、輕鬆的方式，
遊覽這個美麗城市。

DAY 1　羅浮宮博物館→馬列咖啡館→麗弗里街→拉德芳斯
DAY 2　凱旋門→香樹麗舍大道→協和廣場→橘園美術館→加尼葉歌劇院→瑪德蓮教堂→瑪德蓮廣場
DAY 3　聖路易島→巴黎聖母院→聖禮拜堂→聖日爾曼德佩教堂→左岸咖啡館→聖日爾曼大道→蒙帕那斯咖啡館
DAY 4　羅丹美術館→奧塞美術館→艾菲爾鐵塔→塞納河遊船
DAY 5　龐畢度中心→法蘭克特權者街→聖心堂→帖特廣場→雙磨坊咖啡館→紅磨坊

達人帶路

文·圖／墨刻編輯部

搭地鐵五天精采遊巴黎

第1天　天氣晴。羅浮宮藝術巡禮

Start 搭Ⓜ 1、7號線於Palais-Royal Musee du Louvre站下

羅浮宮博物館
Musée du Louvre

　　首站來到來巴黎必訪的羅浮宮，由於館藏浩大，請先依照本書做些功課，選定想看的區域再行動吧！(見P.52~61)

步行1分鐘

馬列咖啡館
Le Café Marly

　　這家位於羅浮宮迴廊的咖啡館，擁有絕佳的視野，氣氛很棒。(見P.51)

搭Ⓜ 1、11號線於Hôtel de Ville站下

市政廳Hôtel de Ville

　　半世紀前，市政廳因《市政廳之吻》照片而聲名大噪，美麗輪廓深植人心，在藍天陪襯下顯得宏偉壯觀。(見P.62)

搭Ⓜ 1號線於La Défense-Grande Arche站站下

拉德芳斯La Défense

　　拉德芳斯是巴黎的新都心，新凱旋門也在這裡。(見P.36~37)

第2天　天氣晴。香榭大道優雅血拼

Start 搭Ⓜ 1、2、6號線或⒭ A線於
Charles de Gaulle Étoile站下

凱旋門
Arc de Triomphe
除了欣賞凱旋門雄偉建築
和雕刻，還可以登上頂樓眺
望巴黎市區。(見P.38~39)

步行1分鐘 (或搭Ⓜ 1號線於George
V、Franklin D. Roosevelt或
Champs-Élysées-Clemenceau站下)

香榭麗舍大道
Avenue des
Champs-Élysées
在這條林蔭大道不但可
購物血拼，還能找家餐廳或
咖啡館用餐休息。(見P.40)

步行3~5分鐘
(或搭Ⓜ 1號線於
Concorde站下)

步行5~7分鐘

協和廣場
Place de la
Concorde
曾在歷史上占
有重要篇章的協
和廣場，今日為
國慶閱兵及遊行的據點。(見P.49)

橘園美術館
Musée de
l'Orangerie
別忘了順道到橘
園美術館看莫內的
名作真跡——《睡
蓮》。(見P.49)

搭Ⓜ 8號線於
Opéra站下

步行10~15分鐘 (或搭Ⓜ 8
號線於Madeleine站下)

瑪德蓮教堂
Église de la Madeleine
充滿莊嚴氣氛的瑪德蓮教
堂，美麗的建築身影總讓人再
三流連。(見P.111)

步行1分鐘

加尼葉歌劇院Opéra de Garnier
加尼葉設計的這座歌劇院，金碧輝煌的圓
頂實在太美了。(見P.74)

瑪德蓮廣場
Place de la
Madeleine
在瑪德蓮廣
場可逛可買，其
中佛雄這家店
的甜點和餐食很有名！(見P.111)

第3天　晴轉多雲。來杯悠閒左岸咖啡

Start

搭Ⓜ7號線於Pont Marie站下

聖路易島
Île Saint Louis
　　島上有許多高貴優雅的別墅、建築，還有不少個性小店可以逛逛。(見P.104~105)

步行10分鐘

聖禮拜堂
Sainte Chapelle
　　聖禮拜堂以迷人的彩色玻璃窗馳名。(見P.80)

搭Ⓜ4號線於Saint Germain des-Prés站下

聖日爾曼德佩教堂
Église Saint-Germain-des-Prés
　　參觀完聖潔的聖日爾曼德佩教堂，總讓人感到內心平靜。(見P.83)

步行1~5分鐘

雙叟咖啡館
Café aux Deux Magots
或花神咖啡館
Café de Flore
　　找個時間來左岸咖啡館，度過下午茶時光吧！(見P.82~83)

步行1~5分鐘

搭Ⓜ4號線於Vavin站下

Citypharma
藥妝店
　　到巴黎最便宜的藥妝店，販售各大品牌保養品，連當地人也愛來這補貨。(見P.82)

名人咖啡館
Cafés in Montparnasse
　　大道上的圓頂、多摩、圓廳和丁香園等咖啡館，都因有名人造訪過，而變得與眾不同。(見P.86)

29

第4天　多雲。河岸留言

Start 搭 Ⓜ 13號線於Varenne站下

羅丹美術館 Musée Rodin

　　美術館分室內外展區，陳列羅丹及他的愛人——卡蜜兒的作品。(見P.135)

搭 Ⓜ 4號線於Invalides站，轉 ⒭ C線於Musée d'Orsay站下

奧塞美術館 Musée d'Orsay

　　喜愛印象派的畫迷，在這裡可以親見莫內、梵谷、雷諾瓦、馬內、竇加等人的作品。(見P.148~151)

搭 ⒭ C線於Champs de Mars Tour Eiffel站下

艾菲爾鐵塔 Tour Eiffel

　　除了可以近距離欣賞艾菲爾鐵塔，也可以登塔，眺望巴黎美景。(見P.146)

各遊船公司時間及登船點不同

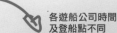

塞納河遊船

　　坐著遊船，沿著塞納河欣賞兩岸風光，多麼愜意啊！(見P.162~163)

第5天　天氣晴。建築欣賞

Start 搭Ⓜ 11號線於Rambuteau站下

龐畢度中心Centre Pompidou
這裡以當代藝術為主題，不論是建築本身或內部展示，都很有看頭。(見P.128~129)

步行5~10分鐘

l'As du Fallafel
號稱是全巴黎最好吃、價格又便宜的中東Fallafel，反而成為人人都可以嘗鮮的平民速食。(見P.127)

搭Ⓜ 11號線於Belleville站，轉Ⓜ 2號線於Anvers站下

聖心堂 Basilique du Sacré Coeur
聖心堂的白色圓頂高塔聳立在蒙馬特山丘上非常醒目，一旁街頭藝人的表演更是加分。(見P.71)

步行3~5分鐘

帖特廣場 Place du Tertre
在這裡可以找位畫家，替自己畫下一幅紀念作品。(見P.71)

步行10分鐘 (或搭Ⓜ 2號線於Blanche站下)

雙磨坊咖啡館 Les Deux Moulins
這裡是電影《艾蜜莉的異想世界》的拍攝場景，多年來，特地造訪的影迷依舊不斷。(見P.70)

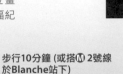

步行2分鐘

紅磨坊Moulin Rouge
性感的上空舞孃表演的康康舞秀總讓人臉紅心跳；記得如果要用晚餐，需19:00前抵達。(見P.70)

Data
起訖點_La Défense - Grande Arche←→Château de Vincennes
通車年份_1900
車站數_25個
總長度_16.6公里
起訖時間_約05:30~01:15(各起站不一)

地鐵1號線 Ligne 1

地鐵1號線從1900年就開始通車,是巴黎地鐵最早開通的路線之一;這條線迄今也是最重要的交通路線,因為有太多巴黎指標性的景點在這段線上,像是凱旋門、香榭麗舍大道和羅浮宮等等,你只要依照本書沿站下車,便可以輕鬆造訪這些名勝。

地鐵
1
號
線

La Défense (Grande Arche) 站

於1992年開站的La Défense - Grande Arche站,除了是地鐵1號線的起點,RER A線也在這裡交會。車站月台就位於拉德芳斯著名的景點──新凱旋門的下方,站內同時也連接周邊的商務購物中心。

拉德芳斯La Défense
名建築師打造的傑作──新凱旋門(Grand Arche)就在這裡,櫛比鱗次的高樓、辦公大廈、商業購物中心和造型特別的露天雕塑設計,讓這區變得很摩登精采。

Charles de Gaulle - Étoile站

除了地鐵1號線,Charles de Gaulle - Étoile站同時有2號線、6號線和RER A線經過,是巴黎大眾運輸系統西段重要交通轉接站。

這個在1900年巴黎地鐵7月中通車後,於1個半月後就啟站的地鐵站,月台就位於香榭麗舍大道的尾端、Place de l'Étoile廣場下方,法國最有名的景點之一──凱旋門也就位於廣場中央,或許就是因為有這麼多的觀光人潮來來往往,地鐵站內總是熱鬧喧嘩。

George V站

1900年開站的George V站位於香榭麗舍大道上,它的原名是Alma,後來於1920年,為紀念第一次世界大戰法國和英國互為盟友,便以英王喬治五世(George V)之名改名。這裡主要的觀光重點除了香榭麗舍大道,另外還包括也是購物黃金三角區之一的喬治五世大道。

喬治五世大道Avenue George V
喬治五世大道和香榭麗舍大道相較之下,這條街上顯得更為靜謐,你可以一邊購物,一邊感染巴黎恬靜優雅的一面。

Franklin D. Roosevelt站

地鐵1號線和9號線相交的Franklin D. Roosevelt站,從車站出來就是蒙塔涅大道,這裡大道濃蔭蔽空十分有情調;來此站同樣除了欣賞優雅美麗的香榭麗舍大道,也可以到蒙塔涅大道逛街購物。

蒙塔涅大道Avenue Montaigne
真正精緻奢華的巴黎時尚。世界頂級的精品名牌,爭相在這條窄如大巷的路上擁一間店面,一轉身,便是明星與名流,還有狗仔隊的身影。

La Défense
(A)
Esplanade de La Défense
Les Sablons
Pont de Neuilly
Grande Arche
Porte Maillot
(C)
Argentine
Neuilly-Porte Maillot
Charles de Gaulle-Étoile
(2)(6)(A)
George
P.41
P.36-37
P.38-42

凱旋門Arc de Triomphe
拿破崙盛世的代表象徵凱旋門,本是為了紀念拿破崙一連串的軍事勝利而建立。凱旋門上的雄偉雕刻是不能錯過的欣賞重點,內容多在描繪拿破崙帝國出征勝利事蹟。

香榭麗舍大道Avenue des Champs-Élysées
寬廣的林蔭大道上,眾多的時尚精品透過璀璨的櫥窗散發高貴的氣息,今日的香榭麗舍大道仍然延續著昔日的雍容華麗,吸引著無數觀光客前往朝聖。

Champs-Élysées - Clemenceau（Grand Palais）站

　　Champs-Élysées - Clemenceau站同時連接了地鐵1號線和13號線，這是巴黎地鐵於1900年通車以來，首開的8個地鐵站之一。從這裡往南方的邱吉爾大道直走，便可拜訪巴黎的大小皇宮。

大小皇宮
Grand Palais & Petit Palais
這兩座皇宮是於1900年巴黎世界博覽會時期所建，博覽會之後便以博物館的型式保留；喜歡藝術展覽的人，可以花點時間在兩座皇宮逛逛。

Concorde站

　　同時是地鐵1號線、8號線和12號線交會點的Concorde站，正位於巴黎的市中心。其中1900年開始營運的1號線是最早開站（僅比該線通車時間晚1個月），而8號線和12號線則分別於1914年和1910年啟站。美國著名詩人Ezra Pound曾以該站為靈感寫出詩作《In a Station of the Metro》。

協和廣場Place de la Concorde
曾有1,000多人在此被處決的協和廣場，現今則是法國國慶閱兵及大小遊行示威的重要據點。廣場中央的埃及尖碑有3,000多年歷史，是埃及贈送給法國的友好禮物。

橘園美術館
Musée de l'Orangerie
這座美術館以收藏印象派的作品聞名，特別是莫內名作《睡蓮》，是所有造訪橘園的人，必要參觀之作。另外這裡還有印象派末期到二次大戰左右的作品，像是塞尚、雷諾瓦、馬諦斯等人。

44-46

Franklin D.
Roosevelt

9

P.47

13
Champs-
Élysées
Clemenceau

P.48-49

Concorde

8
12
Tuileries

7

Palais Royal
Musée du
Louvre

P.50-61

Louvre
Rivoli

4 Les Halles

Ⓐ Ⓑ Ⓓ

4
7
11
14

**Châtelet
Les Halles**

Châteiet

（接下頁）

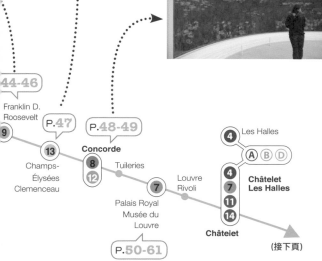

羅浮宮Musee du Louvre
沒去羅浮宮，幾乎不能算是到過巴黎。到羅浮宮內欣賞名畫，3小時遊逛算是一般人的體力極限，但羅浮宮收藏浩大，所以最好先依照平面導覽，選定自己想看的區域再開始行動。

Palais Royal - Musée du Louvre站

　　地鐵1號線上的Palais Royal - Musee du Louvre站於1900年開站，是巴黎地鐵最早開站的8站之一，16年後，地鐵7號線也從Opéra站延伸至此。由於該站鄰近皇家宮殿(Palais Royal)，加上1989年羅浮宮(Musée du Louvre)開幕，後來便更名為現今的站名。

Hôtel de Ville站

位於市區內的Hôtel de Ville站同時連接了1號線和11號線，顧名思義該站是巴黎市政廳（Hôtel de Ville）的所在，然而另一個重要景點是做為法國朝聖之路起點並列入世界遺產的聖雅克塔。

市政廳Hôtel de Ville
半世紀前，因《市政廳之吻》照片而聲名大噪的市政廳，美麗輪廓深植人心，今日在藍天陪襯下顯得宏偉壯觀，入夜後在路燈暈染下則展現浪漫風情。

Bastille站

同時連接地鐵1號線、5號線和8號線的Bastille站，正鄰近過去的巴士底監獄，今日在5號線甚至可以看到部份遺跡。從地鐵站出來，就可以看到巴士底廣場、巴士底歌劇院，而雨果紀念館也近在咫尺。

巴士底廣場Place de la Bastille
在巴士底廣場上豎立著「七月柱」，這是紀念法國革命200週年所建，這座象徵自由的石柱，上頭還有一位自由小神童的雕像。經常有遊行聚會在此集合出發，熱鬧的氣氛呼應此地自由的精神。

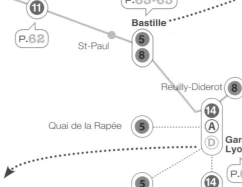

(接上頁)

④ Les Halles

Ⓐ Ⓑ Ⓓ　**Châtelet Les Halles**

④
⑦
⑪
⑭

Louvre Rivoli

Châtelet

⑪　Hôtel de Ville

P.62

St-Paul

P.63-65

Bastille
⑤
⑧

Nation
②
⑥
⑨
Ⓐ

Reuilly-Diderot　⑧

Porte de Vincennes

Saint-Mandé

Bérault

Gare de Lyon站

Gare de Lyon站不僅有地鐵1號線和14號線在此交會，RER A和D線也行經此處，另外，它還是座火車站，這種重要的交通樞紐位置，讓它成為巴黎第3大繁忙的車站。因此，儘管它的周邊景點不是這麼重要，但遊客還是很有機會在此出入，只是一定要留心指標以免迷路。

Quai de la Rapée　⑤

⑭
Ⓐ
Ⓓ　**Gare de Lyon**

P.66

⑤
⑩
Ⓒ

Gare d'Austerlitz

⑭
⑥

Bercy

Château de Vincennes

P.67

©Vania Wolf

工藝創作街 Viaduc des Arts
這條街一整排都是極富古意的磚造房舍，這些原本是已被廢棄的鐵道下方建築，在經過改造之後，成為一間間設計師的工作室和藝品店。

Château de Vincennes站

位於地鐵1號線東段第1站的Château de Vincennes站，於1934年才啟站，一般觀光客來到這裡只為了拜訪文森森林，因此站內的人潮相對較少。

文森森林Bois de Vincennes
位於巴黎市區東南部的文森森林，是巴黎人最喜愛的森林花園之一，它距離市區很近，只要搭個地鐵就可以接近如此廣闊美麗的自然綠地，真是幸福！

Stop by Stop零殘念精華路線推薦
達人帶你玩1號線

地鐵 1 號線

La Défense - Grande Arche站

1 拉德芳斯La Défense
建議參觀時間：60分鐘
拉德芳斯是上世紀開發的新都心，其中最有名的便是新凱旋門，想見識最摩登的新巴黎，豈能不來到這裡。(見P.36~37)

Charles de Gaulle - Étoile站

2 凱旋門Arc de Triomphe
建議參觀時間：60分鐘
這裡是巴黎重大慶典遊行的起點，凱旋門上的雄偉雕刻是不能錯過的欣賞重點；你同時可以買票登上頂樓，眺望整個巴黎市區。(見P.38)

Charles de Gaulle - Étoile站

3 香榭麗舍大道Avenue des Champs-Élysées
建議參觀時間：3小時~半日
從凱旋門下來，馬上到香榭麗舍大道逛逛吧。這段林蔭大道，兩側有商店、餐廳和咖啡館林立，建議在購物之餘，還可以找家咖啡館坐坐，感受這條從16世紀就已存在的美麗大道，最雍容華麗的氣質。(見P.40)

Concorde站

4 協和廣場Place de la Concorde
建議參觀時間：30分鐘
協和廣場建於18世紀，它曾歷經一場血流成河的慘烈歷史，所幸今日的協和廣場在重建後有了嶄新面貌，是國慶閱兵及大小遊行示威的重要據點。(見P.49)

Concorde站

5 橘園美術館Musée de l'Orangerie
建議參觀時間：60~120分鐘
橘園美術館以收藏印象派的作品聞名，特別是莫內的名作《睡蓮》，已經成為鎮館之作。(見P.49)

Palais Royal - Musée du Louvre站

6 羅浮宮博物館Musée du Louvre
建議參觀時間：3小時~全日
羅浮宮是世界最具象徵地位的博物館，這裡有42萬件典藏，藏品時間從古代東方文物(西元前7,000年)到19世紀的浪漫主義繪畫，但經常展出的有13,000件，其中不少是無可替代的。(見P.52~61)

時尚的巴黎新都心

La Défense (Grande Arche)站

1 新凱旋門
Grande Arche

🚇搭地鐵1號線或RER A線於La Défense(Grande Arche)站下,步行約1~2分鐘 📍27, rue Vernet 75008 Paris

> 地標景點

> 新凱旋門是巴黎新商業區拉德芳斯的地標。

　　由丹麥籍設計師馮·史派克森(Johann-Otto von Spreckelsen)負責建造,但因身體狀況不佳而半途解約,甚至還沒機會看到它完工就過世了。之後的工程由歐文·蓋瑞普顧問公司接手,並由彼得·萊斯(Peter Rice)協助設計,萊斯在26歲時接下的第一份正式工作是雪梨歌劇院,而新凱旋門則是他過世前的最後作品之一。

　　馮·史派克森設計的**新凱旋門走極簡風格,接近完美的白色正方形,刻意在「門」和「窗」的視覺定義上,做了模糊的處理。**他假想新凱旋門是一塊永恆的巨石,周圍環繞著轉瞬即逝的東西,依據這個概念,萊斯發展出「雲」的造型。「雲」以纖維、鋼、和玻璃作為結構,懸掛在新凱旋門的低處,似乎流動著卻又靜止著,和背後的藍天白雲融為一體。

> 新凱旋門並不全然是個裝飾品,門的兩側分屬公家機關及辦公大樓,而頂部則有餐廳及瞭望台,可購買門票搭玻璃電梯前往。

2 巴黎國際貿易中心
CNIT

🚇搭地鐵1號線或RER A線於La Défense(Grande Arche)站下,出站即達

　　拉德芳斯是高級商業辦公區,無數大公司的總部皆設於此。新凱旋門左前方是巴黎國際貿易中心,其引人之處在於在長達**238米的白色水泥拱頂**,在世上仍算是少見。上下班時間,行色匆匆的白領階級進出各高樓的入口,廣場上忙碌異常,而下班後就如同死城一般。

拉德芳斯La Défense

1950年開始進行開發的拉德芳斯是巴黎的新都心，經過精密的設計，區內的建築物以及方舟建築的位置必須依據中軸線整出中間的空地，使視線不受任何建築物的干擾，所有地鐵、郊區快線、鐵路等交通則重整於環城公路或隱藏於建築物之下，整個拉德芳斯區的人造平台上，全是行人徒步區，一直延伸到塞納河畔。

在當時，這個計畫方案是全球最大的城市建造工程，對當時的科技也是一大考驗，其中最有名的便是新凱旋門(Grande Arche)。此外，其他超高商業大樓在建築師的默契之下，全都採用和新凱旋門類似的反射材質，具有穿透及折射的效果，形成極為摩登的地景。

一根一根豎立在水池中的交通號誌裝置藝術，趣味性十足。

③ 塔契水池
Bassin Takis

搭地鐵1號線或RER A線於La Défense (Grande Arche) 站下，步行約10分鐘可達

沿著新凱旋門前的大道往下走，地勢也越來越低，沿途均是不同藝術家創作的雕塑品，最靠近下一個地鐵站的作品是由希臘藝術家塔契(Takis)設計的交通號誌燈，又長又細的號誌燈人物或雕塑，豎立在水池上，不時閃燈像是做表情，又從水面反射出另一種風貌，十分趣味。

在昔日光輝起點詠讚巴黎

Charles de Gaulle - Étoile站

凱旋門所在的戴高樂廣場，是巴黎12條大道的交叉衢口，其中部分大道便是以法國知名將領為名。

Charles de Gaulle - Étoile
① 凱旋門 Arc de Triomphe
戴高樂廣場 Pl. Charles de Gaulle
Kléber
George V
巴黎半島酒店 Hôtel The Peninsula Paris
Léon de Bruxelles
St-Philippe du-Roule
Franklin D. Roosevelt
Rond-Point Champs-El...

裝飾於凱旋門上方的雕刻是不能錯過的欣賞重點，內容多在描繪拿破崙帝國出征勝利事蹟，拱門內部的牆壁上則記載了所有帝國軍隊將領的姓名。

① 凱旋門
Arc de Triomphe

巴黎必看凱旋門，精緻雄偉雕刻是不能錯過的欣賞重點！

🚇搭地鐵1、2、6號線或RER A線於Charles-de-Gaulle-Etoile站下，出站即達 🏠27, rue Vernet 75008 Paris ☎01 55 37 73 77 🕐凱旋門24小時，頂樓觀景台4~9月10:00~23:00、10~3月10:00~22:30(最後入場閉館前45分鐘) 🚫1/1、5/1、5/8上午、7/14上午、11/11上午、12/25 💰凱旋門免費，頂樓觀景台全票€13，優待票€11 🌐arc-de-triomphe.monuments-nationaux.fr

地標景點

　　凱旋門原本是**為了紀念拿破崙一連串的軍事勝利而建，讓軍隊凱旋歸來時能在此接受民眾的歡迎**，當時委任建築師尚‧夏勒格林(Jean Chalgrin)設計，其靈感來自羅馬的康斯坦丁凱旋門(Arco di Costantino)。

　　然而，在1806年奠定凱旋門的首座基石後，卻因拿破崙於1815年失勢，使得凱旋門的建設工程延滯不前，一直到1836年路易‧菲利浦(Louis-Philippe)在位時期，才完成了這座高50公尺、寬45公尺的宏偉拱門，拿破崙的遺體和軍隊也終於在1840年通過了這道凱旋門。

　　悲壯的凱旋門背後其實還有一段小插曲，拿破崙因元配約瑟芬(Joséphine de Beauharnais)不孕，同時在締結外交關係的考量下，另娶奧皇女兒瑪麗‧路易絲(Marie Louise)為妻，為舉辦一個風光豪華、畢生難忘的婚禮，拿破崙計畫讓新娘穿過凱旋門後前往羅浮宮舉行婚禮，因而下令建造凱旋門。

凱旋門 Arc de Triomphe

⑨頂樓觀景台 La Plate-forme
買票可登上284階的凱旋門頂樓，從這裡可眺望整個巴黎市區，包括從東邊香榭麗舍大道(Avenue des Champs-Élysées)望至羅浮宮(Musée du Louvre)，西邊則可以遠眺至拉德芳斯(La Défense)的新凱旋門(Grande Arche)。

⑧三十盾牌 Les Trente Boucliers
頂端下方有30個盾牌，盾牌上分別是拿破崙在歐洲和非洲大獲全勝的每個戰役名字。

⑦簷壁雕刻 La Frise
位於簷壁下的長形雕飾描述戰爭場景，東側描述法軍英勇出征，西側則是凱旋而歸。

⑤馬梭將軍葬禮雕刻 Les Funérailles du Général Marceau
馬梭將軍(Général Marceau)是拿破崙的大將之一，他於1795年成功擊敗奧地利軍隊，然而卻在隔年一場戰役中犧牲，這片浮雕描述出他葬禮的情景。

⑥阿布基戰役雕刻 La bataille d'Aboukir
歌頌拿破崙1799年在阿布基(Aboukir)這個地方大敗土耳其，為藝術家Seurre之作。

④奧斯特利茲戰役雕刻 La bataille d'Austerlitz
北側這座雕像描述拿破崙在奧地利奧斯特利茲的破冰之役，當時造成上萬敵軍溺斃，法軍成功凱旋。

③拿破崙凱旋雕刻 Le Triomphe de 1810
位於立面左方的大型雕像，慶祝拿破崙王朝的全盛時期重要功績——1810年維也納和平條約的簽署。此為雕像家Cortot的作品，雕像中勝利女神正將桂冠賜予拿破崙。

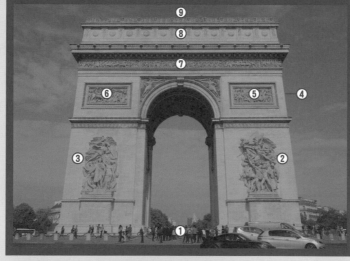

①無名戰士墓 Tombe du Soldat Inconnu
凱旋門拱廊下方，埋葬了在一次世界大時期犧牲陣亡的無名戰士，從1920年至今，紀念火焰和鮮花花束從未間斷。

②1972年志願戰士役雕刻 Le Départ des Volontaires de 1792
這塊位於立面右方的大型雕塑是法國大雕刻家弗朗索瓦·路德(François Rude)的經典作品(又名《馬賽曲》，後來法國國歌便是以此為靈感)，它描述市民勇敢組成志願軍，出兵抵抗奧地利和普魯士的侵略，是凱旋門的雕刻作品中最知名的一件。

La Défense
(Grande Arche)
| Charles de Gaulle - Étoile
| George V
| Franklin D. Roosevelt (Grand Palais)
| Champs-Élysées-Clemenceau
| Concorde

在巴黎經典大街感受法式優雅

Charles de Gaulle - Étoile立

① 香榭麗舍大道

Avenue des Champs-Élysées

搭地鐵1、2、6號線或RER A線於Charles-de-Gaulle-Etoile站下，或搭地鐵1號線於George V站下，或搭地鐵1、9號線於Franklin D. Roosevelt站下，或搭地鐵1、13號線於Champs-Élysées-Clemenceau站下，皆出站即達 約10:00~19:00，各店不一

在巴黎最經典的林蔭大街感受法式優雅，盡情逛街購物！

必BUY 聖地

從凱旋門到協和廣場之間的香榭麗舍大道全長約3公里，如從協和廣場這頭看，它有點微微隆起，最高點就是凱旋門。

　　巴黎在16世紀拓建香榭麗舍大道時，心中或有雄心，中間是12線行車道，之外是兩線安全島，然後是兩線慢車道，再之外是各寬21公尺的人行道，足堪降落世界最大的飛機，1980年真的有一架727飛機降下來，但那是法國政府搞觀光宣傳而已。

　　今日的香榭麗舍大道是**觀光客眼中巴黎大道的代名詞，寬廣的林蔭大道兩旁有許多精品、服飾店，讓人可以好好的逛街購物**，包括LV巴黎最大的旗艦店就在這裡，另外還有像Zara、Gap、Morgan…平價品牌，這些店面現在逢週日大多不休息，但營業時間較短；另外，大道上有不少的咖啡店、餐廳可供休息，坐在街頭看川流不息的遊客，也很有趣。

全世界最貴的黃金地段！

　　香榭麗舍大道上每天都是川流不息的觀光客，商機無限，因此寬廣的林蔭大道開滿了精品和各大品牌的旗艦店，商用租金也居高不下。根據統計這裡店面的租金和紐約的第五大道、香港銅鑼灣的羅素街排在全球最貴的前三名，可以說是寸土寸金。

香榭麗舍大道

M Charles de Gaulle Étoile

凱旋門
Arc de Triomphe

Rue Ars ne Houssaye

Ⓐ 卡地亞Cartier

Ⓑ 萬寶龍Montblanc

戴高樂廣場
Place Charle de Gaulle

ⓘ 施華洛世奇Swarovski

Rue Washington

Rue de Berri

Av. Marceau

BOSS Store Ⓒ

Rue Galil e

M George V

Louis Vuitton Ⓓ

Avenue des Charmps-ely香榭麗舍大道

Rue de Bassano

LACOSTE ⓘ

H&M ⓘ

Ⓔ 法雅客FNAC

Rue la Bo tie

ⓘ Sephora

Ladurée ⓘ

香榭麗舍大道Avenue George V

ⓘ 蒂芙尼Tiffany & Co.

Rue du Colis e

Nike ⓘ

Leon de Bruxelles

Ⓕ Zara

Rue Pierre Charron

Rue de Marignzan

ⓘ Adidas

Abercrombie & Fitch ⓘ

Franklin D. Roosevelt

Ⓐ 卡地亞Cartier

🏠154 Avenue des Champs-Élysées ☎01 40 74 01 27 ⏰週一～週六11:00～19:00、週日12:00～18:00 🌐www.cartier.com

卡地亞是法國精品的一大代表,而位於香榭麗舍大道的這家卡地亞,正位於最靠近凱旋門的第一間門面,不凡的氣質,與同樣代表巴黎的凱旋門相互輝映。

Ⓑ 萬寶龍Montblanc

🏠152 Avenue des Champs-Élysées ☎01 76 74 91 50 ⏰週一～週五10:30～19:30(週六11:00起)、週日12:30～18:30 🌐www.montblanc.com

1906年創立於德國漢堡的萬寶龍(Montblanc),名字源自歐洲第一高峰白朗峰(Mont Blanc),以製作設計典雅、做工細膩的書寫工具馳名於世,筆蓋端的優雅六角白星徽號,是大家對它印象最為深刻的標誌,也代表著個人的品味與身份。經典之作為1924年問世的大班筆(Meisterstuck)系列。2005年後,萬寶龍(Montblanc)也開始生產珠寶、腕錶和皮件。

Ⓒ BOSS Store

🏠115 Avenue des Champs-Élysées ☎01 53 57 35 40 ⏰週一～週六10:00～20:00、週日11:00～19:30 🌐www.hugoboss.com

創立於1923年德國的Hugo Boss,以精緻專業的時裝服飾聞名,開始以生產男裝為主,現在還有包括女裝、皮件、鞋類,以及手錶、香水等商品。

ⓓLouis Vuitton

🏠101 Avenue des Champs-Élysées ☎01 53 57 52 00 🕐週一～週六10:00~20:00、週日 11:00~19:00 🎫1/1、5/1、12/25 🆄www.louisvuitton.com

這家Louis Vuitton底層以包包為主，數量款式之多，令人眼花撩亂，所幸工作人員也多，隨時可以提供服務；1樓為男裝、童裝、鐘錶、行李箱和出版書籍，2樓則有女裝和包包，另外還有舒服的沙發休息區，在這裡，可以看到不少男性在這裡發呆等候的有趣畫面；這家旗艦店有華語工作人員，必要時可以請求服務，只是客人實在太多，真的要下手購物得花點時間，因此建議到其他分店購買；反而因這裡的櫥窗店面設計很漂亮，可以當藝術品欣賞，不如走馬看花逛一圈，感受其時尚美感與氣息。

在香榭麗舍大道的這家Louis Vuitton旗艦店，是巴黎最大的一家店，樓高3樓，光看其外觀就十分時尚氣派。

ⓔ法雅克FNAC

🏠74 Avenue des Champs-Élysées ☎08 25 02 00 20 🕐週一～週六10:00～ 22:30、週日 11:00~20:45 🆄www.fnac.com

對台灣人來說應該不陌生的法雅克(FNAC)來自法國，在巴黎街頭到處可見；它是家結合文化和科技商品的專賣店，商品以書籍、音樂、電影等文化或娛樂、科技類為主，店內空間寬廣舒適，同樣提供觀賞和試聽服務，想要買外文書籍或CD、DVD的人，倒是可以來這裡逛逛。

ⓕZara

🏠44, 92 Champs-Élysées ☎01 53 83 77 00 🕐10:00~21:00 🆄www.zara.com

1975年創立於西班牙國民時尚品牌Zara，以其設計感強、價格合理、商品更新速度快的強烈優勢，在全球造成旋風，不論在哪個城市哪家分店，也都有極高的人氣，台灣現在雖然也有Zara，但在法國可以買到不同的款式，價格也更便宜些。

香榭麗舍大道上有兩家Zara，展示最新的男裝、女裝和童裝，店內人潮不斷，有時排試穿也要等上一點時間，看來對時尚敏感又驕傲的巴黎人，也難抵這個西班牙品牌的魅力。

黃金購物三角區的氣質商街
George V 站

> 喬治五世大道是黃金購物三角區其中的氣質商街之一，既時尚又優雅。

地圖標示：
- Louis Vuitton
- ⓂGeorge V
- 香榭麗舍大道 Av. des Champs-Elysées
- LACOSTE
- Ⓜ Kléber
- Laduée
- Rue Newton
- Rue Euler
- 巴黎半島酒店 Hôtel The Peninsula Paris
- 愛馬仕Hermès
- Emporio Armani
- 寶格麗BVLGARI
- ⓐ Ermenegildo Zegna
- ①
- 喬治五世大道
- Rue Quentin Bauchart
- Rue Pierre Charron
- Av. George V
- Rue de La Trémoille
- ⓑ BALENCIAGA
- 紀梵希Givenchy
- 吉美亞洲藝術博物館 Musée National des Arts Asiatiques-Guimet
- 時尚與服飾博物館 Musée de la Mode et du Costume
- Pl. de l'Alma
- Ⓜ Iéna
- Pl. de Tokyo
- 東京宮 Palais de Tokyo
- 巴黎近代美術館 Musée d'Art Moderne de la Ville de Paris
- Alma - Marceau
- Pont de l'Alma
- Av. de New York

① 喬治五世大道
Avenue George V

🚇搭地鐵1號線或RER A線於George V站下，或搭地鐵9號線於Alma-Marceau站下，皆出站即達

🕐約10:00~19:00，各店不一　休週日，各店不一

　　從塞納河往香榭麗舍大道的方向看，它**與喬治五世大道和蒙塔涅大道正好形成一個倒三角形**，恰巧這3條街上皆以名牌精品、服飾店吸引人潮，堪稱巴黎的購物黃金三角區。與香榭麗舍大道和蒙塔涅大道相較，這條街上顯得更為靜謐，店家分布也沒有這麼密集，通常只有特別尋找某些特定品牌的人，才會熟門熟路的往這裡鑽；這裡的店面週日多半休息，請事先確認以免撲空。

喬治五世大道

ⓐ Ermenegildo Zegna

🏠39 Avenue GeorgeV　☎01 44 51 19 91　🕐週一～週五 10:30~19:00、週六 11:00~19:00　休週日　🌐www.zegna.com

由Ermenegildo Zegna創立於1901年的義大利品牌，以精緻的剪裁和質料聞名於世，加上嚴謹的做工和洗練的設計，可以將男裝的奢華與品味表現無遺。美國前總統柯林頓、英國王子查理斯，都是其品牌的愛用者。

ⓑ 紀梵希Givenchy

🏠3 Avenue GeorgeV　☎01 44 31 50 00　🕐10:00~19:00　休週日　🌐www.givenchy.com

這個由設計師Hubert de Givenchy創辦的Givenchy自1952年誕生後，就永遠與美麗的話題無法切割，它將法國服飾高貴典雅的風格展露無遺，而多年來Givenchy的4G標誌所代表Genteel (古典)、Grace (優雅)、Gaiety (愉悅)以及Givenchy的精神，也一直深植人心。

La Défense (Grande Arche)

Charles de Gaulle Étoile

George V

Franklin D. Roosevelt

Champs-Élysées-Clemenceau (Grand Palais)

Concorde

如電影情節裡的奢華大道
Franklin D. Roosevelt站

① 蒙塔涅大道
Avenue Montaigne

🚇搭地鐵1、9號線於Franklin D. Roosevelt站下，或搭地鐵9號線於Alma - Marceau站下，皆出站即達 🕐約10:00~19:00，各店不一 ✖週日，各店不一

香榭麗舍大道對很多人來說稍嫌擁擠，如果拐個彎前往蒙塔涅大道，同樣會發現**Gucci、Dolce & Cabbana、Loewe、Christian Dior、Georgio Armani、Prada等世界頂級的精品名牌，在這條窄如大巷的路上比鄰而立**。儘管氣氛悠閒許多，真正的奢靡在這裡卻嶄露無遺，站在路口，不消十幾分鐘，可能會看到侍從跟在某位戴著高帽子的貴婦後方，將十幾袋的送往飯店，發生在這裡的真實情節，比電影還像電影！

> 這裡人潮隨人比香榭麗舍大道少，但同樣會發現許多世界頂級的精品名牌。

蒙塔涅大道

ⓐGucci

60 Avenue Montaigne ☎01 56 69 80 80 週一～週六10:00～19:00(週日11:00起) www.gucci.com

1906年，從Gucci的創辦人Guccio Gucci開始在義大利佛羅倫斯製作皮件開始，開啟了這個品牌對世界潮流的影響力，包括影星奧黛麗赫本和美國第一夫人賈桂琳都是其愛用者，以創辦人名字兩個G字母縮寫的Logo，也成為Gucci最經典的標誌。1994年，當Tom Ford擔任Gucci的創意總監後(2004年離開)，更讓Gucci的時尚地位推至高峰，足以和LVMH集團分庭抗禮。

Gucci最讓人印象深刻的，包括1947年的竹節包、1950年的綠紅綠織帶與雙G緹花紋、1952年的馬銜環鍊、1967年印花絲巾…這些迄今仍是不褪流行的經典之作。

Avenue des Champs-élysées 香榭麗舍大道
Franklin D.Roosevelt
ⓐ Gucci
聖羅蘭 Saint Laurent
ⓑ DOLCE & GABBANA
香奈兒 CHANEL Ralph Lauren
FENDI ⓒ Chloé
ⓕ Salvatore Ferragamo ⓓ Loewe
凡賽斯 Versace
Celine ⓖ 紀梵希 Givenchy
范倫鐵諾 ⓚ Jimmy Choo
Valentino ⓗ Christian Dior
Max Mara
Harry Winston Louis Vuitton
ⓘ Giorgio Armani
ⓙ Bottega Veneta
Prada
Rue Marignan / Rue François 1er / Rue Clément Marot / Rue du Boccador / Avenue Montaigne / Avenue Franklin d.Roosevelt 羅斯福大道

ⓑDOLCE & GABBANA

54 Avenue Montaigne ☎01 42 25 68 78 10:00~19:00、週日11:00~19:00 www.dolcegabbana.com ⚠暫時關閉，可到鄰近分店(39 Rue Francois 1er 75008 Paris)參觀

是由義大利設計師 Domenico Dolce 和 Stefano Gabbana，在1985年於米蘭共同創辦的時尚品牌，風格充滿南歐浪漫經典雅又不失性感的風情，不少國際級明星都是其品牌愛好者。

Dolce & Gabbana高檔昂貴，副牌D&G則以較為休閒年輕的服飾為主，價格上也平易近人許多，這幾年受歡迎的程度甚至有凌駕Dolce & Gabbana之趨。

ⓒChloé

50 Avenue Montaigne ☎01 47 23 00 08 週一～週六10:30~19:00(週日13:00起) www.chloe.com

近年以Paddington鎖頭包走紅的Chloé，以優雅洗練的女性線條服飾見長，深受熟女級的時尚人士喜愛，每季推出的不同包款更是話題。想穿的簡潔又有女人味，到Chloé肯定能找到解決方案，唯一的問題大概只會是預算。

ⓓLoewe

46 Avenue Montaigne ☎01 53 57 92 50 週一～週六10:00~19:30、週日12:00~19:00 www.loewe.com

Loewe是西班牙品牌，但它卻是1872年由德籍皮革匠Enrique Loewe Roessberg所創立，他在當時加入了一群由西班牙手工藝人創立的皮革工坊，以製作精緻頂級的皮質和做工受到讚揚，自此發光發熱，甚至受到西班牙皇室的愛用，1905年被獲聘為王室製作皮件，讓這個品牌晉升為國家級的代表。Loewe的logo是由4個大寫的花體I組成，最知名的皮件包括Amazona、Napa Aire、Coupe等系列，1960 年代開始也生產女裝。在巴黎購買Loewe只比原產地西班牙稍貴一點。

ⓔFENDI

51 Avenue Montaigne ☎01 49 52 84 52 10:00~19:30、週日 12:00~19:00 www.fendi.com

FENDI崛起於1925年，Edoardo和夫婿Adele Fendi共同創立了這個美麗的品牌，以優良的皮草和皮革擄獲人心，之後接班的4個女兒和Adele Fendi繼續將其發揚光大，加上1965 年Karl Lagerfeld加入創意總監一職後，讓FENDI不僅在皮件、皮草領域，在男女裝和珠寶首飾方面，也成為時界矚目的焦點，以雙F字母組成的Logo更成為不朽的品牌標識。

La Défense
(Grande Arche)

| Charles de Gaulle
Étoile

| George V

| Franklin D.
Roosevelt

| Champs-Élysées-Clémenceau
(Grand Palais)

| Concorde

ⓕ Salvatore Ferragamo

🏠 45 Avenue Montaigne ☎ 01 47 23 36 37 🕐 週一～週六
11:00～19:00(週日13:00起) 🌐 www.ferragamo.com

品牌創辦人Salvatore Ferragamo雖是義大利人，但卻是在美國起家，當時他就以製作優良精緻的鞋子受到歡迎，特別是獲得許多好萊塢明星如奧黛莉赫本、瑪麗蓮夢露等人的青睞後更受到注目。1927年他回到義大利，在佛羅倫斯創立了首家與Salvatore Ferragamo 同名專賣店，更迅速成為世界級品牌，其時尚地位即使在他過世後，也屹立不搖。

ⓖ Celine

🏠 24 Rue François 1er ☎ 01 70 38 62 50 🕐 週一～週六 10:00～20:00、週日 11:00～19:00 🌐 www.celine.com

原先在蒙塔涅大道的法國名牌Celine，在這個轉角也有一家。這個品牌以都會女性的簡潔俐落風格著稱，風衣或是襯衫、及膝裙，都廣受優雅名媛們喜愛，近年推出的幾款包包，也在時尚界得到不少注目。

ⓗ Christian Dior

🏠 30 Avenue Montaigne ☎ 01 57 96 19 47 🕐 週一～週五 10:00～20:00、週六～日 11:00～19:00 🌐 www.dior.com

亮晶晶的純白色店面，門口還擺上修剪整齊的綠色小樹，Dior是真正巴黎仕女的夢想，Christian Dior在巴黎就是從這裡起家的。帶有腰身的裙裝剪裁，只要穿上Dior的衣服，女人味就十足。之前當紅的美國影集《慾望城市》(Sex and the City)最後一季中，凱莉來到巴黎，其中一幕她踏進精品店卻跌個狗吃屎還掉了項鍊的場景，便是在這間店拍攝的。

ⓘ Giorgio Armani

🏠 18 Avenue Montaigne ☎ 01 56 62 12 16 🕐 週一～週五 10:30～19:00、週六 11:00～19:00 🌐 www.armani.com

以洗練的線條、精緻的做工受到品味人士喜愛的Armani ，是由義大利時裝設計師Giorgio Armani創立於1975年，它不僅是歐洲高級服飾的代表，在美國、亞洲也有固定的客戶群。目前在Giorgio Armani 集團旗下除了Giorgio Armani，還擁有Emporio Armani、Armani Collezioni、Mani、AJ Armani Jeans、A/X Armani Exchange、Armani Junior、Armani Casa等不同系列。

ⓙ Prada

🏠 10-12 Avenue Montaigne ☎ 01 53 23 99 40 🕐 週一～週六 10:00～19:00、週日13:00～19:00 🌐 www.prada.com

1913年，Prada以製作旅行皮件起家，開始雖曾受到義大利皇室的青睞，但在缺少新意和突破之下日漸沒落，直到1978年，在創辦人Mario Prada的孫女 Miuccia Prada接手後，以防水尼龍包包重新打入市場，創造時尚化、年輕化新話題，竟迅速讓這個老品牌重新翻身。這家位於蒙塔涅大道的Prada，就是之前美國前總統柯林頓在觀賞法國公開網球賽後，公開前往採購的店。

ⓚ 范倫鐵諾 Valentino

🏠 35 Avenue Montaigne ☎ 01 47 23 64 61 🕐 週一～週六 10:00～19:30、週日 11:00～19:00 🌐 valentino.com

極為經典的義大利品牌，創立於1908年，其男裝和女裝在服裝時尚界，都具有舉足輕重的地位。

世博建築的藝術巡禮

Champs-Élysées-Clemenceau (Grand Palais)站

➊ 迪奧藝廊
La Galerie Dior

🚇搭地鐵1、9號線於Franklin-D.-Roosevelt站下，步行約5分鐘可達。 🏠11, rue François 1er ☎01 82 20 22 00 🕐11:00~21:00(最後入場17:30) 🚫週二、1/1、5/1、12/25 🌐www.galeriedior.com
❗建議是先上網預約參觀時段

> 讓大家流連忘返的七彩時尚牆。

迪奧蒙田大道總店修繕後新增了迪奧藝廊，於2022年3月隆重開幕。迪奧藝廊呈現了迪奧從1947年發展至今的演變，公開創辦人Christian Dior和歷屆創意總監的設計手稿和作品，展示迪奧設計的精髓以及巴黎高級訂製文化的發展。畫廊內不只是陳列迪奧的經典設計、歷屆畫報攝影、飾品香水的研發，也能一睹迪奧設計的幕後花絮，像是Christian Dior的辦公室和工作室、模特兒的試衣間等空間。

此外，還有來自義大利的工匠現場展示迪奧經典包包Lady Dior的製作過程，示範如何在小羊皮上刻上紋路以及為包包裝上把手。這款包包因黛安娜王妃風靡全球，推出以來一直是迪奧的標誌包包。

進入迪奧藝廊後映入眼簾的，是三層樓高的七彩時尚牆，掛滿迪奧的裙子、帽子、包包、鞋子，中間還有一道螺旋樓梯，是完美的拍照打卡點。這個色彩繽紛的空間，展現了迪奧品牌的時髦風采，將訪客帶入生動的時尚世界。二樓也開設迪奧咖啡廳(Café Dior)，供應簡餐、甜點和咖啡飲料。需要留意的是，咖啡廳只對迪奧藝廊的訪客開放。

> 新藝術風格的小皇宮除了有精緻的柱廊和雕刻，還有引人注目的拱形金色鐵鑄大門。

➋ 小皇宮・巴黎市立美術館
Petit Palais・Musée des Beaux-Arts de la Ville de Paris

🚇搭地鐵1、13號線於Champs-Élysées - Clémenceau站下，步行約2分鐘 🏠Avenue Winston Churchill 75008 Paris ☎01 53 43 40 00 🕐週二～週日10:00~18:00(週五特展至21:00) 🚫週一、1/1、5/1、5/8、7/14、11/1、11/11、12/25 💰永久展免費，特展視展覽而異 🌐www.petitpalais.paris.fr

小皇宮由建築師Charles Girault設計，從精巧的拱形金色鐵鑄大門進入，右側是需收費的特展展覽館，左側則是可免費參觀的永久展覽館，中間環抱著半圓型的古典花園。巴黎市立美術館以法國美術品為主，但永久展仍收集了不少荷蘭、比利時、義大利地區藝術家作品，展場以年代區分展區，種類從小型的繪畫、織品、彩陶，到大型的雕塑、家具都有，收藏豐富。

La Défense (Grande Arche) ｜ Charles de Gaulle – Étoile ｜ George V ｜ Franklin D. Roosevelt ｜ Champs-Élysées-Clemenceau (Grand Palais) ｜ Concorde

從歷史和藝術看見巴黎

Concorde站

① Ladurée 色彩繽紛的馬卡龍非常可愛，讓人捨不得吃下肚！

① Ladurée

幸福甜點

搭地鐵1、8、12號線於Concorde站下，或搭地鐵8、12、14於Madeleine站下，皆步行約3~5分鐘 ⌂ 16-18 Rue Royale 75008 Paris ☎ 01 42 60 21 79 ⊘ 週一～週五8:30~19:30、週六9:00~19:30、週日9:30~19:00 💲 一盒6個€19.5起 🌐 www.laduree.com

創立於1862年的Ladurée，在巴黎的店面有9家之多；電影《凡爾賽拜金女》(Marie Antoinette)裡，瑪麗皇后鐘情的馬卡龍就是來自Ladurée。

開在瑪德蓮大教堂附近的這家店面華麗，甜點櫃裡，各種口味的馬卡龍排列整齊，**經典玫瑰花、巧克力、香草、咖啡、冰薄荷…18種口味18種顏色**，色彩繽紛讓人不知該從何挑選起；在這裡馬卡龍可單買，也可以選擇多顆套裝，亦能入內坐在漂亮的餐廳裡品嘗。

法國代表性甜點——馬卡龍(Macaron)

馬卡龍最早出現在義大利的修道院，但變成我們今天看到將上下兩個小圓餅夾餡的模樣，有一說是由巴黎Pierre Hermé甜點店的師傅發明的，也有人堅稱Ladurée才是法式馬卡龍的創始店，但不論哪種說法為真，時至今日，這兩家的馬卡龍各有死忠擁護者，堪稱是全法國馬卡龍做得最好、也最出名的兩家。

好吃的馬卡龍餅殼吃起來酥酥脆脆，內部卻充滿溼潤柔軟的感覺；不同的夾餡則有各自的口味變化，由於吃起來偏甜，一般會再搭配茶或咖啡品嘗。

相較於Ladurée，Pierre Hermé馬卡龍外殼同樣酥脆，但內餡比較不黏牙，究竟哪個好吃，完全憑個人的喜好而定。

這家的馬卡龍外殼酥脆、內餡較不黏牙你比較喜歡哪家？

道地美味

② Pierre Hermé

搭地鐵1、8、12號線於Concorde站下，步行約1分鐘 ⌂ 4 Rue Cambon 75001 Paris ☎ 01 45 12 24 02 ⊘ 週一～週五 11:00~19:00、週五、六 10:00~20:00、週日 10:00~19:00 💲 馬卡龍一盒4個€14.5起 🌐 www.pierreherme.com

出生於1961年Pierre Hermé是法國著名的糕點廚師，**法國《Vogue》雜誌曾稱他為「糕點界的畢卡索」(The Picasso of Pastry)，他所做的馬卡龍，被許多巴黎人視為全世界最好吃的馬卡龍。**

Pierre Hermé在巴黎店面也多達12家之多，位於協和廣場地鐵站旁的這家分店，店面不大僅提供外賣，排隊人潮雖然不比Ladurée來得驚人，但對它的忠實粉絲來說，完全不損對它的喜愛。

在19世紀當時，埃及到底如何將這根重達220噸的方尖碑送到法國？不妨從方尖碑上尋找答案。

❸ 協和廣場
Place de la Concorde

🚇搭地鐵1、8、12號線於Concorde站下，出站即達　🕐24小時

　　興建於18世紀，諷刺的是，該廣場的前期歷史與「協和」牽扯不上關係！

　　協和廣場最初稱之為路易十五廣場，用以展示國王雕像，之後更名為革命廣場，1793~1795年間，包括路易十五、瑪麗皇后在內，共有1,000多人在此被處決，斷頭台取代了國王雕像。**為了一洗血流成河的慘烈歷史，此廣場最後重建並正名為協和廣場。**

　　噴水池為協和廣場帶來嶄新氣象，周圍8座以法國城市命名的雕像，使得協和廣場在法國政治上具有象徵意義，這裡是**國慶閱兵及大小遊行示威的重要據點**。坐落於中央的埃及尖碑擁有3,000多年歷史，是埃及贈送給法國的禮物，1833年時遠渡重洋抵達巴黎。

❹ 橘園美術館
Musée de l'Orangerie

🚇搭地鐵1、8、12號線於Concorde站下，步行約5~7分鐘可達　🏛Jardin des Tuileries 75001 Paris　☎01 44 50 43 00　🕐週三~週一09:00~18:00(最後入場17:15)　❌週二、5/1、7/14上午、12/25　💲全票€12.5、優待票€10　ⓜ www.musee-orangerie.fr

莫內、畢卡索等多位印象派大師的畫作等著你來欣賞！

小編按讚

　　博物館本為1853年時興建在杜樂麗花園內的橘園建物，後**以收藏印象派的作品聞名**，特別是克羅德·莫內(Claude Monet)於1919年完成的名作《睡蓮》(Les Nymphéas)，已經成為鎮館之作。

　　除了莫內的《睡蓮》，地下1樓還有印象派末期到二次大戰左右的作品，像是塞尚(Paul Cézanne)、雷諾瓦(Pierre-Auguste Renoir)、馬諦斯(Henri Matisse)以及畢卡索(Pablo Picasso)的畫作，在一間博物館中可同時欣賞到多位世界級大師的作品，也是橘園最吸引人之處。

莫內8幅大型長卷油畫《睡蓮》沈靜地展示在四面純白的牆上，柔和的光線透過天窗輕灑，讓人置身哪個角落，都能以自然的光源欣賞生動迷人的蓮花。

坐在花園的大池塘邊，或在露天咖啡座喝杯咖啡，是感受巴黎式悠閒的最佳體驗。

❺ 杜樂麗花園
Jardin des Tuileries

🚇搭地鐵1、8、12號線於Concorde站下，或搭地鐵1號線於Tuileries站下，皆出站即達　🕐3月最後一個週日~9月最後一個週六7:00~21:00、9月最後一個週日~3月07:30~19:30，國定假日提早30分鐘關閉　💲免費

　　杜樂麗花園位於羅浮宮與協和廣場之間，原本是法王亨利二世的妻子凱薩琳·梅迪奇(Catherine de' Medicis)於1564年時創建的杜樂麗宮(Palais des Tuileries)的花園，該宮殿於19世紀末在巴黎公社(La Commune de Paris)起義的動盪時期遭到破壞，如今只剩下杜樂麗花園和移至羅浮宮中央廣場的卡胡塞爾凱旋門，被保存下來。**一邊依傍塞納河，栗樹、萊姆樹以及五彩繽紛的花朵為杜樂麗花園帶來靜謐，青銅雕塑作品添加些許莊嚴氣氛，是典型法國花園的特色**。每到週末時分，許多小朋友在爸媽帶領下到這裡騎小馬、坐摩天輪，煞是溫馨。

走進皇室建築感受美好時光

Palais Royal - Musée du Louvre站

① 法蘭喜劇院
Comédie-Française

🚇搭地鐵1、7號線於Palais Royal - Musée du Louvre站下，步行約2分鐘可達 🏛Place Colette ☎01 44 58 15 15 🕐售票口11:00~18:00 💶票價視表演和座位而異 🌐www.comedie-francaise.fr ❗每週六、週日11:00有90分鐘的專人導覽，全票€15、優待票€12，全程禁止攝影

位於歌劇院大道和聖歐諾黑路相交處的法國喜劇院，是**全法國唯一擁有自己劇團的國家劇院**，由路易十四創立於1680年。在它曾被命名過的眾多頭銜中，又以「莫里哀之家」(La Maison de Molière)最為有名，該名稱和法國現代戲劇之父、同時被當成法國演員守護神的戲劇作家莫里哀有關。此外，喜劇院也曾多次遷徙，直到1799年開始，才終於出現在今日被稱為「黎塞留廳」(Salle Richlieu)的地點，該建築出自建築師Victor Louis的設計，並於1900年時因一場嚴重的大或而重建。

外觀裝飾著哈辛(Racine)、雨果(Victor Hugo)和莫里哀等法國劇作家的半身浮雕。

② 莫里哀噴泉
Fontaine Molière

🚇搭地鐵1、7號線於Palais Royal - Musée du Louvre站下，步行約2分鐘可達 🏛28 Rue Molière 75001 Paris

昔日，**莫里哀曾經住在法國喜劇院旁今日的莫里哀街(Rue Molière)上**，在這條路與黎塞留路(Rue de Richelieu)交會的轉角處，聳立著一座噴泉紀念莫里哀的噴泉。事實上在1838年以前，這裡原本是另一座黎塞留噴泉(Fontain Richelieu)的所在地，但因為體積過於龐大妨礙交通，所以遭到拆除，最後在1844年時，由出自多位雕刻家之手的莫里哀噴泉，取代了它的地位。

莫里哀兩旁的女人雕像手上拿著的捲軸刻著莫里哀的作品。

③ 皇家宮殿與花園
Palais Royal & Jardin du Palais Royal

🚇搭地鐵1、7號線於Palais Royal - Musée du Louvre站下，步行3~5分鐘可達 🏛8 rue de Montpensier 75001 Paris ☎01 47 03 92 16 🕐10~3月：08:30~20:30、4月~9月：08:30~22:30 🚫1/1、5/1、12/25 💶免費 🌐www.domaine-palais-royal.fr

緊鄰法國喜劇院的皇家宮殿和花園興建於1634年，原是路易十四攝政王兼紅衣主教黎塞留居住的地方，現在所見到的正面只是一部份，其他則毀於火事。

1642年黎塞留過世後，偌大的宅邸轉為皇宮所在地，**路易十四便在這裡度過了童年生活**，18世紀時，這裡落至奧爾良公爵(Duc d'Orléans)家族手中，直到1872年，才又回歸國有，**現在則是憲法委員會、文化部和國家圖書館所在**。

從宮殿往北看，則是一片優雅美麗的皇家花園，是眾人散步、賞景和寫生、作畫的好地方，花園三面則是長形迴廊，有著精緻的巴洛克風格，而一間間商店就在這漂亮的廊街比鄰而立，其中又以設計師商店、骨董店、藝術品店居多，讓購物也可以變成一件很有氣質的事。逛累了，還有不少咖啡店、餐廳可供休息、用餐。

皇家宮殿前院有數十個排列、高低不等的斑馬紋圓柱──「貝倫柱」(Bru它其實是神奇的「地泉」，但想看泉水只能對地面上鋪的鐵網望之。

地圖標示：
Pyramides / Rue des Petits Champs / 勝利廣場 Pl. des Victoires / Angelina / 莫里哀噴泉 Fontaine Molière / 皇家宮殿與花園 Palais Royal & Jardin du Palais Royal / Tuileries / Rue de Rivoli / 法國喜劇院 Comédie-Française / E. Dehillerin / Pl. André Malraux / Palais Royal - Musée du Louvre / Galerie Véro-Dodat / 卡胡塞爾凱旋門 Arc de Triomphe du Carrousel / 馬列咖啡館 Le Café Marly / Louvre - Rivoli / 羅浮宮 Musée du Louvre

服務生也有別於一般咖啡館，穿著西裝打領帶，態度高傲，走路姿勢宛如模特兒，令人嘆為觀止。

④ 馬列咖啡館
Le Café Marly

🚇搭地鐵1、7號線於Palais Royal - Musée du Louvre站下，出站即達 📍93 Rue de Rivoli 📞01 49 26 06 60 🕐08:00~02:00(餐點供應至24:00) 💲主餐€22~49，18:00前供應簡餐€16~31 🌐cafe-marly.com

占據羅浮宮迴廊的馬列咖啡館，氣質雍容華貴，再加上這裡的咖啡和食物的價格不斐，著實讓穿著隨意的遊客止步不前。不過，這家咖啡館卻還是讓人趨之若鶩，**坐落於羅浮宮的迴廊下，以貝聿銘的「透明金字塔」為前景，以紅、黑、金為主色打造的空間，創造出既優雅又溫暖的氣氛**，所以還是有不少人願意來此點一杯香濃的熱巧克力，體驗這稀罕又帶點奢華的虛榮。

⑤ Galerie Véro-Dodat

🚇搭地鐵1號線於Palais Royal - Musée du Louvre站下，步行約5分鐘可達 🕐07:00~22:00 🚫週日和國定假日 🌐www.passagesetgaleries.org
時代咖啡館Le Café de l'Époque
📍2 Rue du Bouloi 📞01 73 71 61 02 🕐07:00~24:00 💲特餐€17.9~23 🌐cafedelepoque.fr
Restaurant Vero Dodat
📍19 Galerie Véro Dodat 📞06 30 85 34 45 🕐11:00~19:00 🚫週日 💲套餐€29、單點€23 🌐verododat.fr

巴黎最具特色的購物之旅，沈醉於一種優雅復古的廊街之中。

簡約美學

在巴黎為數眾多的廊街中，這條可追溯至1826年的廊街尤其散發著歷史的沉香，**黑白菱形地磚、美麗的紅木嵌板、大理石廊柱和鍍金的壁畫，伴隨著舊書店、樂器修理店、傳統修鞋店…著實有種時光倒退的錯覺**。隨著時代的改變，許多充滿特色的老店或許都被精品店給取代，但是法國19世紀浪漫詩人Gérard de Nerval昔日經常出沒的時代咖啡館(Café de l'Époque)，至今依舊提供老巴黎氛圍，至於位於19號的Le Vérot Dodat，是間溫馨的家庭式餐廳，以合理的價格為饕客供應道地的法國菜。

©Carl Campbell

©Carl Campbell

青銅戰馬原是拿破崙從威尼斯奪獲的戰利品，正品已在1815年歸還，現在拱門上的是複製品。

©Carl Campbell

⑥ 卡胡塞爾凱旋門
Arc de Triomphe du Carrousel

🚇搭地鐵1、7號線於Palais Royal - Musée du Louvre站下，或搭地鐵1號線於Tuileries站下，皆步行約3~5分鐘 📍Place du Carrousel Paris

卡胡塞爾凱旋門又稱「小凱旋門」，是拿破崙在1806~1808年之間所建，本來是杜樂麗宮的主要入口，然而法國大革命期間宮殿慘遭祝融之災，只剩杜樂麗花園和這座小凱旋門保留下來。

整座建築流露出強烈羅馬風格，與戴高樂廣場上的凱旋門都是以拿破崙盛世和戰爭為主要題材。粉紅色的玫瑰大理石上，刻畫拿破崙的強盛軍隊，拱門上是4匹青銅戰馬與鍍金的和平和勝利女神像。

La Défense (Grande Arche)

Charles de Gaulle Étoile

George V

Franklin D. Roosevelt

Champs-Élysées-Clemenceau (Grand Palais)

Concorde

全球最大最具象徵地位的博物館

Palais Royal - Musée du Louvre站

① 羅浮宮

Musée du Louvre

搭地鐵1、7號線於 Palais Royal - Musée du Louvre站下，出站即達 Musée du Louvre 75008 Paris ☎ 01 40 20 53 17 週三～週一 09:00~ 18:00(週五至21:45)，最後入場時間為閉館前1小時。 週二、1/1、5/1、12/25 常設展網路€17，現場購票€15，未滿18歲者憑證件免費，週五18:00後免費 www.louvre.fr 開放時間及休日因節日及展覽變動，請先確認

地標 景點

> 全世界最大且最具象徵地位的「藝術皇宮」。

羅浮宮共有**42萬件典藏**，藏品時間從古代東方文物(西元前**7000年**)到19世紀(1858年)的浪漫主義繪畫，經常展出的作品多達13,000件，其中不乏大師巨作。

羅浮宮的歷史可追溯到1190年，當時國王菲利浦二世(Philippe Auguste)為防守要塞所建，至1360年時查理五世(Charles V)將此地改建為皇室住所，正式開啟羅浮宮的輝煌歷史，建築師皮爾(Pierre Lescot)於15世紀中為羅浮宮設計的門面，正是**巴黎第一個文藝復興式建築**。

在長達兩個世紀的時間裡，羅浮皇宮扮演法國權力中心的角色，直到路易十四另建凡爾賽宮後，它才開始沒落。1789年法國大革命推翻君權，這座「藝術皇宮」在1793年8月10日正式蛻變為博物館對外開放。

羅浮宮共分為三大區域，蘇利館(Sully)、德農館(Denon)及黎塞留館(Richelieu)，從金字塔的入口處進入地下後，可以從不同入口進入羅浮宮。**館內收藏則主要分為7大類：古東方文物(伊斯蘭藝術)、古代埃及文物、古代希臘、伊特魯西亞(Les Étrusques)和羅馬文物、雕塑、工藝品、繪畫、書畫刻印藝術、羅浮歷史和中世紀羅浮皇宮等，除這些永久展外，還有許多特展。**

> 為羅浮宮錦上添花的透明玻璃金字塔，是華裔美籍建築師貝聿銘的一大代表作，為當時的密特朗總統(François Mitterrand)的大羅浮宮計畫帶來嶄新的現代化風貌，也成為羅浮宮博物館的主要出口。

以玻璃鋼柱構成的金字塔不僅為地下樓層引進光線，加上兩個小金字塔，同時兼具現代建築的設計美感。

參觀路線規畫

羅浮宮博物館主要有3個可互通的展館——德農館、黎塞留館和蘇利館，共有地下1樓，地面上3樓。

由於羅浮宮參觀者眾，避免浪費時間排隊購票的最佳方式，就是從金字塔主要入口以外的地方進入博物館，可以從麗弗里路(Rue Rivoli)99號進入，已經購票者可從黎塞留通道進入，或是直接搭乘地鐵至Palais Royal - Musée du Louvre站，出站後直達金字塔下方，亦是羅浮宮博物館地下1樓。

羅浮宮地下1樓有許多商店，如免稅香水店、博物館書店、服飾配件等，其中的美食廣場有多國簡餐可供選擇。此外，地下樓的遊客服務中心備有巴黎與法國觀光資訊，提供給觀光客蒐集索取，包括中文介紹。

53

① 號線

La Défense (Grande Arche) ｜ Charles de Gaulle Étoile ｜ George V ｜ Franklin D. Roosevelt ｜ Champs-Élysées-Clemenceau (Grand Palais) ｜ Concorde

羅浮宮地下1樓Entresol

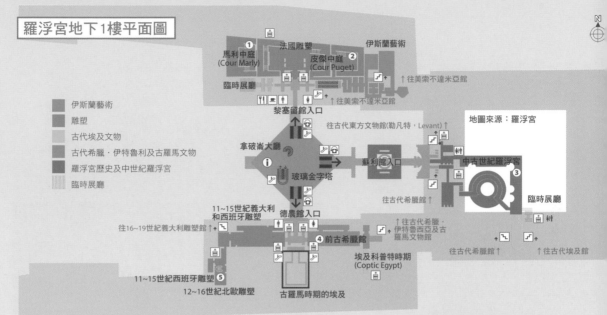

羅浮宮地下1樓平面圖

伊斯蘭藝術

雕塑

古代埃及文物

古代希臘‧伊特魯利及古羅馬文物

羅浮宮歷史及中世紀羅浮宮

臨時展廳

① 馬利中庭 (Cour Marly)
法國雕塑
皮傑中庭 (Cour Puget) ②
伊斯蘭藝術

臨時展廳

↑往美索不達米亞館

黎塞留館入口

↑往美索不達米亞館

往古代東方文物館(勒凡特，Levant) →

地圖來源：羅浮宮

拿破崙大廳

蘇利館入口

中古世紀羅浮宮

玻璃金字塔

③

臨時展廳

11~15世紀義大利和西班牙雕塑

德農館入口

往古代希臘↑

往16~19世紀義大利雕塑館→

④ 前古希臘館

↑往古代希臘‧伊特魯西亞及古羅馬文物館

往古代希臘館↑   ↑往古代埃及館

11~15世紀西班牙雕塑 ⑤

12~16世紀北歐雕塑

埃及科普特時期 (Coptic Egypt)

古羅馬時期的埃及

① 庫斯圖的《馬利駿馬群》

羅浮宮的法國雕塑集中在黎塞留館的地下1樓和1樓，位於地下樓的此區原是財政部官員的辦公廳，分為馬利(Cour Marly)和皮傑(Cour Puget)兩大中庭。

馬利中庭名稱的由來，主要因中庭擺放的多尊大型大理石雕刻，來自路易十四時期完成於巴黎近郊「馬利宮」(Château de Marly)花園內的作品。

然而，這裡最有名的，卻是1745年於路易十五時期完成的《馬利駿馬群》(Chevaux de Marly)，作者為法國巴洛克雕刻家──庫斯圖(Guillaume Coustou)。

② 皮傑的《克洛東的米羅》

皮傑中庭(Cour Puget)展示路易十四和路易十五時期的雕像，其中以法國巴洛克雕刻家和畫家皮傑(Pierre Puget)的作品為主，代表作《克洛東的米羅》(Milo de Crotone)描述希臘奧林匹克冠軍運動員米羅(Milo)老時，想要用手將裂開的樹幹劈斷，豈料樹幹夾住他的手，讓不得脫身的他因而被狼吃掉。雕塑中米羅和狼的表情和肢體栩栩如生，是皮傑重要的代表作。

③中世紀羅浮宮城壕

羅浮宮的歷史可追溯至12世紀，當時法王菲利浦二世在巴黎西牆外建造了羅浮宮，做為防守要塞之用；到1360年查理五世才將它改為皇室居所。羅浮宮目前就於蘇利館的地下1樓，展示12~14世紀羅浮宮中世紀的城壕樣貌。

全憑密特朗總統的堅持才得以誕生，如今樂於接受的巴黎人稱它是密特朗金字塔，而不是貝聿銘玻璃金字塔，也算是對這位總統致敬。

大羅浮宮計畫Le Grand Louvre

羅浮宮已有800年以上的歷史，雖經改朝換代的增修，規模在歐洲的王宮中首屈一指。然而隨著時間的演進，其設備已不敷實際需要，譬如現代建築不可或缺的電扶梯、電梯等，羅浮宮都不具備。如果想從南至北走一回，必須有步行近兩公里的勇氣。再者，羅浮宮擁有42萬多件的藏品，卻缺乏展覽空間，只得束之高閣；而缺乏主要入口，造成管理上的困難和遊客們的不便，都是阻礙羅浮宮發展的主要原因。

在當時的密特朗總統上台後，便開始積極從事大羅浮宮計畫，參考了許多提案，同時參觀美國華盛頓博物館，最後他選擇美籍華人貝聿銘對博物館的建築結構進行重整。此舉讓法國人譁然，因為向來將羅浮宮博物館視為他們文化聖地的法國人，即使是「自己人」，也不敢輕易「動土」，更何況是一位華裔美國人？但是密特朗總統不為所動，最後還是依貝聿銘的構想，完成了大羅浮宮計畫。

玻璃金字塔的設計在當時被視為相當大膽的創舉！計畫中所有設施不但隱藏於地下，像是在卡胡塞凱旋門西面的地下建造大型停車場等，令人更駭異的，是修建一個高21.65公尺、邊長30公尺的透明玻璃金字塔，作為羅浮宮的主要入口，增加底下拿破崙廳(Hall Napoléon)的採光和空間。東南北三面則設置小金字塔分別指示三條主要展館的通道，在大小金字塔的周圍另有水池與金字塔相映成趣。

④《西克拉德偶像》

這座27公分高的頭部雕塑——《西克拉德偶像》(Idole Cycladique)出土於希臘西克拉德島(Cycladic)，估計是西元前2700~2300年的作品。該雕塑線條簡單均衡，右下處雖有明顯毀壞，仍無損其價值，特別是它可能是現存希臘青銅時代早期有關大理石雕作品中，最早且最精采的一件。

⑤艾爾哈的《聖瑪德蓮》

羅浮宮內的北歐雕塑集中於德農館的地下1樓和1樓的5間展示廳內，前者以12~16世紀雕塑為主，後者則蒐羅17~19世紀的作品。

位於地下1樓C展示廳主要收集15~16世紀古荷蘭和日耳曼帝國的雕刻，這座《聖瑪德蓮》(Sainte Marie-Madeleine)雕像出自德國雕塑家喬治・艾爾哈(Gregor Erhart)之手，全裸的瑪德蓮披著如瀑布般的金色長髮，體態優美和諧，此作於1902年時由羅浮宮購自德國。

羅浮宮1樓 Rez-de-Chaussée

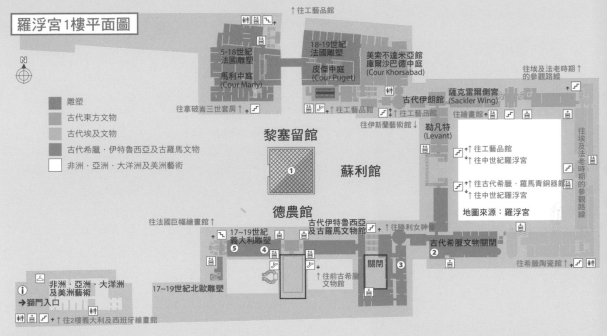

羅浮宮1樓平面圖

↑往工藝品館

5-18世紀
法國雕塑

馬利中庭
(Cour Marly)

18-19世紀
法國雕塑

皮傑中庭
(Cour Puget)

美索不達米亞館
庫爾沙巴德中庭
(Cour Khorsabad)

往埃及法老時期↑
的參觀路線

古代伊朗館

薩克雷爾側宮
(Sackler Wing)

N

雕塑

古代東方文物

古代埃及文物

古代希臘·伊特魯西亞及古羅馬文物

非洲·亞洲·大洋洲及美洲藝術

黎塞留館

蘇利館

勒凡特
(Levant)

往拿破崙三世套房↑

↑往工藝品館

往伊斯蘭藝術館↓

↓↑往工藝品館

往繪畫館↑

↑往工藝品館
↑往中世紀羅浮宮

↑往古代希臘·羅馬青銅器館
↑往中世紀羅浮宮

地圖來源：羅浮宮

往埃及法老時期的參觀路線

德農館

往法國巨幅繪畫館↑

17~19世紀
義大利雕塑

古代伊特魯西亞
及古羅馬文物館

往勝利女神像↑

古代希臘文物關閉

往希臘陶瓷館↑

非洲·亞洲·大洋洲
及美洲藝術

→獅門入口

17~19世紀北歐雕塑

↑往前古希臘
文物館

關閉

↑往2樓義大利及西班牙繪畫館

① 玻璃金字塔

在巴黎再開發計畫中，為羅浮宮增添不少新風貌，原先在黎塞留館辦公的法國財政部他遷後，新空間增加了不少收藏品的展示。1993年，華裔建築師貝聿銘為博物館興建了一座廣達45,000平方公尺的超大型地下建築，結合周邊地鐵及巴士轉運功能，並為它設計了一座玻璃金字塔(Pyramide)當作主入口，雖曾飽受爭議，但如今它已成為羅浮宮不可或缺的地標了。

從金字塔的入口處進入地下後，可以從德農館、蘇利館和黎塞留館不同入口進入羅浮宮。

La Défense
(Grande Arche)

| Charles de Gaulle
Étoile

| George V

| Franklin D.
Roosevelt

| Champs-Élysées-Clemenceau
(Grand Palais)

| Concorde

② 《艾芙洛迪特》

艾芙洛迪特(Aphrodite)就是大家比較熟知的愛神、美神維納斯，由於這座雕像是1820年在希臘的米羅島(Melos)發掘的(現今的Milo島)，所以又稱「米羅島的維納斯」(Vénus de Milo)。雕像於隔年贈予路易十八世，最後再轉由羅浮宮收藏。

這座雕像高2.02公尺，由上下兩塊大理石組成，完成期間約在西元前的1~2世紀。據說最早出土時還有上色，但現在已完全看不到了，另外手臂也不見了，因此也有人以《斷臂的維納斯》來稱呼它，讓她增加了許多神秘感。究竟遺失的雙臂指向何方，或是手中拿著什麼樣的東西，都引發大家好奇和聯想，也讓這座雕像受歡迎指數居高不下。

③ 《夫妻合葬棺》

此為古伊特魯斯坎文物。提到羅馬世界，就必須從發源於伊特魯利亞地區的伊特魯斯坎文明談起，這是西元前800到300年之間，在義大利半島、台伯河流域發展出的文化。伊特拉斯坎人是支十分關注死亡的民族，具有深刻的宗教信仰，他們的藝術缺少原創性，卻充滿活力；很少集中在神的形象，大多以凡人為主題，即使在墳墓中，也是如此。

西元前6世紀，當地發展出一種石棺，形狀是一個矩形的臥榻，上方斜躺著一對人像，結合了古代埃及的木乃伊人形與近東的矩形靈柩，人像風格源於古希臘時期。這座《夫妻合葬棺》(Le Sarcophage des Époux)便展現這樣的風格，其高114公分、長約200公分，出土於切維台利(Cerveteri)，時間約為西元前520~510年間。

④ 卡諾瓦的《丘比特與賽姬》

這是來自義大利新古典主義雕刻家卡諾瓦(Antonio Canova)的作品——《丘比特與賽姬》(Psyché Ranimée par le Baiser de l'Amour)。在羅馬神話中，丘比特和賽姬是對戀人，因為某些原因，賽姬被要求不能看見丘比特的容貌，直到有天賽姬實在忍不住了，趁丘比特入睡時偷看了他一眼，此舉讓丘比特母親維納斯大怒，她讓賽姬陷入昏睡，規定只有丘比特的愛之吻才能讓她甦醒。

這座雕像就是表現當丘比特展翅降臨，輕抱起賽姬親吻她的那一剎那，兩人柔軟平滑的身軀相擁成X型，呈現一種既深情又優美的體態，令人動容。

⑤ 米開朗基羅的《奴隸》

這裡展示著16~19世紀義大利雕塑。當中舉世聞名的，莫過於2尊米開朗基羅(Buonarroti Michelangelo)的作品——《奴隸》(L'Esclave)，左邊為《垂死的奴隸》(L'Esclave Mourant)，右邊則是《反抗的奴隸》(L'Esclave Rebelle)。

這兩尊原是米開朗基羅打算放置於教宗朱利安二世(Pope Julius II)陵墓的作品，然而自1513年動工後，就因經費及某些緣故未能完成，還被贈送和轉賣，最後於1794年成為羅浮宮的收藏。

雖然同為米開朗基羅的作品，兩尊雕像截然不同，《垂死的奴隸》是位具有俊美外貌的年輕人，其臉部安詳平靜，像是剛擺脫嚴苛的苦難，陷入一種深沉的睡眠，表現一種完全接受命運安排的妥協；《反抗的奴隸》卻是扭曲著身軀，臉部流露憤恨與不平的表情，像是在做最後的爭扎與反抗，表現對人生仍然充滿強烈的意志力和生命力。

La Défense (Grande Arche) | Charles de Gaulle Étoile | George V | Franklin D. Roosevelt | Champs-Élysées-Clemenceau (Grand Palais) | Concorde

羅浮宮2樓 1 Étage

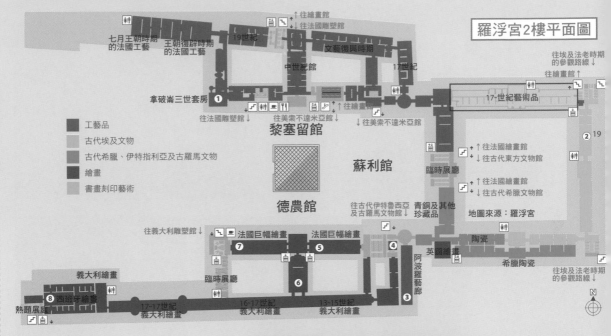

羅浮宮2樓平面圖

七月王朝時期的法國工藝　王朝復辟時期的法國工藝　19世紀

↑往繪畫館
↓往法國雕塑館

文藝復興時期

往埃及法老時期的參觀路線↓

往繪畫館

中世紀館　17世紀

17-世紀藝術品

拿破崙三世套房 **①**

往法國雕塑館↓　往美索不達米亞館↓　往繪畫館↓　往美索不達米亞館

黎塞留館

蘇利館

德農館

■ 工藝品
■ 古代埃及文物
■ 古代希臘、伊特指利亞及古羅馬文物
■ 繪畫
■ 書畫刻印藝術

↑往法國繪畫館
↓往古代東方文物館

↑往法國繪畫館
↓往古代希臘文物館

臨時展廳

往古代伊特魯西亞及古羅馬文物館↓　青銅及其他珍藏品

地圖來源：羅浮宮

② 19

往義大利雕塑館↓　法國巨幅繪畫 **⑦**　法國巨幅繪畫 **⑤**

④

阿波羅藝廊

英國繪畫　陶瓷

希臘陶瓷

往埃及及法老時期的參觀路線↓

義大利繪畫

臨時展廳

⑥

③

西班牙繪畫

熱題展區

17-17世紀義大利繪畫　16-17世紀義大利繪畫　13-15世紀義大利繪畫

N

① 拿破崙三世套房

新的羅浮宮在拿破崙三世的主持下，將原本位於杜樂麗宮(Palais des Tuileries)內的會客廳移植至此，重現拿破崙三世套房(Appartements Napoléon III)情景，而所有設計和裝潢從水晶吊燈、青銅飾品、鍍金傢俬、華麗地毯、紅色窗簾……一一保留，完整呈現皇家華麗尊貴的風貌，從這裡往下走，還可以看見拿破崙三世的寢宮和餐廳。

③ 路易十五加冕時的皇冠

每位法國國王在加冕時都擁有自己華麗的皇冠，而阿波羅藝廊(Galerie d'Apollon)就是展示歷代國王皇冠及寶物的地方。

路易十五擁有2頂皇冠(Couronne de Louis XV)，一頂鍍金，另一頂鍍銀，也就是我們現在在羅浮宮中所看到的，這頂皇冠頂端為珍珠十字架，下連8條拱架，上頭至少有282顆鑽石、64顆寶石和237顆珍珠，包括中央最大重達140克拉的「攝政王」(Regent)鑽石，非常尊貴華麗。

② 《埃及書記官》

埃及的文明史也可說是一部藝術史，雖然埃及藝術的目的在實用或傳達宗教法則，但工藝之美依然震撼後世。

書記官雕像向來是埃及古王國時期的寫實表現，這一尊《埃及書記官》(Le Scribe Accroupi)可説是當中最負盛名的一件，估計於西元前2620~2500年間完成，由埃及考克學家在古埃及王國首都沙哥哈(Saqqara)發掘出土，後來在1854年由埃及政府贈予羅浮宮。

這座書記官高53.7公分、寬44公分，以石灰石上色製成，眼睛由石頭、碳酸鎂和水晶鑲嵌而成，乳頭則為木製。他袒胸露背盤腿而坐，端正五官呈現個性面容，筆直的鼻子和兩個大耳朵，看起來呆板嚴肅，表現當時精準嚴格的雕塑風格。他一手拿著筆，一手拿著卷板的姿勢，加上幾何對稱的軀體，展現埃及書記官的威嚴姿態。

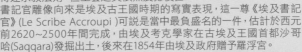

④《勝利女神像》

彷彿展翅欲乘風而去的《勝利女神像》(La Victoire de Samothrace)，就位於德農館的階梯平台上，在投射燈光的搭配下，更顯得雕像衣襬的輕盈。

3.28公尺高的《勝利女神像》約完成於西元前190年左右，1863年於希臘愛琴海的西北方Samothrace小島出土，一般相信它是為了紀念羅德島(Rhodian)戰役的勝利而創作，龐大雄健的雙翼屹立在兇險的海面上，浪花打溼了袍子，使袍子緊緊貼在胸前和雙腿上，背後隨風飛揚，充分展現戰役的壯烈和勝利的英勇。

《勝利女神像》、《米羅的維納斯》和《蒙娜麗莎》並列為羅浮宮的鎮館三寶。

⑥達文西的《蒙娜麗莎》

集藝術家、科學家、發明家、軍事家及人道主義家於一身的達文西(Leonardo da Vinci)，最有名的畫作除了位於米蘭教堂的《最後的晚餐》，就屬這幅《蒙娜麗莎》(La Joconde)了。那神秘的笑容、溫暖的光影教人費猜疑，達文西可能也把《蒙娜麗莎》視為個人藝術的最高成就，所以當他離開義大利前往法國南部擔任法國皇帝的私人顧問時，隨身帶著的畫作只有它。

達文西畫的《蒙娜麗莎》在高超的畫技下，表露出優雅的面容和神秘的微笑，雙手交錯平擺，充滿溫柔、平衡的精神和大方的體態。此畫最吸引人的地方，除了展現文藝復興時期的女性美之外，還有背後渲染的山巒、空氣和水，使人的輪廓溶解在光影中，經由相互影響的元素，成就永恆的微笑。

這幅畫可說是羅浮宮的鎮館之作，館內很多角落都有指標指引參觀方向，許多人前來羅浮宮主要也是為了要瞧上本尊一面，因此該區人潮十分擁擠，想近距離觀賞並不容易。

⑤大衛的《約瑟芬的加冕》

這是一幅典型的藝術服務政治的畫作。法國畫家雅克－路易·大衛(Jacques-Louis David)是新古典主義的代表畫家。所謂的新古典主義，簡單來說，就是反洛可可及巴洛克的風格，再現希臘羅馬的藝術形式。大衛在古典潮流中，以他的天賦成為當時最具有影響力的畫家，不幸卻捲入政治，不得不流亡海外，最中斷送他的藝術生命。

在《約瑟芬的加冕》(Le Sacre de l'Empereur Napoléon 1er et le Couronnement de l'Impératrice Joséphine)中，大衛描繪1804年拿破崙如皇帝般，為約瑟芬戴上皇冠的情景，他的野心也透過畫作表現無遺。此作原擺設於凡爾賽宮，後移至羅浮宮展出。

⑦席里柯的《梅杜莎之筏》

這幅長約72公分、寬約49公分的巨幅繪畫《梅杜莎之筏》(Le Radeau de la Méduse)，是法國浪漫派畫家泰奧多爾·席里柯(Théodore Géricault)的作品，描繪1816年時一艘載著數百人的法國船艦梅杜莎號，航行西非海岸，因船長的無能導至擱淺，船上的人紛紛求援逃命，最後只剩下15人在船上，這些人陷入絕望，神志不清，甚至吃起同伴的肉⋯

席里柯將當時這樣的船難事件透過繪畫表現出來，畫中光影強烈、動作寫實，三角構圖中，有著平衡感──一端有人在期待救援，另一端的人卻已氣息奄奄，是件極具張力和戲劇性的作品。只是這幅畫在1819年展出時，遭到不少批評聲浪，因為它是第一件反映社會事件的寫實作品，對原本想隱瞞此事的政府來說臉上無光，加上畫中將人之將盡的心態赤裸裸地表現出來，也是古典主義畫派所不願樂見的風格。

⑧利貝拉的《瘸腿的小孩》

西班牙畫家利貝拉(Jusepe de Ribera)深受義大利畫家卡拉瓦喬(Caravaggio)黑暗色調的影響，同時也具有宗教風格。畫中的主題或主角通常都在畫的最前方、占據最大的空間，似乎想和觀畫者直接對話。這幅《瘸腿的小孩》(Le Pied-bot)不僅有上述的特點，還表現出利貝拉的人道精神，因為在小孩左手所拿的紙條上寫著：「看在上帝的份上，請同情同情我吧！」

1 號線

La Défense (Grande Arche)
Étoile
Charles de Gaulle
George V
Franklin D. Roosevelt
Champs-Élysées-Clemenceau (Grand Palais)
Concorde

羅浮宮3樓 2 Etage

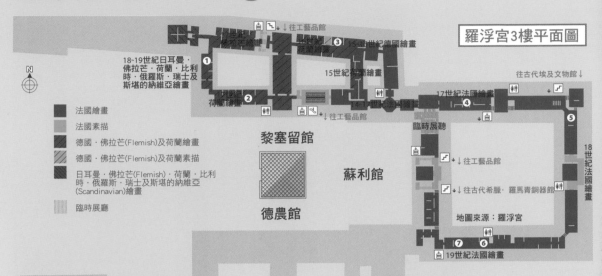

羅浮宮3樓平面圖

↓往工藝品館

15世紀德國繪畫

15世紀荷蘭繪畫

18~19世紀日耳曼·佛拉芒·荷蘭·比利時·俄羅斯·瑞士及斯堪的納維亞繪畫

N

往古代埃及文物館↓

17世紀荷蘭繪畫

17世紀法國繪畫

16-17世紀法國繪畫

■ 法國繪畫
▨ 法國素描
▨ 德國·佛拉芒(Flemish)及荷蘭繪畫
▨ 德國·佛拉芒(Flemish)及荷蘭素描
▨ 日耳曼·佛拉芒(Flemish)·荷蘭·比利時·俄羅斯·瑞士及斯堪的納維亞(Scandinavian)繪畫
▦ 臨時展廳

臨時展廳

黎塞留館

蘇利館

↓往工藝品館

↓往古代希臘·羅馬青銅器館

18世紀法國繪畫

德農館

地圖來源：羅浮宮

19世紀法國繪畫

①林布蘭晚年自畫像

林布蘭(Rembrandt van Rijn)是荷蘭最有名的畫家，色彩奔放、渾厚，更以精準掌握光線而成為大師。林布蘭一生創作豐富，也畫了不少的自畫像，剛好是他一生起伏的註腳。羅浮宮中一共有3幅他的自畫像，兩幅年輕正當志得意滿時的自畫像，圖中這幅則是年老破產賣畫抵債的悲涼自畫像。

②維梅爾的《編蕾絲的少女》

荷蘭風俗畫家維梅爾(Jan Vermeer)在世的作品不多，生平也不太為人熟知，但他畫作中那透明的光線和黃、藍色調色彩的美感，教人難忘。維梅爾畫作的題材都是一般人的日常生活，但借著光線和樸實的畫面，生活瑣事也昇華為藝術，透過這幅《編蕾絲的少女》(La Dentellière)便可清楚明瞭。

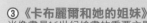

③《卡布麗爾和她的姐妹》

肖像畫是16世紀繪畫的重要主題，特別是在貴族皇室的重要場合或慶典。這幅來自楓丹白露畫派(École de Fontainebleau)的《卡布麗爾和她的姐妹》(Portrait Présumé de Gabrielle d'Estrées et de Sa Soeur la Duchesse de Villars)，描繪法王亨利四世(Henri IV)的情婦卡布麗爾(Gabrielle d'Estrées)和她的妹妹一起洗澡的情景，兩人不但袒胸露背，她妹妹更用一隻手捏住她的乳頭，在當時屬於相當大膽又情色的畫作。這個動作加上後方做針線的婦人，影射卡布麗爾可能已經懷孕了。

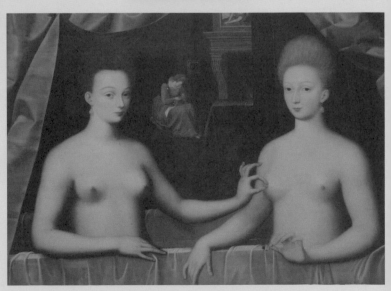

| Palais-Royal Musée du Louvre | Hôtel de Ville | Bastille | Gare de Lyon | Château de Vincenne |

④拉圖爾的《老千》

拉圖爾(George de Latour)最擅長畫出蠟燭的光線與光影,這幅《老千》(Le Tricheur)顯然是在一場牌戲中,老千抽換牌的技倆被識破了,斜瞪的眼神、指責的手勢,似乎把那尷尬的一刻給凝住了,讓你也不禁為那老千捏一把冷汗。

⑤達文西的《岩間聖母》

《岩間聖母》是達文西最著名的作品之一,描述的是施洗者約翰初次見到耶穌的故事。這幅畫的構圖是最讓人津津樂道的地方,聖母位於畫的正中央,約翰和耶穌在她的左右兩邊,形成一個明顯的三角形,後人稱之為三角形構圖,達文西非常喜歡這樣的構圖,為畫中人物帶來安定、穩重的感覺。

⑥安格爾的《大浴女》

安格爾(Jean-Auguster-Dominique Ingres)作品中常見性感的裸女,其中又以大浴女、小浴女和後來的土耳其浴最為出名。安格爾是19世紀新古典主義和浪漫主義最具代表性的畫家,是古典主義大師大衛的高徒,並多次前往義大利旅行,遇到文藝復興三傑中的拉斐爾(Raffaello Sanzio),後決心成為歷史畫家,其作品特色是在理想的古典寫實中,以簡化變形強調完美造型。

在這幅《大浴女》(La Baigneuse)畫中,戴著頭巾坐在精緻坐壁上的裸女,展現當時的女性之美,與一旁的土耳其浴畫作比對一下,可以發現土耳其浴中有一個同樣浴女的背景,就是源自此作品。

⑦德拉克洛瓦《自由女神領導人民》

19世紀除了是新古典主義的世紀外,也是浪漫主義的世紀,這兩派互相對立,前者以安格爾為首,後者就以德拉克洛瓦(Eugène Delacroix)為領導;前者重視平衡感、線條的嚴謹,而後者則運用奔放的色彩及激情的主題。

《自由女神領導人民》(La Liberté Guidant le Peuple)是德拉克洛瓦最知名的作品之一,描繪1930年巴黎市民起義推翻波旁王朝的情景,人民對自由人權的渴望,清楚表現在手持紅白藍國旗的自由女神身上,女神身後支持的工人和學生,穿過硝煙和屍體為民主而戰,流露強烈的熱情。

La Défense (Grande Arche) | Charles de Gaulle Étoile | George V | Franklin D. Roosevelt | Champs-Élysées-Clemenceau (Grand Palais) | Concorde

巴黎戀人的浪漫之地

Hôtel de Ville站

① 聖雅克塔
Tour Saint-Jacques

🚇搭地鐵1、11號線於Hôtel de Ville站下，或搭地鐵1、4、7、11、14號線於Châtelet站下，皆步行約3分鐘 🏠Square Saint-Jacques 75004 Paris 4 ☎01 78 90 26 67 🕐10:00~18:00 ⊗週一～週四 💲€12，優待票€10 ❗每年開放時間略有變動，大約5~11月，可上網查詢並預約https://boutique.toursaintjacques.fr

　　以大量裝飾展現火焰哥德式風格的聖雅克塔，是16世紀「屠宰場的聖雅克教堂」(Eglise Saint-Jacques-de-la-Boucherie)的部分遺跡，它啟發了大仲馬(Alexandre Dumas)在1856年時寫下了劇作同名劇作《La Tour Saint-Jacques-de-la-boucherie》。

　　這間曾聳立於Les Halles市集附近的教堂，獻給12使徒之一的大雅克 (Jacques le Majeur)，由富有的大盤商屠夫們出資興建，據說曾收藏聖雅克的聖骨，落成於1523年的它是**法國朝聖之路(Les Chemins de Compostelle)的起點**，通往位**於西班牙的終點聖地牙哥(Santiago de Compostela)**。

市政廳原本是一座用來卸載麥子和木頭的河港，後來成為一處巴黎人經常聚集的地方，特別是舉行公開處決的場所。

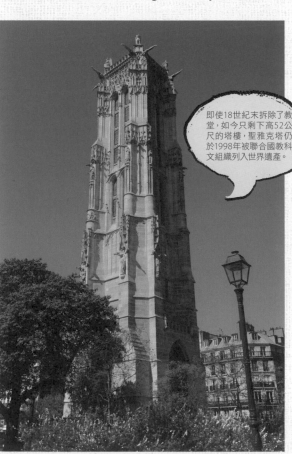

即使18世紀末拆除了教堂，如今只剩下高52公尺的塔樓，聖雅克塔仍於1998年被聯合國教科文組織列入世界遺產。

② 市政廳
Hôtel de Ville

🚇搭地鐵1、11號線於Hôtel de Ville站下，出站即達 🏠Place de l'Hôtel de Ville ☎01 42 76 40 40 🌐www.paris.fr

　　1357年時的巴黎市政府買了一座名為「柱屋」(Maison aux Piliers)的房子後，從此這裡成為巴黎市的行政中心。到了1533年時，弗朗索瓦一世(François I)決定替這座歐洲的大都會興建一棟符合其身分的市政廳，於是聘請了義大利建築師賦予了它文藝復興的面貌。不幸的是市政廳在法國大革命期間被燒之殆盡，只剩下一些石頭結構。今日市政廳富麗堂皇的外觀，是1973~1892年間以昔日風格重建而成的結果，**白天在藍天的陪襯下顯得異常宏偉，入夜後在路燈的暈染下展現另一種浪漫的風情**。

在法國革命起點看見過去與未來

Bastille站

① 巴士底廣場
Place de la Bastille

🚇搭地鐵1、5、8號線於Bastille站下，出站即達 　◎Place de la Bastille 　⏱24小時

　昔日的巴士底廣場，14世紀時原為堡壘，之後被法王路易十一世(Louis XI)改建為皇室監獄。1789年法國大革命期間，人民攻占了巴士底監獄，摧毀了這處皇權的象徵，堡壘的石頭被分送到法國各地，紀念當時曾遭受皇室迫害的人。

　巴士底早期屬於巴黎近郊，周遭充斥著工廠及倉儲，氣氛冷清。現在的巴士底則是**夜生活重要的據點，各種風格的酒吧穿插新興的設計師商店**，吸引年輕人在此遊盪消磨時間。其中以歌劇院區左側的侯葛特路(Rue de la Roquette)、行人徒步區的拉普小巷(Rue de Lappe)、夏洪尼路(Rue de Charonne)，以及奧貝康普普路(Rue Oberkamf)最為熱鬧。

廣場中央聳立的七月柱(Colonne de Juillet)，是為了紀念法國革命200週年所建，最上方有一尊金色的自由守護神(Génie de la Liberté)雕像。

1950年代後因都市規畫，這些工廠逐漸移往郊區，藝廊、爵士酒吧、小酒館…開始紛紛進駐，成為年輕人的聚集點。

©Ramon Cutanda López

巴士底歌劇院前衛的造型初期飽受非議，不過在實際使用數年之後，終於得到人們實質的印證，讚歎它的壯麗美觀與實用價值。

② 巴士底歌劇院
Opéra Bastille

🚇搭地鐵1、5、8號線於Bastille站下，出站即達 　◎Place de la Bastille 75012 Paris 　☎01 40 01 18 50 　✅參觀行程約90分鐘，時間請上網或至歌劇院櫃台查詢 　⏱1/1、5/1、7月中~8月 　💰全票€17、優待票€9~12 　🌐www.operadeparis.fr

　巴士底歌劇院興建於巴士底廣場的南端，原址為萬森車站，1985年在當時的法國總統密特朗的主張下拆除，由建築師卡洛斯歐特(Carlos Ott)設計，於1989年7月14日法國大革命200週年紀念正式開幕啟用。被稱為「大眾歌劇院」的巴士底歌劇院有別於加尼葉歌劇院古典造型，外觀為現代幾何圓柱形，並以金屬和大型透明窗戶打造而成，其大廳內**可容納2,700位觀眾，且擁有完善的舞台設施**，是民眾欣賞藝文表演的好地方。

La Défense
(Grande Arche)
Charles de Gaulle
Étoile
George V
Franklin D.
Roosevelt
Champs-Élysées-Clemenceau
(Grand Palais)
Concorde

昔日貴族聚集的核心地帶

Bastille站

1 皇后樓閣飯店
Le Pavillon de la Reine

🚇 搭地鐵1、5、8號線於Bastille站下，或搭地鐵8號線於Chermin Vert站下，皆步行約3~5分鐘　🏠 28 Place des Vosges 75003 Paris　☎ 01 40 29 19 19　🌐 www.pavillon-de-la-reine.com/

　　這間緊鄰孚日廣場旁的飯店，低調地隱身在一座迷你中庭的後方，一棟爬滿長春藤的石砌建築。通往接待大廳的中央走道，率先將最前方的空間區分為左右兩處「壁爐廳」和「圖書室」，它們既是餐廳也是Lounge，洋溢濃厚的古典氛圍。54間客房巧妙利用這棟**17世紀古宅的空間，以不同的元素和物件將它們裝飾成非常巴黎的風格**，像是原始建築裸露於外的木樑與支架，搭配華麗的復古家具和手工精細的木頭桌椅…讓整間飯店散發雅緻而迷人的氣氛。

> 皇后樓閣飯店如此低調的大隱於世，讓來訪者總有種揭露謎底般的驚喜。

> 廣大的草坪、四周的藝廊及咖啡館，使得孚日廣場成為人們假日休閒的重要場所。

> Lounge有一座巨大的紅色書櫃，特意收藏雨果的作品供遊客翻閱。

> 坐落於公園中央的騎馬雕像，是讓孚日廣場發揚光大的路易十三。

2 孚日廣場
Place de Vosges

🚇 搭地鐵1、5、8號線於Bastille站下，或搭地鐵8號線於Chermin Vert站下，後均步行約5分鐘可達　🏠 Place de Vosges

　　1800年法國大革命之後，為了向第一個繳清其稅金的省份致敬，而命名為孚日廣場。事實上，孚日廣場是**巴黎最古老的皇家廣場**，由法王亨利四世興建於1605年。1612年，為了慶祝法王路易十三和奧地利的安(Anne of Austria)的婚禮，在孚日廣場上舉辦了為期3天的比武大會，同時在這座四方型廣場的四周，興建以紅磚打造的同外觀建築和石柱撐起的拱廊，讓廣場充分展現優雅的法式風情。

　　此外，孚日廣場也可說是**人文薈萃之地**，因為曾居住在四周的名人不在少數，包括以書信反映路易十四時代社會風氣的女文學家塞維涅夫人(Madame de Sevigné)、路易十三的宰相黎塞留主教、以《鐘樓怪人》流芳的維多‧雨果(Victor Hugo)等等。

> 蘇利府邸出自建築師Jean Androuet du Cerceau之手的17世紀石材建築,是文藝復興時期建物的代表。

©Alejandro

③ 蘇利府邸
Hôtel de Sully

🚇搭地鐵1、5、8號線於Bastille站下,或搭地鐵1號線於St-Paul站下,皆步行約3~5分鐘 🏠62 Rue Saint-Antoine Paris ☎01 44 54 19 30 ⏰09:00~19:00 🚫1/1、5/1、11/1、12/25 💰€12,優待票€6,需要預訂。 🌐www.hotel-de-sully.fr ❗開放時期期間可穿越其中庭和花園至孚日廣場。

Librairie de l'Hôtel de Sully書店
☎01 44 61 21 75 ⏰13:00~19:00 🌐www.placedeslibraires.fr

　　後花園可以通往孚日廣場的蘇利府邸,**是瑪黑區許多豪宅中至今保存得最完善的一棟**。1634年時,享利四世的政府部長、同時也是蘇利公爵(Duc de Sully)的馬西里安德敦內(Maximilien de Béthune)將它買下並重新裝潢,之後連同他和幾代子孫一直住在這裡,直到18世紀為止。後來這座府邸歷經多次轉手,並隨需求三番兩次的擴建或改建,終於在1862年時被列為歷史遺跡,並於1944年時成為國家資產,展開了更浩大的整修工程。

> 市集週日時人最多,各種蔬果、花卉、乳酪、麵包、肉類小攤,不僅新鮮、選擇多樣,而且價格便宜。

④ 雨果紀念館
Maison de Victor Hugo

🚇搭地鐵1、5、8號線於Bastille站下,或搭地鐵8號線於Chermin Vert站下,皆步行約5分鐘 🏠6, Place des Vosges 75004 Paris ☎01 42 72 10 16 ⏰週二~週日10:00~18:00,售票至17:40 🚫週一、國定假日 💰永久展免費,特展視展覽而異 🌐www.maisonsvictorhugo.paris.fr

> 到雨果故居晃一晃,一窺法國大文豪的創作和生活空間。
>
> **小編按讚**

　　雨果紀念館位於孚日廣場的東南隅,這位寫下《鐘樓怪人》(Notre-Dame de Paris,原名為《巴黎聖母院》)等多部膾炙人口作品的19世紀法國著名文學家,**曾帶著妻子和4個小孩在此居住長達16年(1832~1848年)的時間,並於此期間完成大部分《悲慘世界》(Les Misérables)的手稿**。

　　而這棟宅邸是孚日廣場上最大的建築,1902年時才改建為雨果紀念館,如今館內規畫為3樓空間對外開放,底層為書店,1樓為特展空間,不定期舉辦與雨果相關的主題展。至於2樓的永久展,重現雨果一家人居住於此的模樣,並以素描、文學作品、照片畫像和雕像等,展示雨果不同時期的生活。

> 中國廳(Le Salon Chinois)展現了他對裝飾的另一項熱情。

⑤ 巴士底市集
Marché de la Bastille

🚇搭地鐵1、5、8號線於Bastille站下,或搭地鐵於Bréguet Sabin站下,皆步行約2~4分鐘可達 🏠Boulevard Richard Lenoir ☎01 43 24 74 39 ⏰週四 07:00~13:30、週日07:00~14:30

　　這個歷史悠久的露天市集**位於Bd. Richard Lenoir上,沿著巴士底廣場至聖莎班路(Rue Saint-Sabin)的交叉地段延伸**,擁有各種的攤位。事實上,早年這裡就曾經是一年一度的知名跳蚤及火腿農產品市集,但該市集被迫遷往郊區後,如今只剩下這個每週四、日舉辦的傳統市集了。如果你在市集結束前來搶購,或許可以用超低價格買到水果喔!

La Défense (Grande Arche) | Charles de Gaulle Étoile | George V | Franklin D. Roosevelt | Champs-Élysées-Clemenceau (Grand Palais) | Concorde

窺看繁忙交通樞紐下的城市風情

Gare de Lyon站

> 車站內有一些咖啡館和餐廳，提供旅客一個等車打發時間和休息地方。

1 里昂火車站
Gare de Lyon

🚇搭地鐵1、14號線或RER A、D線於Gare de Lyon站下，出站即達

在巴黎，共有6個主要火車站，分別開往全國主要城鎮，其中往南法城市的，通常都在巴黎市區東邊的里昂火車站(Gare de Lyon)搭乘。

這座為1900年世界博覽會而打造的火車站，正面有個漂亮的鐘樓，事實上，它**不僅是火車站，地鐵Metro、RER也在這裡交會，是巴黎市區內重要的交通樞紐**，不論何時都顯得熱鬧擁擠；因此建議來此搭車務必提早出發，免得錯過了時間。

> 廢棄鐵道搖身一變成為藝術家的天堂，充滿藝術氛圍的小店和咖啡館。

2 工藝創作街
Viaduc des Arts

🚇搭地鐵1、14號線或RER A、D線於Gare de Lyon站下，步行約10分鐘可達 🏠1-129 Avenue Daumesnil ☎01 43 45 98 64 🌐www.leviaducdesarts.com

文青必訪

Le Viaduc Café

🏠43 Avenue Daumesnil ☎01 44 74 70 70 ⏰07:00~02:00 💲法式早餐套餐€10、英式早餐套餐€14.5 🌐www.leviaducdaumesnil.com

這塊屬於藝術家的天堂，創作範圍包羅萬象，手繪瓷器、藝術表框、傳統表演服製作與租借、牆壁塗料、復古家具、布料設計、古畫修復…等**其他地方罕見或逐漸消失的技術，全都在此匯聚一堂**，54間獨具特色的店面，讓人光是欣賞它的櫥窗都已充滿趣味，更遑論過程中感受到的藝術氛圍。除了商店之外，這裡也坐落著一些餐廳和咖啡館，供逛累的遊客歇腳休息。

> 廢棄不用的鐵道，其下方拱門經過精心設計與改造，成為許多設計師和手工藝匠的工作室和商店，創意性十足。

©Vania Wolf

> 這條步道，為鐵道注入綠意，也讓原本古意盎然的道路因而充滿生氣。

3 空中綠林花園
Promenade Plantée

🚇搭地鐵1、14號線或RER A、D線於Gare de Lyon站下，步行約10分鐘 🏠Avenue Daumesnil Paris ⏰冬季08:00~17:30、夏季08:00~21:30，週末09:00起開放 💲免費

工藝創作街的「樓上」，也就是舊時**因鐵道地下化而被廢棄的這條高架鐵道，經重新整建後，搖身變身成為一處可供市民休閒散步的空中綠林花園**。空中綠林花園尾端，有一條橫跨馬路的橋梁，穿越後就能抵達另一個擁有弧形長橋及一大片綠地的赫伊花園(Jardin de Reuilly)，從這片青綠的草地上繼續往前走，沿途經過菲利斯艾普哀場(Place Felix Eboué)，再轉入Rue Taine就會來到貝西聖母教堂(Notre-Dame de la Nativité de Bercy)和貝西公園。

巴黎人最愛的近郊大花園

Château de Vincennes站

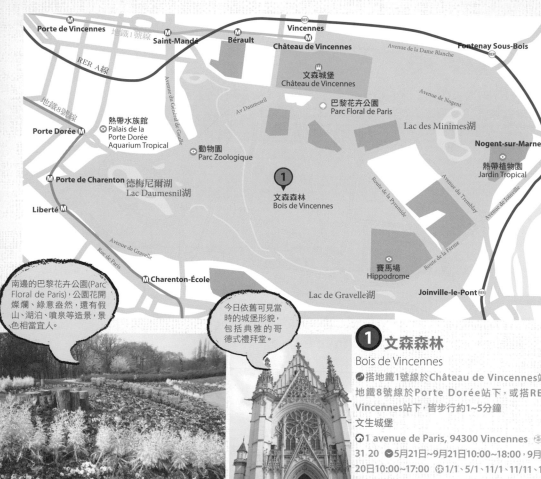

Porte de Vincennes Ⓜ
地鐵1號線
Saint-Mandé Ⓜ
RER A線
Béraul Ⓜ
Vincennes Ⓡ
Château de Vincennes
Avenue de la Dame Blanche
Fontenay Sous-Bois Ⓡ
文森城堡
Château de Vincennes
巴黎花卉公園
Parc Floral de Paris
Avenue de Nogent
Lac des Minimes湖
地鐵8號線
熱帶水族館
Palais de la Porte Dorée
Aquarium Tropical
Av Daumesnil
Porte Dorée Ⓜ
動物園
Parc Zoologique
Avenue du Général de Gaulle
Porte de Charenton Ⓜ
德梅尼爾湖
Lac Daumesnil湖
① 文森森林
Bois de Vincennes
Route de la Pyramide
Nogent-sur-Marne Ⓡ
熱帶植物園
Jardin Tropical
Avenue du Tremblay
Avenue de Joinville
Liberté Ⓜ
Avenue de Gravelle
Rue de Paris
Ⓜ **Charenton-École**
賽馬場
Hippodrome
Route de la Ferme
Lac de Gravelle湖
Joinville-le-Pont Ⓡ

南邊的巴黎花卉公園(Parc Floral de Paris)，公園花開燦爛、綠意盎然，還有假山、湖泊、噴泉等造景，景色相當宜人。

今日依舊可見當時的城堡形貌，包括典雅的哥德式禮拜堂。

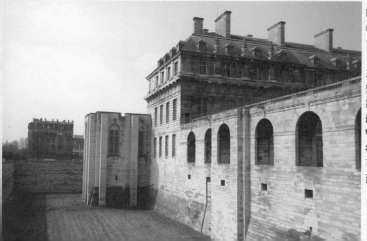

① 文森森林
Bois de Vincennes

🚇搭地鐵1號線於Château de Vincennes站下，或搭地鐵8號線於Porte Dorée站下，或搭RER A線於Vincennes站下，皆步行約1~5分鐘

文生城堡
🏠1 avenue de Paris, 94300 Vincennes ☎01 48 08 31 20 ⏰5月21日~9月21日10:00~18:00，9月22日~5月20日10:00~17:00 ❌1/1、5/1、11/1、11/11、12/25 💲全票€13、優待票€8，18歲以下免費 🌐chateau-vincennes.fr

巴黎花卉公園
⏰每日09:30~20:00，時間依季節而略有異動。💲10~3月免費，4~9月全票€2.5、優待票€1.5

位於巴黎市區東南方的文生森林，面積廣達2,458英畝，過去是法王的狩獵場，法國大革命後變身為軍事演習場，到了1860年時，拿破崙三世才將它改建成一座花園。現在文生森林分成好幾區，**最有名的就是位於北邊的文生城堡(Château de Vincennes)，它曾是14世紀時是多位法王鍾愛的行宮**。在森林東南方則有賽馬場和賽車場，遊客則可就地租輛單車，沿著森林周邊慢慢悠行；東邊和西邊分別有熱帶植物園和動物園。

Data
起訖點_Porte Dauphine←→Nation
通車年份_1900
車站數_25個
總長度_12.4公里
起訖時間_約05:30～01:15(各起站不一)

地鐵2號線 Ligne 2

地鐵2號線同樣從1900年開始通車,3年內又再延伸路段,讓迄今的站數達到25站之多;這條線主要行駛巴黎市區的中北段,尤其是串聯了凱旋門、香榭麗舍一帶至蒙馬特地區,其中對想去巴黎地標──聖心堂的人來說,最可能是搭這條線前往的。

Blanche站

2號線上的Blanche站於1902年開始通車,它周邊最讓人知曉的景點,就是以跳康康舞而聞名的紅磨坊,此外,多年前深受台灣人喜愛的電影《艾蜜莉的異想世界》,其中艾蜜莉工作的雙磨坊咖啡館,也在這附近。

紅磨坊Moulin Rouge
舉世聞名的康康舞,地點就在紅磨坊,門口招牌紅色風車已有100多年歷史,夜總會上演的是著名的康康舞,搭配穿著鮮豔的上空舞孃,以及聲光效果一流的表演場地,讓人彷彿置身拉斯維加斯。

Charles de Gaulle-Étoile站

P.71
P.70
P.38-42

Pigalle ⑫ · Anvers · ④ · La Chapelle ② · **Stalingrad** ⑤⑦

Blanche · Barbès Rochechouart · ④⑤ⒷⒹ · Ⓔ · ⑤⑦ᴬ **Jaurès**

Place de Clichy ⑬

Gare du Nord · Magenta

Rome

Villiers ③

Monceau

Courcelles

Ternes

Colonel Fabien

⑪ Belleville

Couronnes

Ménilmontant

Père Lachaise ③

Philippe Auguste

Alexandre Dumas

Avron

①⑥⑨Ⓐ

Nation

Porte Dauphine · ①⑥Ⓐ **Charles de Gaulle-Étoile**

Victor Hugo

Ⓒ Avenue Foch

Anvers站

位於蒙馬特地區的Anvers站,同樣於1902年啟站,由於該站鄰近蒙馬特纜車,前往巴黎地標景點──聖心堂和帖特廣場也僅要幾分鐘的路程,所以很多遊客都會出入此站,站內也總是人潮不斷。

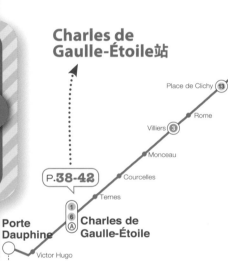

帖特廣場 Place du Tertre
這個堪稱蒙馬特最擁擠的地方,聚集眾多畫家,是有名的畫家市集;有趣的是,幾百年來,這裡雖然產生了不少有名的畫家,畢卡索就是其中之一,但數十年來竟沒有一位成名,今昔成為極大對比。

聖心堂Basilique du Sacré Coeur
建於18世紀末的聖心堂是蒙馬特的地標,當初是為了紀念普法戰爭而建,白色圓頂高塔矗立在蒙馬特山丘上,令人印象深刻,而聖心堂前方階梯的廣場,總是有許多街頭藝人在此表演,是留影取照的最佳去處。

Stop by Stop零殘念精華路線推薦
達人帶你玩2號線

Anvers站
➡1 聖心堂Basilique du Sacré Coeur
建議參觀時間：60分鐘
聖心堂是蒙馬特的地標，當初是為了紀念普法戰爭而建，白色圓頂高塔聳立在蒙馬特山丘上非常醒目。(見P.71)

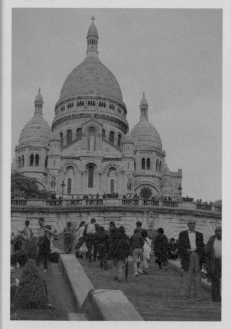

Blanche站
➡3 雙磨坊咖啡館Les Deux Moulins
建議參觀時間：60分鐘
這一站提供給喜歡電影《艾蜜莉的異想世界》的人參考，因為影片中艾蜜莉工作的咖啡館就在這裡，粉絲們可以坐在牆上大大的電影海報前拍照留念。(見P.70)

Blanche站
➡4 紅磨坊Moulin Rouge
建議參觀時間：120分鐘
成年人晚上來到蒙馬特，可以到紅磨坊看場經典的康康舞，動作性感的上空舞孃搭配著精采的舞蹈，總是讓人看了臉紅心跳。(見P.70)

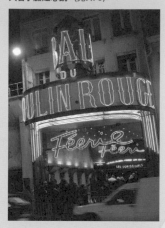

Anvers站
➡2 帖特廣場Place du Tertre
建議參觀時間：30~60分鐘
從面向聖心堂的左側往前行即可來到帖特廣場，這裡有許多素人畫家，你不妨也挑選一位最能捕捉你的神韻的畫家，替自己畫一幅作品留做紀念。(見P.71)

Charles de Gaulle Étoile站
➡5 凱旋門Arc de Triomphe
建議參觀時間：60分鐘
這裡是巴黎重大慶典遊行的起點，凱旋門上的雄偉雕刻是不能錯過的欣賞重點；你同時可以買票登上頂樓，眺望整個巴黎市區。(見P.38~39)

Charles de Gaulle Étoile站
➡6 香榭麗舍大道Avenue des Champs-Élysées
建議參觀時間：3小時~半日
這段林蔭大道，兩側有商店、餐廳和咖啡館林立，建議在購物之餘，還可以找家咖啡館坐坐，感受這條從16世紀就已存在的美麗大道，最雍容華麗的氣質。(見P.40)

令人臉紅心跳的紅磨坊

Blanche站

蒙馬特葡萄園 Vigne de Montmartre
Lamarck-Caulaincourt
狡兔酒館 Le Lapin Agile
① 蒙馬特墓園 Cimetière de Montmartre
帖特廣場 Pl. du Terte
蒙馬特美術館 Musée de Montmartre
Château Rouge
③ 紅磨坊 Moulin Rouge
達利美術館 Espace Dali Montmartre
⑤ 聖心堂 Basilique de Sacré-Coeur
② 雙磨坊咖啡館 Les Deux Moulins
Abbesses
④ 蒙馬特聖皮耶教堂 St-Pierre de Montmartre
Blanche
蒙馬特小火車 乘車處
Barbès-Rochechouart
Pigalle
蒙馬特聖尚教堂 Église St-Jean-de-Montmartre
Anvers
北站 Gare du Nord

> 紅磨坊這座風車已有100年以上的歷史。

① 蒙馬特墓園
Cimetière de Montmartre

搭地鐵2號線於Blanche站下，或搭地鐵2、13號線於Place de Clichy站下，或搭地鐵13號線於La Fourche站下，皆步行約3~5分鐘　20 Avenue Rachel Paris　01 53 42 36 30　08:00~17:30(週六08:30起、週日09:00起)　免費

　　蒙馬特墓園是巴黎第三大墓園，**許多終其一生流連在蒙馬特工作及生活的藝術家，就連身後都選擇在此安息**，而這些名人，也讓蒙馬特墓園吸引不少遊客前來憑弔，其中廣為人知的包括身兼雕塑家和畫家的竇加(Edgar Degas)、作家左拉(Émile Zola)、俄國著名芭蕾舞者尼金斯基(Vaslav Nijinsky)等。

> 少了刻板印象中墓園的陰森與淒涼，蒙馬特墓園反而像個大公園般，在清幽中帶著安適氣息。

② 紅磨坊
Moulin Rouge

搭地鐵2號線於Blanche站下，步行約1分鐘　82 Boulevard de Clichy 75018 Paris　01 53 09 82 82　19:00(晚餐+表演秀)、21:00、23:00各一場　19:00(晚餐+表演秀)€210起、21:00起€110起、23:00€88起　www.moulin-rouge.com

　　蒙馬特還有另一項有名的「特產」——舉世聞名的康康舞，地點就在紅磨坊，而門口的紅色風車更成為大家耳熟能詳的招牌。蒙馬特的全盛時期最多有30多座風車在此運轉，它們都成為雷諾瓦的《煎餅磨坊的舞會》或是尤特里羅中蒙馬特街景的背景，如今僅剩寥寥無幾。

　　夜總會上演的是**著名的康康舞，搭配穿著鮮豔的上空舞孃**，以及聲光效果一流的表演場地，為觀賞者提供一場充滿感官的饗宴。紅磨坊兩旁則延伸著巴黎著名的紅燈區，可說愈晚愈熱鬧，但建議遊客不要獨行。

③ 雙磨坊咖啡館
Les Deux Moulins

> 電影海報高高懸掛在店裡，彷彿艾蜜莉在對著你笑，鐵製小風扇在天花板上轉著，來到雙磨坊，別忘了看看艾蜜莉工作的吧台。

搭地鐵2號線於Blanche站下，後步行約2分鐘可達　15 Rue Lepic　01 42 54 90 50　週一~週五07:00~02:00（週六、日09:00起）　主菜€14.9起　cafedesdeuxmoulins.fr

　　有著一頭濃密黑髮、一雙大眼睛的艾蜜莉，喜歡打水漂，用湯匙敲打烤布丁上的焦糖，而她樂於助人的個性也征服全球影迷的心。電影《艾蜜莉的異想世界》(Amélie)打造出這個討喜的角色，也讓**艾蜜莉工作的雙磨坊咖啡館**，成為許多影迷來到巴黎必訪的景點。

在白色教堂下感受宗教藝術洗禮
Anvers站

白色圓頂高塔，矗立在蒙馬特山丘上的地標。

④ 聖心堂
Basilique de Sacré-Coeur

搭地鐵2號線於Anvers站下，步行約10分鐘 　35 Rue du Chevalier-de-la-Barre 75018 Paris 　01 53 41 89 00 　6:30~22:30 　免費 　www.sacre-coeur-montmartre.com 　纜車車資同地鐵票€2.1

地標景點

　聖心堂興建於19世紀末的教堂，造型迥異於其他巴黎教堂，在當時被視為風格大膽的設計。1870年普魯士入侵法國，慘遭圍城4個月的巴黎戰況激烈，城內所有糧食都被吃得一乾二淨，後來巴黎脫離戰爭威脅，**為了感謝耶穌，也為了紀念普法戰爭因而興建聖心堂。**

　教堂正門最上方可見耶穌雕像，入口處的浮雕也描述種種耶穌生平事蹟，這間獻給耶穌「聖心」的教堂，由Paul Abadie設計，於1875年開始興建，直到1914年才落成，並於一次世界大戰結束後才開光祝聖。

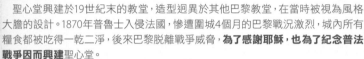

聖心堂最吸引人的不只是教堂本身，聖心堂前方的階梯廣場，總是有許多街頭藝人在此表演。

一望無際的巴黎視野，更是留影取照的最佳去處，也難怪總是人滿為患。

堪稱蒙馬特最擁擠的地方，聚集著眾多畫家，吸引遊客到此一遊。

⑤ 帖特廣場
Place du Terte

搭地鐵2號線於Anvers站下，或搭地鐵12號線於Abbesses站下，皆步行約8~10分鐘

藝文首選

　出現於這座小型畫家市集的大部分是人像畫家，**可以立即幫你畫出一幅寫真或漫畫素描**，也有部分是巴黎風景寫生，或純粹展售自己的創作。儘管幾百年來蒙馬特是不少知名畫家的搖籃，大名鼎鼎的畢卡索就是其一，但根據巴黎市政府曾做過的一項統計，近數十年來在帖特廣場擺攤的畫家，竟沒有一位成名，成為有趣的對比。

Data
起訖點_Pont de Levallois – Bécon←→Gallieni
通車年份_1904
車站數_25個
總長度_11.7公里
起訖時間_約05:30~01:15(各起站不一)

地鐵3號線 Ligne 3

通車於1904年的地鐵3號線，雖然停靠站多達25站之多，但一般是對要前往春天百貨或加尼葉歌劇院的人，才比較有可能搭乘到這條線；另外，有5條地鐵線匯集的République站，則是重要的交通轉乘樞紐。

Bourse站

地鐵3號線上，同樣於1904年開站的Bourse站，因為鄰近巴黎交易所(Bourse de Paris)，地鐵站也因此命名Bourse。

勝利廣場Place des Victories
建於1658年的勝利廣場，用以歌頌當時法王路易十四對多國戰役的屢戰屢勝，廣場四周圍繞著17世紀保存至今的古老建築，這些建築目前是一間間服飾購物商店，喜歡時尚潮流的人可來這裡尋寶。

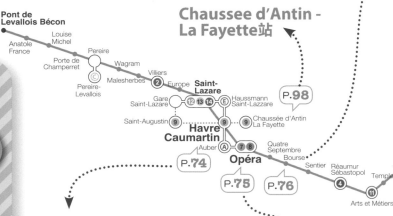

地鐵
3
號
線

Chaussee d'Antin - La Fayette站

Havre - Caumartin站

Havre - Caumartin站同時連接著地鐵3號線和9號線，其中3號線在1904年就啟站了，但9號線遲至1923年才完工通車。來到該站，除了會去逛春天百貨和拉法葉百貨，也有不少是要前往巴黎六大火車站之一的Gare Saint-Lazare。

春天百貨Printemps
創於1865年的春天百貨，和拉法葉百貨並稱巴黎兩大百貨公司，是時尚購物天堂。服務台提供華語諮詢和退稅服務。

Opéra站

地鐵3 號線上的Opéra站啟站於1904年，由於它鄰近加尼葉歌劇院(Opéra de Garnier)，地鐵也沿用此名，其中位於Avenue de l'Opera上底端的出口站，一出站就面對著歌劇院。它同時連接著地鐵7號線、8號線，而從RER A線的Auber站也可以通往該站，可說是重要的交通樞紐。

加尼葉歌劇院Opéra de Garnier
一般人慣稱的歌劇院，全名為加尼葉歌劇院，是過去法國皇帝欣賞歌劇的場所；其運用大量大理石和青銅等材料建造，費時14年於1875年完成，不管內部裝飾和外觀建築都極盡華麗之能事。

République站

因車站就位於共和廣場(Place de la République)，該站也以同名稱呼。其啟站於1904年3號線，之後一直到1935年，又有地鐵5號線、8號線、9號線和11號線陸續開通。5條地鐵線的匯集讓它成為主要的搭車、轉車點，但真正出站到周邊觀光的人反而沒有這麼多。

共和廣場
Place de la République
因為這裡是交通樞紐，多條地鐵線在這裡交會，你對此站一定不會陌生。如果來到地面，來往的車輛也很多，走到廣場時請注意安全。看完廣場上的瑪麗亞雕像，還可以到周邊商店晃晃。

Stop by Stop零殘念精華路線推薦
達人帶你玩3號線

Opéra站
2 加尼葉歌劇院Opéra de Garnier
建議參觀時間：60分鐘
你可以買票進入歌劇院博物館參觀，在欣賞華麗的樓梯後，可從兩側進入走廊，這裡將大走廊設計類似古典城堡走廊，在鏡子與玻璃交錯輝映下，更與歌劇欣賞相得益彰。(見P.74)

*Havre Caumartin*站
1 春天百貨Printemps
建議參觀時間：60~90分鐘
春天百貨分成3棟樓3館，其中男性和女性的百貨商品各分一館，另一館則以居家生活與美容化妝品為主，是巴黎知名的購物天堂。(見P.74)

Opéra站
3 和平咖啡館Café de la Paix
建議參觀時間：60分鐘
和平咖啡館不僅有不少演藝人員、文化人和作家曾光臨，歷任法國總統也經常來此喝上一杯咖啡，最有名的則數戴高樂將軍，他的「痛飲巴黎」的第一杯咖啡就在這個地方。(見P.75)

République站
5 紅孩兒市集Le Marché des Enfants Rouges
建議參觀時間：60~120分鐘
建立於17世紀的紅孩兒市集，是巴黎現存最老的室內市集，販賣水果、蔬菜、花卉以及各種冷盤、熟食，有點兒像台灣的美食街，一攤一攤賣著各種不同料理，價格親民、種類多元。(見P.77)

*Bourse*站
4 勝利廣場Place des Victories
建議參觀時間：30~60分鐘
勝利廣場四周現在是一間間服飾購物商店，而小巷子裡也有不少有趣的個性小店，喜歡購物血拼的人可以來這裡尋寶。(見P.76)

République站
6 Jacques Genin
建議參觀時間：30~60分鐘
Jacques Genin雖名為巧克力店，種類不多的糕餅卻是人氣商品。美味的巧克力自然不在話下，「閃電」甜度不高的可可醬和泡芙質感的外夾心，給人軟餡輕柔滑膩，且可可餘香綿長、優雅的口感。(見P.77)

沉淪時尚購物天堂敗家有理
Havre - Caumartin站

① 春天百貨

Printemps

🚇搭地鐵3、9號線於Havre - Caumartin站下,出站即達 🏠64 Boulevard Haussmann 75009 Paris ☎01 71 25 26 01 ⏰週一～週六10:00~20:30,週日11:00~18:00 🌐www.printemps.com

　創於1865年的春天百貨,占地45,000平方公尺,至今依舊**可以看見裝飾於牆面漂亮的馬賽克鑲嵌,以及美麗的玻璃工藝,是法國知名的歷史建築**。春天百貨同樣分為3館,除男性和女性百貨商品各占一館外,另一館則以居家生活與美容化妝品為主;法國知名名牌,如Celine、CHANEL、Longchamp、Chloé、KOOKAI…在這裡都有設櫃。

> 春天百貨洋溢著新藝術風格的建築,是1930年代世界博覽會的中心

> 裝飾大階梯上方天花板的,則是描繪許多音樂寓言傳奇故事的壁畫。

> 大走廊富麗堂皇的程度不下於大階梯,在鏡子與玻璃的交錯輝映下,更與歌劇欣賞相得益彰。

> 昔日法國御用歌劇院,堪稱藝術品的華麗建築。

② 加尼葉歌劇院

Opéra de Garnier

🚇搭地鐵3、7、8號線於Opéra站下,或搭地鐵7、9線於Chaussée d'Antin - La Fayette站下,或搭地或RER A線於Auber站下,皆步行約1分鐘 🏠8 Rue Scribe 75009 Paris 💰演出門票各表演不同 🌐www.operadeparis.fr

地標景點

　以建築師加尼葉(Charles Garnier)命名的加尼葉歌劇院,運用大量大理石和青銅等材料建造,耗時14年才建成,一般人就直接暱稱為歌劇院,這裡是**昔日法國皇帝欣賞歌劇的場所**,因此,不管內部裝飾或外觀建築都極盡華麗之能事。

　歌劇院本身是一個龐然大物,重達千噸的大銅頂、守著入口的大拱門…都說明了它的氣派。進入歌劇院後,視線馬上又被宏偉的大階梯所吸引,大理石樓梯在金色燈光的照射下更加閃亮,據說這是被當時夜夜笙歌的貴族仕女們的裙襬擦得光亮所致,可見歌劇院當時盛況。欣賞大階梯後可從兩側進入歌劇院走廊,它們是觀眾中場休息時社交談話的場所,富麗堂皇的程度不下於大階梯。

在華麗藝術殿堂聆聽永恆歌聲
Opéra站

③ 巴黎洲際大飯店
InterContinental Paris Le Grand

🚇搭地鐵3、7、8號線於Opéra站下，出站即達　🏠2 Rue Scribe 75009 Paris　☎01 40 07 32 32　🌐www.ihg.com/intercontinental/hotels/gb/en/paris/parhb/hoteldetail

　　巴黎洲際大飯店的歷史，和加尼葉歌劇院息息相關，當初**為了讓欣賞歌劇的皇室與貴客能擁有休息、聚會的場所**，1862年時，誕生了今日飯店前身的和平大飯店(Grand-Hôtel de la Paix)。儘管已經過了一個半世紀，該飯店依舊**展現了法國輝煌的黃金時代**，以黑白大理石打造的大廳搭配著木頭護壁板和吊燈，鋪設花紋地毯、保留昔日貴婦身著篷裙依舊能輕鬆穿行的寬敞距離的走道，繡著象徵法國皇室百合花徽章的抱枕，雙色花紋交織的地毯、壁紙和床罩…寫下了大飯店的傳奇。

飯店內的歌劇宴會廳(Opera Ballroom)非常華麗，讓人分不清到底是身處飯店還是歌劇院。

St-Lazare
Haussmann St-Lazare
Trinité - d'Estienne d'Orves
春天百貨 Printemps ①
波爾多酒窖 La Bordeauxthèque
拉法葉百貨 Galeries Lafayette
Havre - Caumartin
Auber
Chaussée d'Antin - La Fayette
加尼葉歌劇院 Opéra de Garnier ②
巴黎香水博物館 Musée du Parfum Fragonard
佛雄 Fauchon
巴黎洲際大飯店 Inter Continental Paris Le Grand ③
Opéra
Madeleine
和平咖啡館 Café de la Paix ④

許多著名作家如莫泊桑、雨果、王爾德曾在這宴請朋友，而法國統帥戴高樂的「痛飲巴黎」的第一杯咖啡就在這個地方！

④ 和平咖啡館
Café de la Paix

🚇搭地鐵3、7、8號線於Opéra站下，出站即達　🏠5 Place de l'Opéra 75009 Paris　☎01 40 07 36 36　🕐早餐8:00~11:00、午餐及晚餐11:30~23:00　💲早餐套餐€25起，午、晚餐主菜€24起　🌐www.cafedelapaix.fr

　　開幕於1862年的和平咖啡館位於歌劇院旁，曾招待過不少入住大飯店或前來歌劇院欣賞表演的貴客，從它富麗堂皇的裝潢便可窺知一二，這也是它聲名大噪的緣故。因地緣關係，**這家咖啡館是藝人、記者、文化人和作家的最愛**，甚至歷任法國總統都經常來此喝上一杯咖啡。

| Havre Caumartin | Opéra | Bourse | République

時尚名品和個性小店的購物據點
Bourse站

廣場規模不大，四周還圍繞著17世紀保存至今的古老建築，氣氛也顯得特別典雅靜謐。

1 勝利廣場
Place des Victoires

🚇搭地鐵3號線於Bourse站下，步行約5分鐘

　　勝利廣場興建於1658年，當時，法王路易十四對荷蘭、德國、西班牙和土耳其的**戰役接連報捷，巴黎人便以「勝利」為名建立了這座廣場**，並在廣場中央放置了路易十四的塑像，歌頌他的偉大。不過今日這座塑像並非原作，前身於1792年時遭到破壞，直到1822年才又重新放置了這座新的青銅騎馬塑像。

2 Galerie Vivienne

🚇搭地鐵3號線於Bourse站下，步行約3分鐘　🏠4 rue des Petits-Champs, 5-7 rue de la Banque, 6 rue Vivienne 75002 Paris　🕐各店不一，8:30~20:00　🌐www.galerie-vivienne.com

　　Galerie Vivienne因為**擁有幾間有意思的老書店，感覺更加古風洋溢**，書店老闆也像是歷經風霜似的，帶點老學究的形象。此外，這裡也找得到巴黎從古至今的經典明信片，幾間珠寶、首飾、配件和服裝等設計師專賣店也耐人尋味，讓人在時尚和書香間穿梭，別有一番趣味。

GALERIE VIVIENNE

在外旅行難免會想念家裡的味道，不如來試試遠播法國的道地台灣味！

3 珍珠茶館
Zen Zoo

🚇搭地鐵3號線於Bourse站下，或搭地鐵3號線於Quatre Septembre站下，皆步行約3~5分鐘可達　🏠13 Rue Chabanais　☎01 42 96 27 28　🕐週一～週六12:00~18:30　休週日　🌐www.zen-zoo.com

旅人按讚

　　對旅居巴黎的台灣人來說，珍珠奶茶可以是最深的鄉愁，珍珠茶館的開設，**一方面提供這最代表台灣的味道，另一方面也提供台灣人一個交流的場所，進一步使外國人有機會接觸台灣文化**，窗戶上飄著雲朵圖案，店裡則懸掛著全幅海上花海報，小小的空間只有10多個位置，給人溫暖的感覺。

　　店裡飲料以珍珠奶茶為主，衍伸出多種變化，包括芋頭、鳳梨、百香果、芒果等多種口味，提供台灣家庭料理，以及鍋貼、燒賣等點心，由於老闆等人是學藝術的，因此在餐點的擺設上也特別用心，十分賞心悅目。

四通八達的地鐵轉運站
République站

① 共和國廣場

Place de la République

🚇搭地鐵3、5、8、9、11號線於République站下，出站即達

這座位於四通八達的大道中央的圓形場地稱之為共和廣場，於1854年由奧斯曼男爵(Baron Georges Eugène Haussmann)建造，之後又於1883年，由Dalou打造了一尊聳**立於今日廣場中央的聖母雕像，高約10公尺**，以嚴肅的表情望向天空舉著火炬。

> 雕像下方的底座是為宣告第三共和時代的到來所建，出自Morice兄弟之手，裝飾四周的嵌板，以浮雕描繪法國的歷史場景。

② Jacques Genin

🚇搭地鐵3、5、8、9、11號線於République站下；或搭地鐵8號線於Filles du Calvaire站下，皆步行約5分鐘 ⌂133 Rue du Turenne Paris ☎01 45 77 29 01 🕐週二～週日11:00~19:00，週六11:00~19:30 休週一、12/24 🌐jacquesgenin.fr

過去十來年，Jacques Genin一直為巴黎喬治五世四季酒店這類頂級飯店提供巧克力。數年前，他終

於在瑪黑區開設以自己為名的巧克力店──糕餅店兼茶館。**雖名為巧克力店，種類不多的糕餅卻也是人氣商品**，其美味的巧克力自然不在話下，甜度不高的可可醬和泡芙質感的外夾心，給人軟餡般柔滑腴，且可可餘香綿長、優雅的口感。

> Jacques Genin研發的軟糖有水果(pâtes de fruits)和蔬菜(pâtes de légumes)兩種口味，每一款的色澤和味道都自然均衡。

③ 紅孩兒市集

Le Marché des Enfants Rouges

🚇搭地鐵3、5、8、9、11號線於République站下，步行約10分鐘；搭地鐵8號線於Filles du Calvaire站下，步行約5分鐘 ⌂39 rue de Bretagne, 75003 Paris ☎01 42 72 28 12 🕐週二～週六08:30~19:30、週日08:30~14:00 休週一

> 不管是想買料理食材，或是想來飽餐一頓的人，都可以來這裡晃晃。

新鮮體驗

建立於17世紀的紅孩兒市集，是**巴黎現存最古老的室內市集**，紅孩兒的名字是源自這附近曾有一座孤兒院，裡頭的小孩都穿著由慈善人士捐助的紅衣裳，市集以紅孩兒為名既響叮噹又好記。這座市集除了販賣水果、蔬

Chez Alain Miam Miam

🕐週日～週五09:00~15:30、週六09:00~17:30 休週一 💲三明治€11.5~14.5 🌐www.parisinfo.com/shopping/73876/Marche-couvert-les-Enfants-Rouges

來到紅孩兒市集很難不注意到這間三明治專賣店，這裡的人潮總是市集裡最多的，老闆一邊做三明治一邊會和排隊的客人們互動，十分活潑有趣。這裡的三明治被稱作**巴黎最美味的三明治**，新鮮的起司、蔬菜和肉品夾在浸過橄欖油的麵包中再烤過，香氣四溢，層次感十足，難怪吃上一份要排至少一個小時。

Le Traiteur Marocain

☎01 42 77 55 05 🕐週二～週六10:00~20:00、週日11:00~17:00 休週一 💲羊肉飯€12.5、雞肉飯€11

異國美食是紅孩兒市集的特色，這間摩洛哥餐廳就**以北非的傳統食物出名**，一樣是市集中的排隊名店。北非料裡的主食是小米，配上肉類、蔬菜再淋上醬汁，異國風味十足，主食也是米飯的我們很容易就能喜歡上。

Data
起訖點_ Porte de Clignancourt←→Mairie de Montrouge
通車年份_1908
車站數_29個
總長度_14公里
起訖時間_約05:30~01:15(各起站不一)

地鐵4號線 Ligne 4

地鐵4號線是巴黎第2大繁忙的交線線路，這一方面是它行經了市區內6大火車站中的3站(Gare Montparnasse、Gare du Nord和Gare de l'Est)，同時RER的A、B和C線也與該線的地鐵站相連接；另外，想前往西堤島觀光的人，也會搭乘4號線在Cité站下。

地鐵
4
號
線

Saint-Germain-des-Prés站

地鐵4號線上的Saint-Germain-des-Prés站啟站於1910年，命名結合了鄰近的聖日爾曼德佩教堂和聖日爾曼廣場(Place Saint-Germain)的名字，而前者也是這一帶著名的景點。此外，聖日爾曼廣場連接的聖日爾曼大道則是知名的購物商街。

聖日爾曼德佩教堂
Église Saint-Germain-des-Prés

這是巴黎現存最古老的教堂，可追溯至西元542年，是為了收藏聖物而由席勒德伯王(Chidebert)興建，後來重建的教堂以羅馬式建築風格為主軸，然而卻於大革命時遭到破壞，到了19世紀重修，才有今日的風貌。

Porte de Clignancourt
Simplon
⑫ Marcadet Poissonniers
Château Rouge
La Chapelle
② Barbès Rochechouart ②
Gare du Nord ⑤ Ⓑ Ⓓ Ⓔ Ma
Gare de l'Est ⑤ ⑦
Château d'Eau
Strasbourg Saint-Denis ⑧ ⑨
Réaumur Sébastopol ③
Etienne Marcel
Les Halles Ⓐ Ⓑ Ⓓ Châtelet Les Halles
① ⑦ ⑪ ⑭ Châtelet
Cité

P.80-81

St-Germain des-Prés
Odéon ⑩ Ⓑ Saint-Michel Notre Dame
St-Michel
Cluny La Sorbonne ⑩
Saint-Sulpice

P.82-83
P.122-12

St-Placide

Montparnasse Bienvenüe ⑥ ⑫ ⑬ Vavin
Gare Montparnasse ⑥ Raspail

Cluny - La Sorbonne!

P.84-85

Montparnasse Bíenvenüe站

1906年開站的Montparnasse Bíenvenüe站迄今有地鐵4號線、6號線、12號線和13號線在此會集，同時還連接著蒙帕納斯火車站(Gare Montparnasse)，因此，它位居巴黎最繁忙地鐵的前三名，你永遠可以看到滿滿的人潮在此進出、轉車。

⑥ Denfert Rochereau

P.87
P.86

Mouton Duvernet
Alésia
Porte d'Orléans
Mairie de Montrouge
Barbara
Bagneux Lucie Aubrac

蒙帕納斯塔Tour Montparnasse

蒙帕納斯塔樓高210公尺，是巴黎市區最高的建築物，視野最遠可達40公里，甚至連郊區的蒙馬特聖心堂(Basilique du Sacré Coeur)，都可以盡入眼簾。

Raspail站

位於地鐵4號線和6號線交會點的Raspail站，啟站於1906年，因位於Boulevard Raspail大道上，而該大道是為紀念法國19世紀知名的化學家和政治學François-Vincent Raspail，地鐵站也以Raspail命名，其兩個出口就位於道路兩側。

卡地亞現代藝術基金會Fondation Cartier pour l'Art Contemporain

卡地亞於1994年由建築師Jean Nouvel打造的這棟基金會，不但已經是服裝秀的新展場，是時尚人津津樂道的派對地及藝術場地，也躍升為現代建築代表作。

Cité站

地鐵4號線上的Cité站通車於1910年，它就位於西堤島上，也是島上唯一的地鐵站，想看看巴黎聖母院、聖禮拜堂、巴黎古監獄等名勝，從這裡進出是最佳選擇。地鐵的出口站僅有一個，走出來是島中央的Place Louis Lépine廣場；各景點都步行可達。

聖禮拜堂Sainte Chapelle

以巧奪天工的彩色玻璃窗著名的聖禮拜堂，同樣是西堤島上不能錯過的教堂；雖和聖母院同以玫瑰玻璃窗聞名，但建築風格迥異，內部以鍍金與大理石裝飾，呈現巴洛克風格。

巴黎聖母院Cathédrale Notre-Dame de Paris

巴黎聖母院自西元1163年開始建造，直至1334年才完成，它不僅以莊嚴和諧的建築風格著稱，而且以有關聖經故事的雕刻繪畫，以及彩繪玻璃玫瑰花窗等蜚譽全球。雖然一場大火燒毀了卡西莫多的尖塔，但仍然不影響巴黎聖母院在法國人心中的地位。

Vavin站

1910年開始運行的Vavin地鐵站，擁有的4個出口全在蒙帕納斯大道(Boulevardn du Montparnasse)兩側。周邊雖然沒有什麼知名的觀光勝地，但幾家曾有名人造訪過的咖啡館，都在這條大道上。

蒙帕那斯的咖啡館 The Café in Montparnasse

蒙帕那斯大道上有幾家曾有名人造訪的咖啡館，像是創於1927年，沙特、海明威等人曾造訪的圓頂咖啡館；畢卡索曾光臨的多摩咖啡館；至於丁香園咖啡館，則是完成小說《旭日東昇》的所在地。

Stop by Stop零殘念精華路線推薦
達人帶你玩4號線

Cité站

1 聖禮拜堂Sainte Chapelle
建議參觀時間：60分鐘

和聖母院同以玫瑰玻璃窗聞名，但這裡以巴洛克的建築風格呈現；黃昏時是欣賞玻璃窗最好時機，因光線、角度關係，效果最好。(見P.80)

Saint-Germain des-Prés站

3 Citypharma藥妝店
建議參觀時間：60~120分鐘

Citypharma是法國最大的連鎖藥妝店，品項豐富也時常打折，還可以現場辦理退稅。(見P.82)

Saint-Germain des-Prés站

4 咖啡館時光Café Hour
建議參觀時間：30~60分鐘

聖日爾曼大道的雙叟咖啡館和花神咖啡館是遊客必到之處，這一區自50年代起即是知識分子聚集點，來這裡坐一坐，感染濃郁的藝文氣息。(見P.82~83)

Montparnasse Bienvenüe站

5 蒙帕納斯塔Tour Montparnasse
建議參觀時間：60分鐘

蒙帕納斯塔樓高210公尺，是巴黎市區最高的建築物，遊客可以來到頂樓的露天觀景台賞景，尤其是夕陽西下時分，花都風華盡在遊人懷抱之中，更添浪漫。(見P.84)

Saint-Germain des-Prés站

2 聖日爾曼德佩教堂Église Saint-Germain-des-Prés
建議參觀時間：30分鐘

安詳寧靜的聖日爾曼德佩教堂完全隔絕外在塵囂，令參觀的人感到內心平靜，而哲學家笛卡兒(René Descartes)，也長眠於此。(見P.83)

Vavin站

6 名人咖啡館 Cafés in Montparnasse
建議參觀時間：30~60分鐘

蒙帕那斯大道上幾家咖啡館，像是圓頂、多摩、圓廳和丁香園等，都因曾有文人雅士或藝術家造訪，而變得與眾不同，在這些地方喝杯咖啡，也特別有氣氛。(見P.86)

Raspail站

7 卡地亞現代藝術基金會 Fondation Cartier pour l'Art Contemporain
建議參觀時間：30~60分鐘

卡地亞於1994年由建築師Jean Nouvel在巴黎打造的這棟基金會，不但已經是服裝秀的新展場，是時尚人津津樂道的派對地及藝術場地，也躍升為巴黎的現代建築代表作。(見P.87)

興巴黎命運相伴的教堂

Cité站

> 太子廣場隔著新橋與綠林盜廣場對望，電影《我就要你好好的》(Me Before You)曾在這裡的咖啡廳取景喔！

> 黃昏時是欣賞玻璃窗最好時機，因光線、角度關係，效果最好。

❶ 太子廣場
Place Dauphine

🚇搭地鐵7號線於Pont Neuf站下，或搭地鐵4號線於Cité站下，皆步行約3~8分鐘

太子廣場最初由亨利四世興建於1607年，這是他繼皇家廣場(今日的孚日廣場)後推動的第2個公共廣場計畫，以他的兒子當時的「法國太子」(Dauphin de France)、也就是後來的路易十三為名。

「Dauphin」在法文中的意思是「海豚」，它之所以後來被稱當成法國太子的暱稱和Guy VIII有關，這位維也納公爵**以海豚為家徽，其後繼者Humbert II將海豚莊園賣給了菲利浦六世，條件是必須讓法國繼承人採用「le Dauphin」的頭銜**，而第一位得此封號的太子是查理五世(Charles V)。

❷ 巴黎古監獄和司法大廈
Conciergerie et Palais de Justice

🚇搭地鐵4號線於Cité站下，步行約3分鐘；或搭地鐵7號線於Pont Neuf站下，步行約8分鐘 🏠2 Boulevard du Palais 75001 Paris ☎01 53 40 60 80 ⏰09:30~18:00（1/1、12/24到17:00）📅5/1、12/25 💲€13、優待票€11.5，與聖禮拜堂聯票€20（僅在聖禮拜堂官網購買）🌐www.paris-conciergerie.fr/

和聖禮拜堂相連的司法大廈，同時是巴黎古監獄所在地，在**法國大革命期間曾囚禁4,000多人，其中包括2,600名的貴族**，最有名的要屬路易十六的妻子——瑪麗‧安東奈特(Marie Antoinette)皇后。血腥的巴黎古監獄為哥德式建築，最早是官員的住所，法國大革命期間成為拘留人犯之處，當時許多革命領袖都曾是這裡階下囚。

> 監獄仍保留有11世紀的行刑室以及牢房，而當年那位沒有麵包卻想吃蛋糕的瑪麗皇后後來囚禁的牢房現在則開放參觀。

❸ 聖禮拜堂
Sainte Chapelle

> 昔日西堤島上卡佩皇宮唯一保存下來的建築。

🚇搭地鐵4號線於Cité站下，步行約3~5分鐘 🏠10 Boulevard du Palais 75001 ☎01 53 40 60 80 ⏰10~3月09:00~17:00、4~9月09:00~19:00（1/1、12/24到16:00）📅5/1、12/25 💲€13、優待票€11.5，與巴黎古監獄聯票€20 🌐www.sainte-chapelle.fr

> 達人必GO

西堤島上另一處亮點是聖禮拜堂。興建於法王路易九世任內，用以安置耶穌受難聖物——荊冠，也因此在教堂方門楣上裝飾著捧著耶穌荊冠的天使雕刻。**雖和聖母院同以玫瑰玻璃窗聞名，但建築風格迥異，內部以鍍金與大理石裝飾，呈現巴洛克風格。**樓上禮拜堂的16扇彩色玻璃窗，訴說1,000個以上新約與舊約的宗教故事，包括了《聖物移送》、《耶穌最後晚餐》、《出埃及記》、《以賽亞》等。

地圖標示：
聖雅克塔 Tour Saint-Jacques
綠林盜廣場 Sq. du Vert-Galant
Pont Neuf
Châtelet
市政廳 Hôtel de Ville
太子廣場 Pl.Dauphine ❶
巴黎古監獄與司法大廈 Conciergerie et Palais de Justice ❷
塞納河畔舊書攤 Les Bouquinistes de la Seine
聖母院前廣場地下室考古遺跡 Crypte Archéologique du parvis Notre-Dame
聖禮拜堂 Ste Chapelle ❸
Cité
花市與鳥市 Marché aux fleurs et Marché aux oiseaux
Batobus 乘船處
聖米歇爾廣場 Pl. St-Michel
西堤島 Île de la Cité
St-Michel
St-Michel Notre Dame
❺
聖賽芙韓教堂 Église St-Séverin
Odéon
巴黎聖母院 Cathédrale Notre-Dame de Paris ❻
聖路易島 Île St-Lo

④ 花市與鳥市

Marché aux fleurs et Marché aux oiseaux

🚇搭地鐵4號線於Cité站下，出站即達 📍Place Lépine 75004 Paris ⏰花市08:00~19:30、週日8:00~19:00，鳥市週日08:00~19:00

　　想要親近巴黎人的日常生活，就必須來一趟花市及鳥市。花市全年開放，除了新鮮的花、乾燥花之外，舉凡和花有關的花藝用具都可在此找到，是**巴黎最著名也是碩果僅存的幾個花市之一**。一到週日，除少數有店面的花店外，此地即被鳥市所取代，形形色色的鳥，令人嘆為觀止，而且不但販售鳥的人多，連參觀及購買的人也不少，相當熱鬧。

⑤ 聖母院前廣場地下室考古遺跡

Crypte Archéologique du parvis Notre-Dame

🚇搭地鐵4號線於Cité站下，步行約3~5分鐘 📍7 Parvis Notre-Dame-Place Jean Paul II 75004 Paris ☎01 55 42 50 10 ⏰週二～週四10:00~18:00，售票至17:30 休週一、國定假日、復活節和聖靈降臨日的週日 💲全票€9、優待票€7 🌐crypte.paris.fr ❶因大火燒毀嚴重，暫時不開放參觀

　　1965~1972年間，為了興建一座地下停車場，進而挖掘出這座考古遺跡，從它遺留的大量物件中，發現不少**2,000年前的高盧羅馬時期元素**，像是一段魯特西亞(Lutetia)時期的舊港口堤道牆、羅馬公共浴池建築，以及部分4世紀開始興建的圍牆，此外還有**中世紀的地下禮拜堂、昔日新聖母院路(Rue Neuve Notre-Dame)的住家噴泉**…讓人彷彿瞬間穿梭於高盧羅馬時期到18世紀。

CRYPTE ARCHEOL

> 想要真正探知巴黎的起源，就必須深入地底，聖母院廣場前方有一道不起眼的小階梯，卻是揭開這項謎底的鑰匙！

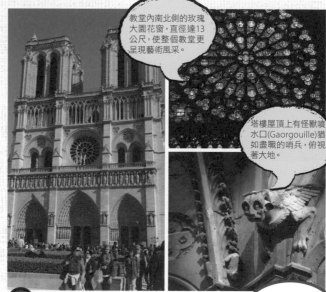

> 教堂內南北側的玫瑰大圓花窗，直徑達13公尺，使整個教堂更呈現藝術風采。

> 塔樓屋頂上有怪獸噴水口(Gaorgouille)猶如盡職的哨兵，俯視著大地。

⑥ 巴黎聖母院

Cathédrale Notre-Dame de Paris

🚇搭地鐵4號線於Cité站下，步行約5分鐘 📍6 Parvis Notre-Dame-Place Jean-Paul II 75004 Paris ☎01 42 34 56 10 🌐www.notredamedeparis.fr ❶因大火燒毀嚴重，暫時不開放參觀

> 即使大火燒毀嚴重，仍不影響巴黎聖母院的象徵地位。

地標景點

　　大部份觀光客對巴黎聖母院的印象來自雨果著名小說及同名電影《鐘樓怪人》(Notre-Dame de Paris)，以及塔上重16公噸的巨大銅鐘，事實上，聖母院與巴黎歷史的發展有著密不可分的關係。

　　巴黎聖母院的自西元1163年開始建造，直至1334年才完成，花了兩個世紀才完成這座哥德式建築，在近600年卻是命運多舛，因政治因素如英法百年戰爭、法國大革命和兩次世界大戰，都帶來或多或少的破壞。19世紀時維優雷·勒·杜克(Viollet-le-Duc)曾將它全面整修，並大致維持今日的面貌。

　　聖母院不僅**以莊嚴和諧的建築風格著稱，更因與聖經故事相關的雕刻繪畫，以及彩繪玻璃玫瑰花窗等蜚譽全球**。長130公尺的聖母院，除了寬大的耳堂和深廣的祭壇外，西面正門還聳立著兩座高達69公尺的方塔。雨果筆下鐘樓怪人卡西莫多(Quasimodo)，敲的就是塔樓裡的巨鐘。

在人氣商圈喝杯左岸咖啡

Saint-Germain-des-Prés站

① Citypharma藥妝店

🚇搭地鐵4號線於Saint-Germain-des-Prés站下,步行約2分鐘可達。
🏠26, Rue du Four ☎01 46 33 20 81 🕐週一～週五8:30~21:00、週六
9:00~21:00、週日12:00~20:00 🌐pharmacie-paris-citypharma.fr

　　Citypharma是法國最大的連鎖藥妝店,被譽為巴黎最便宜的藥妝店,販售各大品牌的保養品,如理膚寶水La Roche-Posay、薇姿Vichy、貝膚黛瑪Bioderma、歐緹麗Caudalie、巴黎歐樹Nuxe……品項豐富價格實惠也時常打折,連當地人也愛來這裡補貨!

　　滿€100就可以現場辦理退稅,所以前往Citypharma掃貨前務必記得攜帶護照喔!完成結帳後會拿到一張退稅單,到機場辦理登機前只要到退稅機器掃描單子即完成退稅手續。

② 雙叟咖啡館
Les Deux Magots

🚇搭地鐵4號線於Saint-Germain des-Prés站下,步行約1分鐘。 🏠
6, Place Saint-Germain des-Prés 75006 Paris ☎01 45 48 55 25
🕐07:30~01:00 💲海明威早餐€30,每日午餐套餐€38 🌐www.
lesdeuxmagots.fr

　　雙叟咖啡館位於出版社與畫廊最密集的地方,作家與畫家前來接洽出版事宜,理所當然就在這間咖啡館解決,久而久之,這裡就變成了作家聚會的場所,後來閒聊激發了靈感,《情人》作者苣哈絲(Marguerite Duras)和克勞岱·西蒙(Claude Simon)的「新小說主義」、沙特與卡謬(Albert Camus)的「存在主義」均生於此,對法國文學界帶來深遠的影響,「新小說」更讓克勞岱·西蒙一舉拿下諾貝爾文學獎。另外,這家咖啡館晚餐時間會供應法國高人氣甜點──Pierre Hermé的糕點和貝蒂永之家(Maison Berthillon)的冰淇淋!

地鐵 4 號線

| Cité
| Saint Germain des- · Prés
| Montparnasse · Bienvenue
| Vavin
| Raspail

4 聖日爾曼德佩教堂
Eglise Saint-Germain-des-Prés

🚇搭地鐵4號線於Saint-Germain-des-Prés站下，出站即達 📍3 Place Saint-Germain-des-Prés 75006 Paris ☎01 55 42 81 33、導覽預約01 55 42 81 18 🕐週一～週日 09:30~20:00、週二～週五 07:30~20:00、週六 08:30~20:00 🌐www.eglise-saintgermaindespres.fr

　巴黎現存最古老的教堂，可追溯至542年，是席勒德伯王(Chidebert)為了收藏聖物而建，後來重建的教堂以羅馬式建築為主軸，卻於大革命時遭到破壞，直到19世紀重修，才有了今日的風貌。

> 緊鄰雙叟的花神咖啡館，同樣也是文人畫家的聚集之地。

> 安詳寧靜的教堂完全隔絕外在塵囂，令參觀的人感到內心平靜，長眠於此的名人包括哲學家笛卡兒(René)。

3 花神咖啡館
Café de Flore

🚇搭地鐵4號線於Saint-Germain des-Prés站下，步行約1分鐘。 📍172 Boulevard Saint-Germain 75006 Paris ☎01 45 48 55 26 🕐07:30~01:30 💶鮮奶油巧克力€16.5 🌐www.cafedeflore.fr

　沙特(Jean-Paul Sartre)曾說：「自由之路經由花神咖啡館…」，他和西蒙·波娃(Simone de Beauvoir)這對戀人曾在此共度愉快時光，同時激盪出存在主義哲學。

　然而真正使花神聲名大噪的應該是畢卡索，花神因為他的青睞而聲名大漲，從此成為遊客必訪的咖啡館。想要遠離紛擾，品味花神的精髓，**室內2樓座位是最佳選擇**，而且不一定要喝咖啡，來杯香濃的熱巧克力，保證也會立刻愛上。

> 牆面懸掛大幅的油畫和磁磚畫作，在昏暗的室內彷彿透著光，充滿迷人的藝術氣息。

5 調色盤咖啡館
La Palette

🚇搭地鐵4號線於Saint-Germain des-Prés站下，步行約5分鐘可達 📍43 Rue de Seine ☎01 43 26 68 15 🕐週一～週六08:00~2:00 🌐週日 www.facebook.com/LaPaletteParis/

　左岸咖啡廣告的拍攝，不僅讓這項產品紅遍台灣，巴黎左岸的人文印象也從此深值人心，**據說廣告中女主角望著窗外的雨中巴黎，那幕場景就是在這裡拍攝的。**

　這家傳統的法式咖啡館位於藝廊、書店、骨董店匯聚的區域，走進這裡，記得挑窗邊的位子坐，不妨嘗試店裡提供的每日特餐，或點杯咖啡，品啜法式緩慢的時光。

逛街、登塔感受城市律動

Montparnasse Bienvenüe站

① 雷恩大道

Rue de Rennes

🚇搭地鐵4號線於Saint Germain des Près、Saint-Sulpice、Saint-Placide站,或搭地鐵12號線於Rennes站下,出站即達

　　筆直的雷恩大道路面寬闊,兩側除了有許多**平價品牌服飾店**,如Mango和Zara,另外也有販售一些**日常雜貨的生活用品店**,這些小店常藏有驚喜,有平實風格,也有色彩鮮豔作品。

地圖標示:
- Ⓜ Vaneau
- Ⓜ Rennes
- 漂亮茱麗葉飯店 Hôtel La Belle Juliette
- Ⓜ Duroc
- St-Placide Ⓜ
- ① 雷恩大街
- Ⓜ Falguière
- 蒙帕納斯塔 Tour Montparnasse
- Notre-Dame des-Champs
- Ⓜ Pasteur
- ③ 布爾代勒美術館 Musée Antoine Bourdelle
- ② Montparnasse - Bienvenüe
- 圓廳咖啡館 La Rotonde
- Ⓜ Vavin
- 多摩咖啡館 Le Dôme
- Edgar Quinet
- 蒙帕納斯車站 Gare Montparnasse
- 圓頂咖啡館 La Coupole
- Ⓜ Gaîté
- ④ 蒙帕納斯墓園 Cimetière de Montparnass
- Raspa

遊客還可以來到頂樓的露天觀景台,華燈初上,花都風華盡在遊人懷抱之中,更添浪漫。

② 蒙帕納斯塔

Tour Montparnasse

🚇搭地鐵4、6、12、13號線於Montparnasse-Bienvenüe站下,步行約1分鐘。 🏠33 Avenue du Maine 75015 Paris 📞01 45 38 52 56 🕐週日~週四09:30~22:30、週五、週六和國定假日前夕09:30~23:00,售票至關閉前30分鐘 💲全票€19、優待票€9.5~14.5,48小時日夜票€25、優待票€14~19。4歲以下免費 🌐www.tourmontparnasse56.com

　　蒙帕納斯塔樓高210公尺,**塔頂擁有極佳的視野,最遠可達40公里**,甚至連北郊的蒙馬特聖心堂(Basilique du Sacré-Coeur),都能盡入眼簾。

　　想要登頂望遠,只需搭上高速電梯,就能輕鬆登上標高196公尺蒙帕納斯塔的56樓,這裡不僅附設各種簡介,清楚指示遊客眼前景觀的詳細資料,還展示了當年艾菲爾鐵塔建造時的珍貴歷史照片。

3 布爾代勒美術館
Musée Antoine Bourdelle

搭地鐵4、6、12、13號線於Montparnasse-Bienvenüe站下，或搭地鐵12號線於Falguière站下，皆步行約3~6分鐘　18 Rue Antoine Bourdelle Paris 75015 Paris　01 49 54 73 73　週二～週日10:00~18:00　週一、國定假日　永久展免費，臨時展全票€9、優待票€7。18歲以下免費　www.bourdelle.paris.fr

這座位於寧靜住宅區中的美術館，是**展示20世紀法國著名雕塑大師布爾代勒(Antoine Bourdelle)作品並紀念其生平的地方**。美術館共分兩層的建築，陳列了布爾代勒生前900多件作品，其中以半身銅像居多，最受注目的有《羅丹的胸像》、《貝多芬像》、《大力士拉弓》(Héraklès Archer)和《阿波羅頭像》。

原為他工作室的大廳，展示著他的巨型雕塑作品，許多是為各廣場設計的石膏模型，規模相當壯觀。

©Jean-Pierre Dalbera

JEAN PAUL SARTRE
1905 - 1980

SIMONE DE BEAUVOIR
1908 - 1986

法國文學史上著名的存在主義戀人沙特和西蒙．波娃長眠於此。

©Melinda van den Brink

4 蒙帕納斯墓園
Cimetière de Montparnasse

搭地鐵4、6號線於Raspail站下，或搭地鐵6號線於Edgard Quinet站下，或搭地鐵13號線於Gaîté站下，皆步行約5分鐘　3 Boulevard Edgard Quinet Paris　08:00(或08:30或09:00)~ 17:30(或18:00)　免費

這座1842年啟用的墓園，因拿破崙指示將舊城內的小墓園遷至城外而建，成為巴黎許多名人的最後安息地，也因為它的名聲響亮，總吸引許多遊客慕名前來。占地19公頃的它，是**巴黎城內第二大的墓園**，和東方的墓園相較，蒙帕那斯墓園多了幾分整潔，也少了些陰森，墓園中央還裝飾著一座長眠守護天使的大型雕像。

名人咖啡館

Vavin站

① 圓廳咖啡館

La Rotonde

🚇搭地鐵4號線於Vavin站下，出站即達 🏠105 Boulevard du Montparnasse 75006 Paris ☎01 43 26 48 26 🕐7:30~24:00 💲海鮮托盤€38 🌐 menuonline.fr/la-rotonde-montparnasse

　　位於地鐵站出口的圓廳咖啡館創立在1911年，在過去就深受畫家的喜愛，兩次世界大戰期間，這裡更成為超現實主義者經常前來高談闊論的地方。現今，除了觀光客，它仍然**深受藝術家和電影工作者的喜愛**，他們往往端著一杯熱騰騰的咖啡，尋找創作靈感。除了咖啡，這裡還供應傳統法式啤酒和法式料理，牛肉、生蠔佳餚讓人驚豔，不妨花些預算，在這間紅色的餐廳裡大快朵頤一番。

② 多摩咖啡館

Le Dôme

🚇搭地鐵4號線於Vavin站下，步行約1分鐘可達 🏠108 Boulevard du Montparnasse 75014 Paris ☎01 43 35 25 81 🕐12:00~14:45、19:00~22:30 💲前菜＋主菜、主菜＋甜點€50，前菜＋主菜＋甜點€56 🌐 www.restaurant-ledome.com

> 在充滿裝飾藝術風格的咖啡館內，坐在畢卡索昔日的位子上，讀讀海明威的《With Pascin at the Dôme》，感受巴黎美國文學之濫觴。

　　創立於1900年代的多摩咖啡館，也曾是知識分子熱衷聚集的地點之一，他們在此交換信息甚至商談藝術與文學合約，畫家、雕刻家、作家、詩人和模特兒，勾勒出屬於他們的世界，後來，它漸漸成為**巴黎美國文學的根據地，也因此一度被暱稱為「美國咖啡館」**。出入這裡的名人包括作家海明威、畫家高更、美國藝術家Man Ray，以及畢卡索和莫迪里亞尼等人。

③ 圓頂咖啡館

La Coupole

🚇搭地鐵4號線於Vavin站下，步行約1分鐘。 🏠102 Boulevard du Montparnasse 75014 Paris ☎01 43 20 14 20 🕐8:00~24:00 💲海鮮托盤€28.5起 🌐www.lacoupole-paris.com

　　位於蒙帕那斯區主要道路──蒙帕那斯大道上的圓頂咖啡館，歷史悠久，創於1927年，當時正是此區文風鼎盛之時，沙特、海明威等人都曾是座上賓。雖然年代久遠，但由店內裝飾的柱子及紅色絲絨座椅裝潢，仍可嗅出當年繁華的味道。

　　事實上，圓頂**不只是座咖啡館，還是餐廳及舞廳**。其名稱由來倒不是因為外觀上有一座圓頂，而是它的內部，其設計特色在於室內樑柱上的裝飾藝術，以及餐廳內牆全飾以蒙帕那斯畫家的畫作，氣氛優雅，而海鮮和魚類餐點是該餐廳最大的特色。

④ 丁香園咖啡館

La Closerie des Lilas

🚇搭地鐵4號線於Vavin、Raspail站下，步行約7~10分鐘可達；或搭RER B號線於Port-Royal站下，出站即達 🏠171 Boulevard du Montparnasse ☎01 40 51 34 50 🕐12:00~14:15、19:00~22:10 💲海鮮托盤€50起 🌐www.closeriedeslilas.fr

　　許多旅遊指南都曾引用海明威的話：「如果你夠幸運，在年輕時待過巴黎，那麼巴黎將永遠跟著你，因為巴黎是一席流動的饗宴。」這句話成為巴黎最佳宣傳，使得這個城市的魅力更增幾分。丁香園咖啡館也**因為海明威(Ernest Hemingway)而馳名海外**，據說他只花了**6個星期**的時間，就在丁香園完成了小說**《旭日東昇》**，如果你是海明威的書迷，記得找找酒吧角落的「海明威之椅」，或許無法如這位大文豪文思泉湧，但絕對能擁有難忘的咖啡館時光。

來一場地下驚異之旅
Raspail站

> 擺成啤酒桶形狀的人骨是地下墓穴的亮點之一。

5 卡地亞現代藝術基金會
Fondation Cartier pour l'Art Contemporain

搭地鐵4、6號線於Raspail站下,或搭地鐵4、6號線或RER B線於Denfer-Rochereau站下,皆步行約3～6分鐘 261 Boulevard Raspail 75014 Paris 01 42 18 56 50 週二～週日11:00～20:00(週二至22:00) 全票€11、優待票€7.50,特展視展覽而異。13歲以下免費,18歲以下每週三免費 fondation.cartier.com

法國知名的珠寶品牌卡地亞(Cartier),曾是國王御用的珠寶商,以頂級的精品聞名全球。卡地亞於1994年在巴黎打造的這棟基金會大樓,雖然未必看得到珠寶,卻和羅浮宮金字塔有同工異曲之妙。

這棟建築最大的特色就是**以全玻璃打造的外觀,立面頂層高出屋頂平台數公尺**,故意讓天空成為建築的背景,光線透過層層的玻璃帷幕,與基地上密植的樹,形成一系列不可思議的折射與光影效果,不管從哪個角度欣賞,都能為玻璃屋之美感到讚嘆。基金會常與知名的藝術家或是設計師合作企畫展覽,讓基金會從外到內都有看頭。

6 地下墓穴
Catacombes

搭地鐵4、6號線或RER B線於Denfert-Rochereau站下,出站即達;或搭地鐵4、6號線於Raspail站下,或搭地鐵6號線於Saint-Jacques站下,或搭4號線於Mouton-Duvernet站下,皆步行約6～8分鐘 1 Avenue du Colonel Henri Rol-Tanguy 75014 Paris 01 43 22 47 63 週二～週日09:45～20:30(最晚入場19:30) 週一、1/1、5/1、12/25 全票€29、優待票€23(皆含語音導覽) www.catacombes.paris.fr 不適合孕婦、心臟和呼吸疾病患者、幽閉恐懼症患者

> 停下你的腳步!這裡是死亡的國度!

> 特殊體驗

打從古羅馬時代開始,巴黎人就有將亡者埋葬於城市邊緣的習俗,然而隨著城市的擴張和人口的膨脹,漸漸的墓地不敷使用,隨意下葬的情況進而引發水源汙染等環境衛生問題。1777年時,路易十六下令開始尋求廢棄的採石場當作地下墓穴,終於在1786年時尋得這處舊礦場,並花了將近30年的時間才將所有巴黎公墓中的遺骸搬遷至此。1859年時,因為奧斯曼男爵(Baron Georges Eugène Haussmann)的都市更新計畫,運來了最後一批出土的骨頭,如今地下墓穴的「居民」共高達600萬。

如今這座地下墓穴博物館固定開放參觀,入內的遊客將**深入地底20公尺,在全年維持14℃的溫度下,進行一場全長2公里的「驚異之旅」**。由於地下墓穴有人數限制,每次只開放200名入場,建議提早前往排隊。

Data
起迄點_Bobigny-Pablo-Picasso←→Place d'Italie
通車年份_1906
車站數_22個
總長度_14.6公里
起迄時間_約05:30~01:15(各起站不一)

地鐵5號線 Ligne 5

這條主要行駛於巴黎市區東部的地鐵線，一般是前往葉維特公園的人才會搭乘到；另外就是因為線上的République站和Bastille站分別有5條和3條地鐵線交會，也成為想要轉乘的人，一個理想的選擇。

Porte de Pantin站

1942年開始運行的Porte de Pantin站，是地鐵5號線上較為遠離市區的車站，事實上，它已經位於2環了，站名Pantin正是因為從這裡就進入Pantin城；此站較為偏僻，來這裡的人，主要是為了造訪葉維特公園。

葉維特公園Parc de la Villette
這個地區昔日遍布酒館、屠宰場，是城市裡最髒舊的角落之一，經過「大巴黎計畫」的洗禮，如今脫胎換骨成了最有活力的首都文化教育重鎮，成為一個結合科學、音樂和公園的複合式休閒好去處。

Bobigny Pablo Picasso

Bobigny-Pantin-Raymond Queneau
Église de Pantin
Hoche
Porte de Pantin ⟶ **P.90-91**
Ourcq
Laumière
La Chapelle ② Stalingrad ②⑦
Gare du Nord ④ⒷⒹ Ⓔ Magenta
Jaurès ②⑦
Gare de l'Est ④⑦

Jacques Bonsergent

③⑧⑨⑪ **République**

Oberkampf ⑨

Richard Lenoir

Bréguet Sabin

Bastille站 ⟵

P.63-65

Bastille ①⑧

Quai de la Rapée ○
①⑭ⒶⒹ **Gare de Lyon**
Gare d'Austerlitz ⑩Ⓒ
⑥⑭ Bercy **P.66**

Saint Marcei

Campo Formio

Place d'Italie ⑥⑦

Bréguet - Sabin站

地鐵5號線站上的Bréguet - Sabin站通車始於1906年，因為鄰近Rue Bréguet和Rue Saint-Sabin兩條街，地鐵站就結合了兩者的名字。來這裡，可以逛逛巴士底市集。

Gare de Lyon站

巴士底市集Marché de la Bastille
這個傳統市場每到週四、週日可說是活力四射，最能感受到巴黎人生活的真正一面；特別是週日這裡常常被擠得水洩不通，各種蔬果、花卉、乳酪、麵包、肉類小攤，不僅產品新鮮、選擇多樣，而且價格便宜。有時還有街頭藝人在這裡表演，氣氛好不熱鬧。

地鐵 5 號線

達人帶你玩5號線

1 葉維特公園Parc de la Villette
建議參觀時間：120分鐘
　　這種公園以「21世紀的都會公園」作為打造的目標，讓遊客可以透過這座都會公園，了解城市的真實風貌。(見P.90~91)

Bréguet - Sabin站

2 巴士底市集Marché de la Bastille
建議參觀時間：60分鐘
　　如果你是週四或週日經過此地，那不妨到這個市集逛逛，在這裡不但可以感受到巴黎人最生活化的一面，還能買到不少便宜的東西。(見P.65)

Bastille站

3 雨果紀念館Maison de Victor Hugo
建議參觀時間：60~120分鐘
　　19世紀法國著名文學家雨果(Victor Hugo) 曾帶著妻子和4個小孩在此居住長達16年(1832~1848年)的時間，並於此期間完成大部分《悲慘世界》(Les Misérables)的手稿。(見P.65)

設計師打造的市民空間
Porte de Pantin站

① 葉維特公園
Parc de la Villette

🚇搭地鐵5號線於Porte de Pantin站下，或搭地鐵7號線於Porte de la Villette站下，皆出站即達 🏠211 Avenue Jean Jaurès 75019 Paris 📞01 40 03 75 75 🕐06:00~01:00 💲免費 🌐www.villette.com

一想到巴黎，艾菲爾鐵塔、塞納河、羅浮宮，構成印象中的歷史地標；而法國總統戴高樂(Charles de Gaulle)及其後幾任領導者陸續推動的「大巴黎計畫」(Grandes Projects)，則為巴黎帶來現代化的地景風貌。在大巴黎計畫中，本來是由季斯卡(Giscard d'Estaing)起草、最後卻由密特朗執行的「葉維特公園」，是以「21世紀的都會公園」作為打造的目標。

這個地區昔日遍布酒館、屠宰場，是城市裡最髒舊的角落之一，**經過「大巴黎計畫」的洗禮，如今脫胎換骨成了最有活力的首都文化教育重鎮**，成為一個結合科學、音樂和公園的複合式休閒好去處。

葉維特公園

ⓐ科學工業城 Cité des Sciences et l'Industrie

☎01 40 05 80 00 ◷科學城週二~週六10:00~18:00、週日10:00~19:00，潛水艇提早半小時閉館 休週一、1/1、5/1、12/25 ⑤全票€13、優待票€10 ⊛www.cite-sciences.fr

科學工業城是一個象徵未來世界的巨大平行六面體，周圍有運河引水而生的噴水池，靜水池，採光由兩個17公尺的大圓頂構成，其中有3座溫室面向著公園，一切皆以自然為原則，科學為方法，創造了寓教於樂的休閒「城市」。

從大廳可進入各種展示中心，如兒童城、立體電影、視聽中心、水族館，具備極強的教育功能，天象館(Le Planétarium)用360°呈現的星球與銀河也相當壯觀。

戶外的Argonaute 潛水艇博物館，別懷疑它是一艘名副其實的潛水艇！

晶球電影院直徑36公尺，由6,433片不銹鋼三角形拼成。

（地圖標示）
26個瘋狂建築物 Les 26 Folies
Porte de la Villette Ⓜ
科學工業城 ⓐ Cité des Sciences et l'Industrie
Canal Saint Denis
晶球電影院 ⓑ Géode
阿耳戈潛水艇 Argonaute
瘋運河 Canal de l'Ourcq
腳踏車世界 Bicyclette ensevelie
沙丘園、鏡園 龍形滑梯
平衡狀態公園 Jardin des Equilibres
爵士熱屋 Hot Brass
生活在這個住處 Viver c'est Habiter
竹園
風與沙丘之公園 (兒童專用) Ledardin des dunes et des vents
透明大商場 Grand Hall
瘋狂咖啡亭 Folie Café
史塔克椅子
園中小築 Folly
獅子噴水池廣場 Place de la Fontaine aux Lions
音樂城 ⓒ Cité de la Musique
Porte de Pantin Ⓜ

ⓑ晶球電影院 Géode

⊛www.lageode.fr

晶球電影院是科學工業城旁的一個閃亮的大圓球，其光滑的表面照映出科學工業城、藍天白雲以及葉維特公園。電影院由Adrien Fainsilber設計，擁有一個面積1,000平方公尺、直徑長26公尺的圓形螢幕，大幅螢幕圖像與客製化的3D影音體驗，讓觀影者融入影片內，發現自然與科學現象。

ⓒ音樂城—巴黎愛樂廳 Cité de la musique - Philharmonie de Paris

☎01 44 84 44 84 ◷博物館週二~週五12:00~18:00、週六~週日10:00~18:00 休週一、1/1、5/1、12/5 ⑤博物館常設展全票€8、優待票€6；特展全票€9、優待票€7，表演視內容而異 ⊛philharmoniedeparis.fr

公園的入口即是音樂城，弧形的屋頂、方型的對外開孔，頗有柯比意(Le Corbusier)設計的弘香教堂(Ronchamp)的影子；右邊則是音樂城的演奏廳，而白色的波浪狀頂棚就往前方一路延伸，代表進入公園的路徑。巴黎國家高等音樂舞蹈學院就位在音樂城中，另有樂器博物館、演唱會場、大型會議廳等。

在公園中蒐集紅色的園中小築～

建築師楚米(Bernard Tschumi)試圖透過這座都會公園，呈現城市的真實風貌，在公園中安插了無數個名為「園中小築」(Folie)的紅色幾何方塊，以建築的語言而論，既是幾何，也是解構。這26個幾何方塊，以功能不同的活動空間來構思，有救護站、十字路口、漢堡店、鐘塔等，這些天馬行空的建築，卻形成公園裡最鮮艷的風景。

©Elena Mazzanti

Data
起訖點_Charles de Gaulle – Étoile←→
Nation
通車年份_1909
車站數_28個
總長度_13.6公里
起訖時間_約05:30~01:15(各起站不一)

地鐵6號線
Ligne 6

相較於地鐵2號線行駛在巴黎市區的中北段，這條6號線主要通行於中南段，與2號線幾乎是連成環狀路線，共同提供轉乘好選擇。而這條線行經的Trocadéro站，是前往1937年巴黎為舉辦世界博覽會所蓋的夏佑宮，最近的地鐵站。

Trocadéro站

Trocadéro站通車於1900年，當時是做為地鐵1號線的分線，現今則同時有6號線和9號線行經。這一站的名字也因出口就對著Place de Trocadéro廣場；從廣場往前行就可以看到夏佑宮。

夏佑宮Palais de Chaillot
為迎接1937年的世界博覽會，巴黎建立了夏佑宮，建築主體分為東西兩翼兩座近200公尺長的弧形建築，其以張開雙臂之姿擁抱著投卡德候花園(Jardins du Trocadéro)，往前則是塞納河；巧奪天工的視野和設計，讓夏佑宮在博覽會結束後，仍成為遊客不可錯過的參觀重點。

地鐵
6
號
線

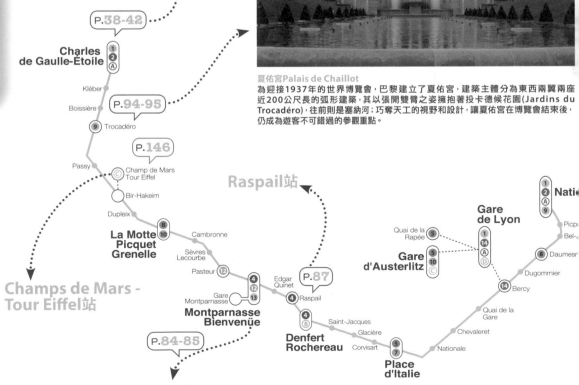

Stop by Stop零殘念精華路線推薦
達人帶你玩6號線

Charles de Gaulle - Étoile站
1 凱旋門Arc de Triomphe
建議參觀時間：60分鐘
這裡是巴黎重大慶典遊行的起點，凱旋門上的雄偉雕刻是不能錯過的欣賞重點；你同時可以買票登上頂樓，眺望整個巴黎市區。(P.38~39)

Charles de Gaulle - Étoile站
2 香榭麗舍大道Avenue des Champs-Élysées
建議參觀時間：60~120分鐘
從凱旋門下來，馬上到與其相較的香榭麗舍大道逛逛吧。這段林蔭大道，兩側有商店、餐廳和咖啡館林立，建議在購物之餘，還可以找家咖啡館坐坐，感受這條從16世紀就已存在的美麗大道，最雍容華麗的氣質。(P.40)

Trocadéro站
3 夏佑宮Palais de Chaillot
建議參觀時間：60~90分鐘
為了迎接1937年的世界博覽會而建的夏佑宮，除了仍保留壯觀精巧的建築景觀，兩翼的建築內現今則規畫了4座博物館，因此來這裡除了賞景拍照，也可進行一場精采的博物館巡禮。(P.94~95)

©Tour Montparnasse

Montparnasse Bienvenüe站
4 蒙帕納斯塔Tour Montparnasse
建議參觀時間：60分鐘
蒙帕納斯塔樓高210公尺，是巴黎市區最高的建築物，遊客可以來到頂樓的露天觀景台賞景，尤其是夕陽西下時分，花都風華盡在遊人懷抱之中，更添浪漫。(P.84)

Raspail站
5 地下墓穴Catacombes
建議參觀時間：2~3小時
地下墓穴於2002年正式成為一座博物館，深入地底20公尺，在全年維持14℃的溫度下，進行一場全長2公里的「驚異之旅」。(P.87)

世紀設計再現巴黎建築之美
Trocadéro站

1 夏佑宮
Palais de Chaillot

🚇搭地鐵6、9號線於Trocadéro站下，步行約1分鐘 ⏱1
Place du Trocadéro 75016 Paris

為了迎接1937年的萬國博覽會，巴黎興建立了夏佑宮，建築主體分為東西兩翼兩座近200公尺長的弧形建築，其以**張開雙臂之姿擁抱著投卡德候花園(Jardins du Trocadéro)，往前則是塞納河**，再往前艾菲爾鐵塔高聳矗立，如此巧奪天工的視野和設計，讓夏佑宮在博覽會結束後，仍成為遊客不可錯過的參觀焦點。

> 艾菲爾鐵塔網美照最佳取景地之一，怎麼拍都是明信片！
> IG 打卡

©Fred Romero

> 這棟宏偉的建築，後來也改設成多座博物館的家，有興趣的人，除了背景拍照外，也可進行一場精采的博物館巡禮。

2 巴爾札克紀念館
Maison de Balzac

🚇搭地鐵6號線於Passy站下，步行約5~7分鐘可達，或搭RER C線於Avenue du Président Kennedy站下，步行皆約5~8分鐘 ⏱47 Rue Raynouard Paris ☎01 55 74 41 80 🕙週二～週日10:00~18:00（最晚入館17:30）🚫週一、1/1、5/1、12/25 💰全票€9、優待票€7 🌐www.maisondebalzac.paris.fr

巴爾札克(Honoré de Balzac)是一位多產的小說家，他在1840~1847年間為了躲債而避居於此。1949年這裡改建為紀念館，**書房內展示著當時的家具和作家生前使用的物品**，其中包括珍貴的手稿；至於人物房中，則可看到出現於《人間喜劇》(Comédie Humaine)中的眾多角色，該書因為描繪人物為超過2,400人，被稱為是法國社會的「百科全書」。

巴爾札克一生有不少風流韻事，其中與昂斯卡夫人(Madame Hanske)間的情史最為人津津樂道，他們通信長達18年，巴爾札克卻在兩人婚後5個月去世，紀念館中保存了兩人的通信紀錄，讓人對作家的一生和感情生活有更進一步的認識。

夏佑宮

花園中間的大噴泉，最大亮點是20座對著艾菲爾鐵塔噴射水柱的大砲。

ⓐ 投卡德候花園
Jardins du Trocadéro
🕐24小時 💲免費

有著美麗的草坪、花園和噴泉，這片朝著塞納河延伸的綠地風景優美，是1937年時Roger-Henri Expert建築師為萬國博覽會改建的結果，原本聳立於其中的犀牛和大象雕刻已於1986年時搬到奧塞美術館入口前的廣場。

ⓑ 建築與遺產之城
La Cite de l'Architecture et du Patrimoine
🏠17 Place du Trocadéro ☎01 53 65 69 69 🕐週三～週一11:00~19:00(週四至21:00) 休週二、1/1、5/1、12/25 💲永久展全票€9、優待票€6，永久展＋特別展全票€12、優待票€9，每個月第一個週日免費 🌐www.citechaillot.fr

建築與遺產之城和夏佑國家劇院(Théâtre National de Chaillot)位於東翼，前者於2007年成立，近1萬平方公尺的展區展示了法國從12世紀至現代有關歷史古蹟、建築和城市設計的文物和作品，後者是法國文化部指定做為巴黎4個國家劇院的其中之一，在此可以欣賞到一流的戲劇、舞蹈和時尚秀等各式藝文表演。

ⓒ 人類博物館&海洋博物館
Musée de l'Homme & Musée National de la Marine
🏠17 Place du Trocad ro
◎海洋博物館
☎01 53 65 69 69 🕐11:00~19:00（週四到22:00），每月第一個週日11:00~13:00調整場景。休週二、5/1、6/25、7/14、12/25閉館。💲永久展和特展套票€15、優待票€11 🌐www.musee-marine.fr
◎人類博物館
☎01 44 05 72 72 🕐11:00~19:00 休週二、5/1、6/25、7/14、12/25閉館。💲永久展和特展套票€13、優待票€10 🌐www.museedelhomme.fr

在夏佑宮的西翼擁有兩間大型博物館——海洋博物館和人類博物館，前者於1827年創立，陳設各種與海洋有關的文物，像是船隻模型、遺骸、雕刻、繪畫和造船演進、技術和歷史事件，尤其是法國的海事發展，不論就戰爭或是商業考量，都曾在歷史上占有重要的地位，從這座博物館，也很容易窺知一二；後者以人類學和考古學為主題，館內以豐富的文獻和收藏品，探究人類的演進和發展。

Data
起訖點_La Courneuve - 8 Mai 1945 ⟷
Mairie d'Ivry和Villejuif - Louis Aragon
通車年份_1910年
車站數_38個
總長度_22.4公里
起訖時間_約05:30～01:15(各起站不一)

地鐵7號線 Ligne 7

這條主要行駛於巴黎市區東部的地鐵線，一般是前往葉維特公園的人才會搭乘到；另外就是因為線上的**République**站和**Bastille**站分別有5條和3條地鐵線交會，也成為想要轉乘的人，一個理想的選擇。

Havre - Caumartin站
P.74

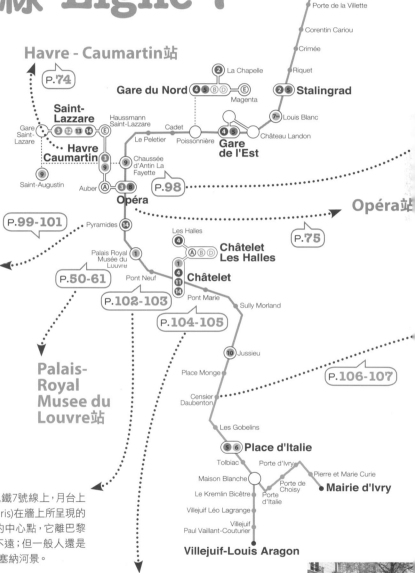

La Courneuve 8 Mai 1945
Fort d'Aubervilliers
Aubervilliers-Pantin Quatre Chemins
Porte de la Villette
Corentin Cariou
Crimée
Riquet
Stalingrad

La Chapelle
Gare du Nord
Magenta
Louis Blanc
Château Landon

Saint-Lazzare
Haussmann Saint-Lazzare
Cadet
Le Peletier
Poissonnière
Gare de l'Est

Gare Saint-Lazare
Havre Caumartin
Chaussée d'Antin La Fayette

Saint-Augustin
Auber
Opéra

Opéra站
P.75

地鐵 7 號線

Pyramides站

Pyramides站啟站於1916年的地鐵7號線，到了1998年，最晚通車的14號線也經過此站。站名緣於附近的Rue des Pyramides路，不過最值得一逛的，反而是相距約5分鐘路程的聖歐諾黑路。

P.99-101

Pyramides

P.50-61

Palais Royal Musée du Louvre

Pont Neuf

Les Halles
Châtelet Les Halles
Châtelet
Pont Marie
Sully Morland

P.102-103

P.104-105

P.106-107

Jussieu
Place Monge
Censier Daubenton
Les Gobelins
Place d'Italie
Tolbiac
Porte d'Ivry
Maison Blanche
Le Kremlin Bicêtre
Villejuif Léo Lagrange
Villejuif Paul Vaillant-Couturier
Pierre et Marie Curie
Porte de Choisy
Porte d'Italie
Mairie d'Ivry

Villejuif-Louis Aragon

聖歐諾黑路Rue Saint-Honoré
這條延伸至富博聖歐諾黑路的大道，匯集了不少名牌精品，像是**Gucci**、**Jimmy Choo**；另外提供各種材質極佳和顏色繽紛皮件的**Longchamp**及老舖**Goyard**，也在此開設了規模不小的旗艦店，陳列最新的流行商品。

Palais-Royal Musee du Louvre站

Pont Neuf站

通車於1926年的Pont Neuf站位於地鐵7號線上，月台上可看到附近巴黎造幣局(Monnaie de Paris)在牆上所呈現的硬幣藝術展示。這裡可說是位於巴黎的中心點，它離巴黎最知名的景點──羅浮宮和西堤島都不遠；但一般人還是喜歡站在新橋或藝術橋上，欣賞悠悠的塞納河景。

塞納河La Seine
這條穿越巴黎過去、現在和未來的河流，河上建有37座大小小的橋，你可以站在橋上欣賞河景，也可以考慮搭乘遊船沿河遊覽。

Pont Marie站

於1926年開站的Pont Marie站，站名源於塞納河上的Pont Marie橋。從這座橋往前就可以到達聖路易島。

聖路易島 Île Saint Louis
充滿貴族氣息的聖路易島，自古就是貴族別墅、別館聚集的地方，出入都是富商、藝人，因此島上的建築很有看頭，連文學家左拉的小說中都曾描繪此島的優雅之美。

Chaussee d'Antin - La Fayette站

同時有地鐵7號線和9號線行經的Chaussee d'Antin La Fayette站，分別於1910和1923年通車；此站原先稱為Chaussée d'Antin，直到1989年，拉法葉百貨(Galeries Lafayette)開幕，於是站名就改合稱為Chaussee d'Antin La Fayette。當然，拉法葉百貨就是來此必逛的焦點，出了地鐵站就可以看到。

拉法葉百貨Galeries Lafayette
拉法葉百貨匯集了所有你想要的名牌和化妝品品牌，Céline、LV、Gucci、Zara等等都有設櫃，地下室有超市可以買酒買咖啡，樓頂則有餐廳可以讓人歇腳、喝下午茶。退稅時同樣可以至櫃台請求會講華語的工作人員服務，手續快速簡便。

Censier Daubenton站

1930年開站，因為位於Censier和Daubenton兩路交叉處而得名。這一帶算是氣氛比較悠閒的地區，有清真寺、古羅馬競技場，也有好吃蛋糕和家庭料理店，植物園也在不遠處。

巴黎清真寺Grande Mosquée de Paris
興建於1926年的巴黎清真寺，洋溢著迥異於其他巴黎建築風格的西班牙摩爾式風情，洋溢著巴黎罕見的中東風。

Stop by Stop零殘念精華路線推薦
達人帶你玩7號線

Chaussee d'Antin - La Fayette站

👉**1** 拉法葉百貨Galeries Lafayette
建議參觀時間：2~3小時
除了巴黎一年兩次的折扣季，拉法葉百貨還會在春天或特定時節舉辦特賣會，再加上這裡的華語服務員特別多，因此拉法葉向來是最受台灣遊客歡迎的百貨公司。(見P.98)

Opéra站

👉**2** 加尼葉歌劇院Opéra de Garnier
建議參觀時間：60分鐘
你可以買票進入歌劇院博物館參觀，在欣賞華麗的樓梯後，可從兩側進入走廊，這裡將大走廊設計類似古典城堡走廊，在鏡子和玻璃交錯輝映下，更與歌劇欣賞相得益彰。(見P.74)

Opéra站

👉**3** 和平咖啡館Café de la Paix
建議參觀時間：60分鐘
和平咖啡館不僅有不少演藝人員、文化人和作家曾光臨，歷任法國總統也經常來此喝上一杯咖啡，最有名的則數戴高樂將軍，他的「痛飲巴黎」的第一杯咖啡就在這個地方。(見P.75)

Pyramides站

👉**4** 聖歐諾黑路Rue Saint-Honoré
建議參觀時間：2~3小時
這條象徵巴黎時尚指標的大街，除了匯集各種世界級名牌，還有不少複合式和設計師商店，是喜歡頂級精品的人，絕不能錯過的地方。(見P.99~101)

Palais-Royal Musée du Louvre站

👉**5** 羅浮宮博物館Musée du Louvre
建議參觀時間：3小時~全日
羅浮宮是世界最大最具象徵地位的博物館，這裡有42萬件典藏，藏品時間從古代東方文物到19世紀的浪漫主義繪畫，但經常展出的有13,000件，其中不少是無可替代的。(見P.53~61)

Pont Neuf站

👉**6** 塞納河La Seine
建議參觀時間：30分鐘
塞納河上建有37座大大小小的橋，最有名的為新橋和藝術橋，你可以站在橋上欣賞河景，或是搭乘遊船，感受這美麗城市的絕代風華。(見P.102)

Pont Neuf站

👉**7** 聖路易島Île Saint Louis
建議參觀時間：30~60分鐘
聖路易島上的建築華麗優雅，很值得細細品味；貫穿全島的聖路易昂利勒街，則有不少個性小店、服飾店、骨董家俬店和美味小館店，也值得一探究竟。(見P.104~105)

地鐵7號線

名牌匯集退稅方便的購物天堂

Chaussee d'Antin - La Fayette站

1 Duclot La Cave

拉法葉百貨
Galeries Lafayette

里士滿歌劇飯店
Hôtel Richmond Opéra

加尼葉歌劇院
Opéra de Garnier

Opéra

1 拉法葉百貨
Galeries Lafayette

🚇搭地鐵7、9號線於Chaussée d'Antin-La Fayette站下，出站即達 📍40 Boulevard Haussmann 75009 Paris ☎01 42 82 34 56 🕐週一~週六10:00~20:00，週日11:00~20:00 🌐haussmann.galerieslafayette.com/zh-hant

　　被暱稱為老福爺的拉法葉百貨，是最受觀光客青睞的百貨公司，匯集了所有世界知名品牌，不但跨足服飾、化妝品、家居用品，還設有酒窖和生鮮熟食超市。拉法葉百貨在巴黎有3家，**位於歌劇院附近的總店至今歷史超過百年，占地70,000平方公尺，為全歐洲最大的百貨公司之一**，共分為穹頂主館(Lafayette Coupole)、男裝館(Lafayette Homme)、家居館(Lafayette Maison)以及美食館(Lafayette Gourmet)。

老佛爺美食天地名酒窖
Duclot La Cave

🏠美食館1樓 ☎01 40 23 52 76 🕐週一~週六09:30~21:30，週日11:00~21:00 🌐www.duclot.com

　　很難想像在寸土寸金的巴黎市中心，坐落著一個占地450平方公尺的酒窖，更難想像的是它位於巴黎最熱門的「景點」——拉法葉百貨公司中！

　　不同於一般人對於酒窖的印象，開幕於2010年5月的波爾多酒窖(La Bordeauxthèque)，如今更名為Duclot La Cave，**即使位於地下，光線也不陰暗，反而像一間名牌精品旗艦店**，提供來自法國和世界各地2,500種葡萄酒、香檳等酒類。

帶你品嚐法國最好的葡萄酒

　　肯定要到Le Bar de La Caven專櫃，由Duclot酒莊的品酒師講解葡萄酒，並會針對消費者偏好協助挑選與提供相關知識。特別的是，這裡的品酒師流利掌握多種語言，甚至講中文也會通喔！

🌐相關活動可查詢haussmann.galerieslafayette.com/zh-hant/le-bar-de-la-cave-2/

巴黎時尚購物指標
Pyramides站

Chaussee d' Antin La Fayette

Opéra(P.75)

Pyramides

Palais-Royal Musée du Louvre(P.48~61)

Pont Neuf

Pont Marie

Censier Daubenton

地圖標示：
Bd. de la Madeleine
Madeleine
Ladurée
Rue Cambon
Rue de la Paix
Rue St-Augustin
Av. de l'Opéra
① 聖歐諾黑路
Rue du Fg-St-Honoré
② 凡登廣場 Pl. Vendôme
Rue des Petits Champs
Pyramides
Rue Villedo
Rue Thérèse
巴黎東方文華酒店 Mandarin Oriental, Paris
Concorde
Camélia
Pierre Hermé
Rue St-Honoré
Rue des Pyramides
Rue de Richelieu
Rue de Montpensier
Le Meurice
莫里哀噴泉 Fontaine Molière
麗弗里路
Angelina
Rue de Rivoli
Tuileries
法國喜劇院 Comédie-Française
杜樂麗花園 Jardin des Tuileries
Pl. André Malraux
Palais Royal - Musée du Louvre

① 聖歐諾黑路
Rue Saint-Honoré

🚇搭地鐵7、14號線於Pyramides站下，或搭地鐵1號線於Tuileries站下，皆步行約5~7分鐘可達 🕐約10:30~19:00，各店不一 🚫週日

　　這條延伸至富博聖歐諾黑路(Rue de Faubourg Saint-Honore)窄如巷的路上，**匯集了不少名牌精品**，像是Gucci、Jimmy Choo；另外提供各種材質極佳和顏色繽紛皮件的Longchamp及老舖Goyard，也在此開設了規模不小的旗艦店。如果你並不特別崇尚名牌，這條街也有許多**獨立設計師的店**，不妨多多注意。

聖歐諾黑路

ⓐ Michel Cluziel

🏠201 Rue Saint-Honoré 75001 Paris 📞01 42 44 11 66 ⏰10:00~19:00
🚫週日、8月的週一 🌐www.cluizel.com

創立這個巧克力品牌的Michel Cluziel，其父母親原本就是製作巧克力的老師傅，而Michel更投入55年的光陰，將巧克力轉化成高級精緻的甜點。目前品牌已經傳到了Michel的女兒Catherine手上，她在1987年於聖歐諾黑路上開設了這間店。

敢在販賣動輒數萬元精品的這條街上開店，就說明了Michel Cluziel並非一間普通的巧克力店，店外總是擠滿了期盼巧克力美味的饕客，好奇的觀光客更不在少數。

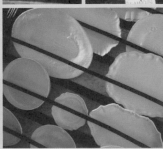

ⓑ Astier de Villatte

🏠173 Rue Saint-Honoré 📞01 42 60 74 13 ⏰週一～週六 11:00~19:00 🚫週日 🌐www.astierdevillatte.com

一家陶藝品專賣店，店面雖然不大，但以大大小小白色為主色系的杯盤、花瓶、燭台各式商品，將整個空間打造的精緻迷人，讓人無論如何也得進去一探究竟；這些是店家獨家設計生產的，全巴黎就這麼一間，個性化的商品送禮自用都很適合，買時店員也會很細心地包裝妥當，讓客人安心帶回家，不過價位並不便宜。

地鐵7號線

| Chaussee d' Antin | La Fayette | Opéra(P.75) | Pyramides | Palais-Royal Musee du Louvre(P.48~61) | Pont Neuf | Pont Marie | Censier Daubenton |

② 凡登廣場

Place Vendôme

🚇搭地鐵7、14號線於Pyramides站下，步行約6~9分鐘。

這座呈八角形的凡登廣場，除了廣場的銅柱具有紀念價值之外，這裡亦有「巴黎百寶箱」之稱，世界級的的珠寶商、名錶店都在這 設有據點，皆以氣派的招牌和櫥窗，吸引路人的目光，彰顯此處的不凡身價。

此外，廣場上高檔的麗池(Ritz)酒店也是值得關注的焦點，過去香奈兒創辦人可可·香奈兒(Coco Chanel)就是這裡的常客；而當年英國王妃黛安娜在巴黎車禍過世前，就是和她的情人在此共享晚餐。另外，眾所皆知的鋼琴詩人蕭邦(Chopin)則逝世於巴黎凡登廣場上12號的建築內。

來到廣場，當然也不能不提及立於中央、高44公尺的大銅柱，柱上並有拿破崙的銅像，以彰顯他的威武。此銅柱於1806年為紀念拿破崙在奧地利戰爭勝利而建，可藉由銅柱內的樓梯前往最高的平台。

命運坎坷的銅柱

關於大銅柱還有一段小插曲，寫實派畫家庫爾貝(Courbet)曾經在1871年嫌凡登廣場上的銅柱太難看，而請人將它給拆了。爾後，市政府訴諸法律要庫爾貝賠償，最後庫爾貝敗訴並由其恢復原狀。

Van Cleef & Arpels

在塞納河岸盡賞百年風華

Pont Neuf站

穿越了巴黎的過去、現在和未來的塞納河。

① 塞納河
La Seine

地標景點

自1853年，拿破崙三世時代的塞納省長奧斯曼男爵(Baron Georges Eugène Haussmann)推動17年的都市計畫，**以現代化的下水道與排水設施，將有如貧民窟的巴黎改造成摩登大都會後**，塞納河搖身變成優雅的仕女。

而想要欣賞塞納河風貌，除了穿梭於聯繫左右兩岸大大小小的橋樑之外，也可搭船沿河遊覽，近距離欣賞塞納河之美，更多介紹見P.XX。

① 塞納河 La Seine
② 藝術橋 Pont des Arts
④ Kong
聖雅克塔 Tour Saint-Jacques
綠林盜廣場 Sq. du Vert-Galant
Pont Neuf
③ 新橋 Pont Neuf
Châtelet
Hôtel de Ville
太子廣場 Pl. Dauphine
巴黎古監獄 Conciergerie
⑤
市政 Hôte Ville
司法大廈 Palais de Justice
塞納河畔舊書攤 Les Bouquinistes de la Se
Bato 乘船
聖母院前廣場地下室考古遺跡 Crypte Archéologique du parvis Notre-Dame
Cité
花市與鳥市 Les Marchés de Fleur et d'Oiseau
聖禮拜堂 Ste Chapelle
西提島 Île de la Cité
聖日爾曼德佩教堂 Église St-Germain-des-Prés
St-Germain-des-Prés
聖米歇爾廣場 Pl. St-Michel
St-Michel
聖路易 Île St-L
Mabillon
Odéon
St-Michel-Notre Dame
巴黎聖母院 Cathédrale Notre-Dame de Paris

曾經掛滿「愛情鎖」的藝術橋。

② 藝術橋
Pont des Arts

🚇搭地鐵7號線於Pont Neuf站下，步行約5~8分鐘

這座黑色鐵橋可說是巴黎黑白明信片中最常出現的風景，它是**塞納河畔首座以鑄鐵建造的步行橋**，興建於1802~1804年間，連接左右兩岸的法蘭西學院(Académie française)與羅浮宮。**因羅浮宮在拿破崙時代又稱為「藝術皇宮」(Palais des Arts)**，所以該橋沾光取名為藝術橋。今日我們所見的藝術橋是1984年重修的，改用結實的鋼鐵；過去，橋上掛著上百萬個「愛情鎖」，情侶們將鎖掛在鐵欄上後，便把鑰匙丟入河中，象徵戀人們不朽的愛情。但在2014年，部分柵欄竟因承受不住鎖的重壓而倒下，為了安全考量，這些鎖只好於隔年全面拆除了。

地鐵7號線

Chaussee d' Antin La Fayette | Opéra(P.75) | Pyramides | Palais-Royal Musee du Louvre(P.48~61) | Pont Neuf | Pont Marie | Censier Daubenton

4 Kong

🚇搭地鐵7號線從Pont Neuf站下，步行約2分鐘 🏠1 Rue du Pont Neuf 75001 Paris ☎01 40 39 09 00 🕐餐廳週日～週四12:00~18:00、19:00~23:45（週日早午餐至17:00），週五～週六12:00~18:00、19:00~01:00；酒吧18:00~02:00 💰Kong 組合盤€39 🌐 www.kong.fr

被喻為「巴黎人的東京想像」加上「日本人詮釋的法國料理」，所以充滿驚奇。

老饕大推

出自設計大師史塔克(Philippe Starck)之手，**這裡也是美國影集《慾望城市》在巴黎拍攝的場景之一**。粉紅色沙發、巨大銀色吧台後方、螢光綠的彎型手扶梯、大師的經典透明椅上不同的臉孔…天氣晴朗時，耀眼的陽光充分照入圓頂餐廳裡，桃紅色桌燈和藍色天空形成強烈對比，配上窗外的古典巴黎公寓，令人有種時空錯置的感覺。

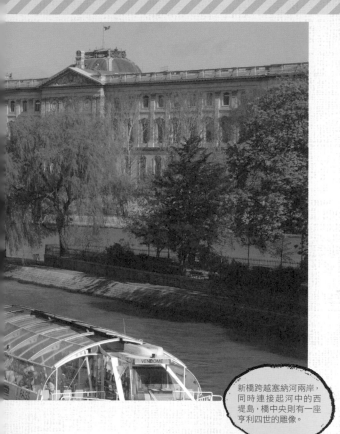

新橋跨越塞納河兩岸，同時連接起河中的西堤島，橋中央則有一座亨利四世的雕像。

3 新橋
Pont Neuf

🚇搭地鐵7號線於Pont Neuf站下，出站即達

名為新橋，卻是**塞納河上歷史相當悠久的一座橋**。雖然早在1556年亨利二世任內就已計畫建造，但受到附近商人及攤販的反對而遲遲未建，直到1578年亨利三世在位時，才開始動工並於**1603年落成，成為巴黎中世紀建築的象徵**。

1985年時，保加利亞籍現代藝術家克里斯多(Christo)曾以帆布包裹整座新橋，完成一項特殊的地景藝術創作。

除了各類型的書籍，這裡也可以找到明信片、郵票、硬幣和小骨董，可謂是一處綜合性的古典圖書館或博物館。

5 塞納河畔舊書攤
Les Bouquinistes de la Seine

在塞納河左右兩岸的文藝小角落。

🚇搭地鐵7號線於Pont Neuf站下，或搭地鐵1、4、7、11、14號線於Châtelet站下，皆出站即達；或搭地鐵4號線於St-Michel站下，步行約1分鐘 🕐約11:30~日落

文青必訪

隨著印刷和出版工業的發展，早在15世紀末，巴黎皇宮前的小廣場上已陸續出現一些流動的舊書攤，廉價出售舊書和古詩畫。路易十六(Louis XVI)到拿破崙三世之時，經政府有關部門批准的一百多家舊書商，在市中心的塞納河畔依次設立「綠色書箱」，晨開暮閉，生意十分興隆。如今數百個綠色書箱從蘇利橋(Pont de Sully)延伸於卡胡塞爾橋(Pont Carrousel)的左右兩岸堤道，猶如駁船隊似地**綿延了3公里以上，可稱得上是世界最長的圖書館了**。

Chaussée d'Antin
La Fayette

Opéra(P.75)

Pyramides

Palais-Royal Musée du
Louvre(P.48~61)

Pont Neuf

Pont Marie

Censier Daubenton

漫步充滿貴族氣息的優雅小島

Pont Marie站

號稱島上最美的蘭貝爾別館(Hôtel Lambert)品味十足,就連文學家左拉都曾在小說中描繪此島之美。

① 聖路易島

Ile Saint Louis

🚇 搭地鐵7號線於Pont Marie站下,步行約3~5分鐘

　充滿貴族氣息的聖路易島,猶如塞納河中一顆閃亮的珍珠,此小島多歸功於17世紀時期路易十四的宮廷建築師勒沃(Le Vau)的規畫,至今島上仍存留不少出自勒沃的經典之作。再加上這裡**自古就是貴族別墅、別館聚集的地方,出入對象包括富商、藝人,因此島上的建築很有看頭**,包括音樂家華格納曾暫居的洛桑府(Hôtel de Lauzun),不僅內部裝飾華麗,外觀顯眼的鍍金雕花鐵欄杆、造型可愛的魚樣出水管,便是勒沃的設計,後來被洛森伯爵(Comte de Lauzun)買下,因而得名。島上也有座聖路易教堂(Eglise Saint-Louis-en-l'Ile),是座根據勒沃的設計圖興建的典型17世紀法國巴洛克建築,教堂內部明亮無比,尤其在白石的映照下,更現金碧輝煌。

② 貝蒂永之家

Maison Berthillon

搭地鐵7號線於Pont Marie站下，步行約3~5分鐘　29-31 Rue St-Louis-en-l'Ile 75004 Paris　01 43 54 31 61　週三~週日10:00~20:00　週一、週二　www.berthillon.fr

聖路易路(Rue Saint-Louis-En-l'Ile)是聖路易島的主要道路，位於31號的貝蒂永之家(Maison Berthillon)，據說是**全巴黎最好吃的冰淇淋發源地**，共有30種以上口味可供選擇，不但夏天老是大排長龍，就連冬天都有人願意來此一試。巴黎有許多咖啡廳和餐廳也供應他們家的冰淇淋。

| Chaussée d'Antin La Fayette | Opéra(P.75) | Pyramides | Palais-Royal Musée du Louvre(P.48~61) | Pont Neuf | Pont Marie | Censier Daubenton |

伊斯蘭教區的美味選擇

Censier Daubenton站

① 巴黎清真寺

Grande Mosquée de Paris

🚇搭地鐵7號線於Censier Daubenton或Place Monge站下，皆步行約3~5分鐘 📍Place du Puits de l'Ermite Paris ☎01 45 35 97 33 🕐週六~週四 09:00~18:00 ⓧ週五、伊斯蘭教假日 💰全票€3、優待票€2 🌐www.grandemosqueedeparis.fr

　　興建於1926年的巴黎清真寺，洋溢著迥異於其他巴黎建築風格的西班牙摩爾式風情，**是巴黎伊斯蘭教徒的信仰中心與回教領袖的所在地**。該清真寺的出現，目的在於紀念那些於一次世界大戰期間為法國人對抗德國人而傷亡的伊斯蘭教士。高33公尺的喚拜塔指引著前來參觀的遊客，院內的設計隱約可見西班牙安達魯西亞的阿罕布拉宮的縮影，洋溢著巴黎罕見的中東異國風情。

從對外開放的迴廊，可以欣賞點綴著水池與柏樹的中庭，以及馬賽克鑲嵌的馬蹄狀白色拱廊。

室內的甜點櫃陳列色彩繽紛、造型特殊的點心，五花八門人難以抉擇。

② 清真寺茶館

Restaurant la Mosquée de Paris

🚇搭地鐵7號線於Place Monge或Censier Danbenton站下，皆步行約3~5分鐘 📍39 Rue Geoffroy Saint-Hilaire 75005 Paris ☎01 43 31 38 20 🕐11:30~24:00 💰甜點任選3樣€7 🌐www.la-mosquee.com

　　坐落於河左岸的巴黎清真寺，洋溢著西班牙摩爾式風格，在這棟擁有白色尖塔的建築中，附設了一間茶館和餐廳，充滿了異國風情。茶館坐落於一座枝葉扶疏的小中庭裡，**桌椅設計以藍白色調為主，穿著黑色背心的服務生送上一杯杯甜蜜的熱薄荷茶，無論春夏秋冬都為人帶來一股清新**。

③ 植物園
Jardin des Plantes

🚇搭地鐵5、10號線或RER C線於Gare d'Austerlitz站下，或搭地鐵7、10號於Jussieu站下，皆步行約2~3分鐘 📍57 Rue Cuvier 75005 Paris ☎01 40 79 56 01 🕐08:00~17:30 💰免費 🌐www.jardindesplantes.net

1626年創立時稱之為「國王花園」（Jardin du Roi），**最早為路易十三的御醫所成立的皇室草藥植物園，同時設有學校教授植物學、博物學和藥學**。植物園後來於1640年時對外開放，不過後來卻沉寂了很長一段時間，直到1739年Comte de Buffon成為館長後，大力擴充園區範圍，同時增添一座至今依然存在的迷宮…最後終於演變成今日這座占地28公頃的植物園。

花草種類繁多的植物園有許多來自各國的植物，如阿爾卑斯山、喜馬拉雅山的松樹、黎巴嫩的雪松等，植物園中還有植物學博物館、植物學學校等研究機構。到此除了可欣賞各種奇花異草外，還可以辨識更多的植物，或者找個椅子坐下來，欣賞美景並呼吸空氣中的芬多精。

④ 古羅馬競技場
Arène de Lutèce

🚇搭地鐵10號線於Cardinal Lemoine站下，或搭地鐵7號線於Place Monge，或搭地鐵7、10線於Jussieu站下，皆步行約3~5分鐘 📍49 Rue Monge 75005 Paris ☎01 45 35 02 56 🕐08:00(或09:00)~18:00(或19:30或20:00) 💰免費

古羅馬人跨越了西堤島和塞納河，將聚落發展延伸至河左岸，其中一項重要的證據──古羅馬競技場，至今依舊清楚的呈現於眾人的眼前。

古羅馬競技場位於Place Monge靜謐的住宅區間，**興建於西元1世紀末的它一直使用到3世紀末，長約41公尺的舞台用來表演格鬥士對抗和戲劇演出**，層層高起的座位的共可容納約15,000名觀眾，上方是奴隸、窮人和婦女的座位，下方才是羅馬男性公民的觀賞位置，在下方觀眾席底部有5個當作野獸牢籠的方洞，一旦打開閘門，牠們就可以直接進入舞台和人類廝殺。

該競技場於1870年時意外發現，如今連同四周的綠地被開發成一座小型的廣場公園，直到今日其舞台仍是各類戲劇表演的絕佳場地，更是假日親子踢足球的好地方。

⑤ Carl Marletti

🚇搭地鐵7號線於Censier Daubenton站下，步行約2~3分鐘 📍51 Rue Censier 75005 Paris ☎01 43 31 68 12 🕐週二~週六10:00~19:00、週日10:00~13:30 🚫週一、1/1、5/1、7/14 💰檸檬塔€6.3 🌐www.carlmarletti.com

主廚Carl Marletti出身麵包糕餅世家，獨立開店後的作品卻是絢爛回歸自然，以傳統甜點為主。檸檬派餅皮酥脆輕盈，不帶油膩之感，香氣自然優雅，不帶霸氣，口感柔滑，檸檬乳霜酸甜適中，與酥脆餅皮有著極佳的平衡口感。千層派是另一招牌之作：略為焦糖處理過的千層派有濃厚的焦糖香，無比酥脆，味道也較為濃郁豐厚，顯示主廚的個人風格。

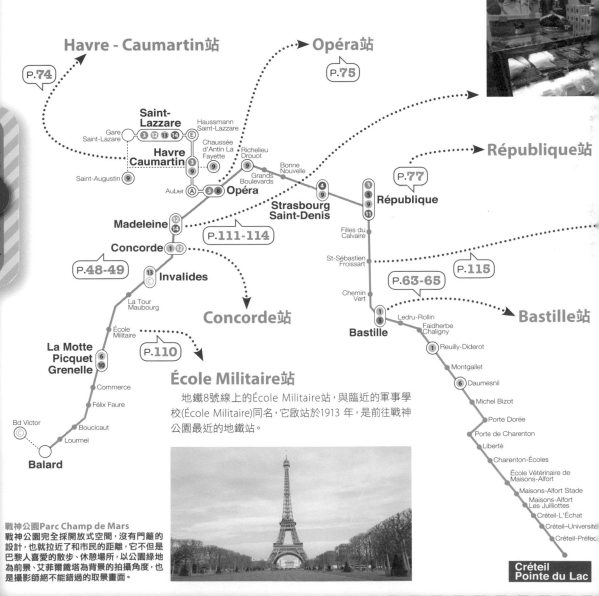

Data
起訖點_Balard←→Pointe du Lac
通車年份_1913年
車站數_38個
總長度_23.4公里
起訖時間_約05:30~01:15(各起站不一)

地鐵8號線 Ligne 8

地鐵8號線上行至Invalides後，就行駛於塞納河的右岸。其中也行經不少大站，像是
Concorde、Madeleine、Opéra、République、Bastille等，這些站的周邊不但是觀
光購物的好據點，也因每站至少都有3條地鐵線串連，也成了理想的轉運點。

Madeleine站

同時有地鐵8號線、
12號線和14號線交接的
Madeleine站，在1910
年~2003年間於各線陸
續開站後，就成為一條
熱門的交通路線。它因
鄰近瑪德蓮教堂(Église
de la Madeleine)而得
名，附近也有多條好買
好逛的購物大道。

Havre - Caumartin站
P.74

Opéra站
P.75

République站
P.77

P.48-49

P.111-114

P.63-65

P.115

P.110

Concorde站

École Militaire站

地鐵8號線上的École Militaire站，與臨近的軍事學
校(École Militaire)同名，它啟站於1913 年，是前往戰神
公園最近的地鐵站。

Bastille站

Saint-Lazzare
Gare Saint-Lazare ③ ⑫ ⑬ ⑭ Ⓔ   Haussmann Saint-Lazzare
Havre Caumartin ③ ⑨   Chaussée d'Antin La Fayette ⑨   Richelieu Drouot ⑨
Saint-Augustin ⑨   Grands Boulevards   Bonne Nouvelle
Auber Ⓐ ③ ⑧ Opéra   Strasbourg Saint-Denis ④ ⑧ ⑨
Madeleine ⑫ ⑭   ③ ⑤ ⑨ ⑪ République
Concorde ① ⑫   Filles du Calvaire
⑬ Ⓒ Invalides   St-Sébastien Froissart
La Tour Maubourg   Chemin Vert
École Militaire   ① ⑤ Bastille   Ledru-Rollin
La Motte Picquet Grenelle ⑥ ⑩   Faidherbe Chaligny
Commerce   ① Reuilly-Diderot
Félix Faure   Montgallet
Bd Victor Ⓒ   ⑥ Daumesnil
Boucicaut   Michel Bizot
Lourmel   Porte Dorée
Balard   Porte de Charenton
Liberté
Charenton-Écoles
École Vétérinaire de Maisons-Alfort
Maisons-Alfort Stade
Maisons-Alfort Les Juilliottes
Créteil-L'Échat
Créteil-Université
Créteil-Préfec

Créteil Pointe du Lac

戰神公園Parc Champ de Mars
戰神公園完全採開放式空間，沒有門籬的
設計，也就拉近了和市民的距離，它不但是
巴黎人喜愛的散步、休憩場所，以公園綠地
為前景、艾菲爾鐵塔為背景的拍攝角度，也
是攝影師絕不能錯過的取景畫面。

富博聖歐諾黑路Rue-de Faubourg Saint-Honoré

1920年代，以馬具及皮飾聞名的愛馬仕(Hermès)在這條路上開設總店後，便吸引了其他高級品牌及商店的進駐，因此，在這條路面不寬的路上，卻延續聖歐諾黑路的時尚氣勢，而且顯然是有過之而無不及，是個很值得花時間在這裡買逛的購物大道。

瑪德蓮廣場Place de la Madeleine

瑪德蓮教堂所在的瑪德蓮廣場，周邊圍繞著許多商店、餐廳和旅館，無論何時都非常熱鬧。其中最有名的是位於24號的佛雄(Fauchon)，愛甜點美食的人，千萬別錯過。

Saint-Sébastien - Froissart站

通車於1931年的Saint-Sébastien - Froissart站位於地鐵8號線上，名字取自於接鄰的Rue de Saint-Sébastien和Rue Froissart兩條街道。這裡算是較小的地鐵站，從此可前往畢卡索博物館。

畢卡索博物館Musée Picasso

畢卡索博物館收藏最完整畢卡索的作品，其依畢卡索創作時期——「青色時期」、「立體主義」、「黑色時期」，分成20個展覽室，包括了他的畫作、雕塑、素描、陶器，甚至他所寫的詩；畢卡索迷千萬別錯過。

Stop by Stop零殘念精華路線推薦

達人帶你玩8號線

École Militaire站

1 戰神公園Parc Champ de Mars
建議參觀時間：30分鐘
曾見證法國歷史上許多重要的事件的戰神公園，是巴黎人最愛親近的公園綠地，以公艾菲爾鐵塔為背景的拍攝角度，也是最美的取景畫面。(見P.110)

Concorde站

2 馬卡龍派對Macarons
建議參觀時間：30~60分鐘
巴黎的馬卡龍有一說是由巴黎Pierre Hermé甜點店的師傅發明的，也有人堅稱Ladurée才是法式馬卡龍的創始店，但不論哪種說法為真，這兩家堪稱是全法國馬卡龍做得最好、也最出名的兩家。(見P.48)

Concorde站

3 橘園美術館Musée de l'Orangerie
建議參觀時間：60~120分鐘
橘園美術館以收藏印象派的作品聞名，特別是莫內的名作《睡蓮》，已經成為鎮館之作。(見P.49)

Madeleine站

4 富博聖歐諾黑路Rue-de Faubourg Saint-Honoré
建議參觀時間：60~120分鐘
富博聖歐諾黑路匯集了世界級的名牌，而且一路上高雅的店面設計，讓人就算不買只是Window Shopping，也覺得饒富趣味。(見P.114)

Opéra站

8 和平咖啡館Café de la Paix
建議參觀時間：60分鐘
和平咖啡館不僅有不少演藝人員、文化人和作家曾光臨，歷任法國總統也經常來此喝上一杯咖啡，最有名的則數戴高樂將軍，他的「痛飲巴黎」的第一杯咖啡就在這個地方。(見P.75)

Madeleine站

5 瑪德蓮教堂Église de la Madeleine
建議參觀時間：30分鐘
瑪德蓮教堂外觀具有希臘神殿風格，而內部精緻、鍍金的細膩裝飾，在灰濛濛的光影下充滿了美感，這裡整體聖潔莊嚴的氣氛，很值得花時間細心感受。(見P.111)

Saint-Sébastien - Froissart站

9 畢卡索博物館Musée Picasso
建議參觀時間：60~90分鐘
在巴黎度過大半生的西班牙畫家畢卡索，在這座以他為名的博物館，留有上千件的作品，喜歡畢卡索的人切勿錯過。(見P.115)

Madeleine站

6 瑪德蓮廣場Place de la Madeleine
建議參觀時間：30~60分鐘
來瑪德蓮廣場休息、逛街和購物的同時，別忘了到佛雄買些甜食，甜蜜的滋味不僅讓人回味，也充滿了虛榮。(見P.111)

Opéra站

7 加尼葉歌劇院Opéra de Garnier
建議參觀時間：60分鐘
你可以買票進入歌劇院博物館參觀，在欣賞華麗的樓梯後，可從兩側進入走廊，這裡將大走廊設計類似古典城堡走廊，在鏡子與玻璃交錯輝映下，更與歌劇欣賞相得益彰。(見P.74)

Bastille站

10 蘇利府邸Hôtel de Sully
建議參觀時間：60分鐘
蘇利府邸出自建築師Jean Androuet du Cerceau之手的17世紀石材建築，是文藝復興時期建物的代表。其後花園可以通往孚日廣場，是瑪黑區許多豪宅中至今保存得最完善的一棟。(見P.65)

攝影師最佳取景點

École Militaire站

今日的戰神公園是座完全開放式空間，不但是巴黎人喜愛的散步、休憩場所，更是取景艾菲爾鐵塔的最佳拍攝角度之一，記得早上前來，光線最佳；或在夜晚拍攝，別有一番風味。

❶ 戰神廣場
Parc du Champ de Mars

🚇搭地鐵8號線於École Militaire站下，步行約1~2分鐘

　　從塞納河畔的艾菲爾鐵塔一直延伸至軍事學校（École Militaire）的戰神公園廣達24.5公頃，16世紀時，它還只是塊不起眼的葡萄園，到了18世紀，才被當成軍事訓練和演習的場地。不過，**戰神廣場見證了法國歷史上諸多重要事件**，例如1790年7月14日的「巴士底監獄日」（Bastille Day，也就是後來的法國國慶日）、1791年抗議法王路易下台的請願活動，1804年拿破崙一世的出征儀式，以及1837年奧爾良公爵的婚禮，此外更因五度入選為萬國博覽會的會場，讓它的外觀或面積多次部份重建與修改。

地鐵8號線

École Militaire | Concorde(P46~47) | Madeleine | Opéra(P75) | Grands Boulevards(P117) | République(P77) | Saint-Sébastien-Froissart | Bastille(P63~65)

欣賞教堂之外的美食享樂
Madeleine站

> 教堂唯一的光源來自於三座小圓頂，自然採光讓內部鍍金的細膩裝飾，在灰濛濛的光影下更添美感。

① 瑪德蓮教堂
Église de la Madeleine

🚇搭地鐵8、12、14號線於Madeleine站下，出站即達 📍1 Place de la Madeleine 75008 Paris ☎01 44 51 69 00 🕐09:30~19:00 💲免費 🌐www.eglise-amadeleine.com

祝聖於1842年、新古典主義風格的瑪德蓮教堂，**由52根高20公尺、直徑1公尺的科林斯式柱，風格迥異於巴黎其他教堂的希臘神殿式外觀**。其南面山牆《最後的審判》(Le Jugement Dernier)雕刻出自Lemaire之手，值得細細觀賞。

教堂祭壇後方的《聖母升天像》是參觀重點，青銅門上由Henri de Triqueti製作的聖經《十誡》(Le Décalogue)浮雕，以及教堂內以大理石和鍍金雕飾和雕像，如入口左邊由法蘭斯瓦·路德(François Rude)雕刻的《基督受洗》(Baptism of Christ)等，都不容錯過。

② 瑪德蓮廣場
Place de la Madeleine

🚇搭地鐵8、12、14號線於Madeleine站下，出站即達

法國大文豪普魯斯特(Marcel Proust)在他如史詩般的自傳式小說《追憶似水年華》(À la Recherche du Temps Perdu)中，因一種名為瑪德蓮(Madeleine)的海綿蛋糕而引發源源不絕童年回憶，**這位意識流的法國作家，曾在瑪德蓮廣場9號的雙親家住過一段時間**。不過瑪德蓮廣場的名稱並非來自於這種蛋糕，而是和聳立於中央的瑪德蓮教堂有關。

美食界的精品名牌

瑪德蓮廣場和美食有著密不可分的關係——它是全巴黎高級食品店最密集的區域，讓小編來告訴你有哪些必吃必買的餐廳！

位於19號的松露之家(La Maison de la Truffe)是選購松露和品嘗生扇貝佐黑松露(Black Melanosporum Truffle)的絕佳地點。創於1927年，位於17號的Caviar Kaspia帶來了魚子醬的奢華口感，一樣附設餐廳；同樣位於17號的瑪黑兄弟(Mariage Frères)創立於1854年，則是法國頂級茶葉的代表。而6號的Maille擁有從水果橫跨香檳等超過30種口味的芥末，同樣深受歡迎。

◎松露之家Maison de la truffe
🏠19 place de la madeleine 75008 paris ☎01 42 65 53 22 🕐週一~週六12:00~22:30 🌐www.maison-de-la-truffe.com

◎Caviar Kaspia
🏠17 Place de la Madeleine Paris ☎01 42 65 33 32 🕐週一~週六12:00~午夜 🈺週日 🐟魚子醬30公克€106起 🌐www.caviarkaspia.com

◎瑪黑兄弟Maison de Thé Mariage Frères
🏠17 Place de la Madeleine Paris ☎1 42 68 18 54 🕐週一~週六10:30~19:30 🈺週日、與公眾假日(除了12月的星期四例外) 🌐www.mariagefreres.com

◎Maille
🏠6 Place de la Madeleine Paris ☎01 40 15 06 00 🕐週一~週六10:00~19:00、國定假日11:00~18:00 🈺週日 🌐www.maille.com

高級品牌進駐的時尚大道

Madeleine站

1 佛雄

Fauchon

搭地鐵8、12、14號線於Madeleine站下，出站即達 ⓖ 11(餐廳)、30(商店) Place de la Madeleine 75008 Paris ☎07 78 16 15 40 ☯餐廳：早餐07:00~10:30、午餐 12:00~17:00、晚餐 19:00~22:30，商店：週二~週三 10:30~18:30、週四~週六 10:00~19:00、週日 10:00~17:00 ☯餐廳：週一 ⓢ午餐套餐 €50起 ☯ www.fauchon.com、餐廳www.grandcafefauchon.fr

創立於1886年的佛雄，最初是一間**專售松露、魚子醬、香檳、巧克力等高級食材專賣店**，如今拓展為美食王國。位於30號的佛雄商店，除了販售著馬卡龍、甜點、果醬鵝肝醬、茶葉、巧克力等法式高級食品，還有自己的葡萄酒窖。佛雄也在11號開設餐廳，提供早午晚餐以及下午茶，每天17:00~22:30則是酒吧的Happy hour，可以試試他們用茶調配的雞尾酒。

2 瑪德蓮大道

Boulevard de la Madeleine

搭地鐵8、12、14號線於Madeleine站下，出站即達

1966年時，英國搖滾團體The Moody Blues以瑪德蓮大道為名，發行了一首單曲，描述男子因對象失約而感到沮喪的心情，但這並不是這條道路和藝文界頭一次扯上關係，早在小仲馬(Alexandre Dumas fils)的小說《茶花女》(Dame aux Camélias)中，Marie Duplessis便是住在大道的11號且走完一生。不過今日的瑪德蓮大道是條購物街，有許多**平價時尚流行服飾店和家居用品店**林立其中，街上漂亮的櫥窗也特別引人注目。

3 富博聖歐諾黑路

Rue de Faubourg Saint-Honoré

搭地鐵8、12、14號線於Madeleine站下，或搭地鐵1、8、12號線於Concorde站下，皆步行約5~10分鐘可達 ☯約10:30~19:00，各店不一 ☯週日，各店不一

從瑪德蓮廣場與皇家街(Rue Royale)這段以西到艾麗榭宮(Palais de l'Élysée)，正式名稱為「富博聖歐諾黑路」，不過一般稱呼許多仍統稱為聖歐諾黑路。

1920年代，以馬具及皮飾聞名的愛馬仕(Hermès)在這條路上開設總店，之後吸引了其他高級品牌及商店的進駐，因此在這裡**雖然路面不寬，卻繼續延續聖歐諾黑路的時尚氣勢**，Bottega Veneta、Lanvin、YSL、Tod's等世界知名的品牌，都在店面陳列最新的流行商品，向你的荷包招手；而高雅的店面設計，讓人就算不買只是Window Shopping，也覺得饒富趣味。店家多半週日不營業，請留意免得撲空。

④ 巴黎東方文華酒店
Mandarin Oriental, Paris

🚇搭地鐵8、12、14號線於Madeleine站下，或搭地 1、8、12號線於Concorde站下，皆步行約3~6分鐘 📍251 Rue Saint-Honoré 75001 Paris ☎01 70 98 78 88 🌐www.mandarinoriental.com

坐落於巴黎最知名的時尚街區——聖歐諾黑路，巴黎東方文華在室內設計師Sybille de Margerie的打造下，成了一處水晶蝴蝶、漆飾、石榴紅貼面、絲質抱枕、大理石地面…交織而成的夢幻空間。**高達8層樓的建築裡安置著135間客房，它們全擁有俯瞰中庭的大片玻璃窗**，位於頂層的Mandarin Penthouse Suite更擁有環顧巴黎鐵塔、加尼葉歌劇院、蒙馬特等知名景點的全景視野。

Camélia
🚇搭地鐵8、12、14號線於Madeleine站下，或搭地 1、8、12號線於Concorde站下，皆步行約3~6分鐘 📍251 Rue Saint-Honoré 75001 Paris ☎01 70 98 74 00 🕐早餐7:00~11:00，午餐12:30~14:30，下午茶 15:00~17:30，晚餐19:00~22:30 💰晚餐套餐€98 🌐www.mandarinoriental.com/en/paris/place-vendome/dine/camelia

　　面對著美麗的庭園，這間氣氛怡人的餐廳位於巴黎東方文華酒店的底層和庭園，**以夏日送來陣陣香氣的山茶花命名，室內裝飾簡單清爽，洋溢著大自然的色調，並以大片玻璃結合戶外造景。**擁有米其林二星加持的行政主廚Thierry Marx，特別為忙碌的現代人打造「簡單」卻精緻的美味食物，以他對亞洲食物的熱愛，巧手轉變法式傳統料理，呈現食物令人充滿驚喜的味道。

聖歐諾黑路

ⓐCHANEL

🏠 21 Rue de Faubourg Saint-Honoré ☎ 01 53 05 98 95 🕐 週一～週六 10:00~19:00、週日11:00~19:00 🌐 www.chanel.com

香奈兒是所有女人的典範,到巴黎,怎麼能忘了她呢?一個世紀以前,創辦人可可·香奈兒(Coco Chanel)把女人從腰身中解放出來,她把男友的毛衣從中間一刀剪開,創造了開襟衫,然後,又從軍用包擷取靈感,把女人的小包加上鏈條,方便揹著好空出雙手,也就是2.55包的由來。不過,推廣寬鬆套裝與人造珠寶的她,隨性又帥氣,大概也沒想到如今的香奈兒竟成了一個昂貴又遙不可及的品牌。

ⓑ聖羅蘭左岸店
Yves Saint Laurent–Rive Gauche

🏠 38 Rue de Faubourg Saint-Honoré ☎ 01 42 65 74 59 🕐 週一～週六 10:30~19:00、週日 11:00~18:00 休 週日 🌐 www.ysl.com

全名為Yves Saint Laurent–Rive Gauche自從前設計師Tom Ford創出左岸系列(Rive Gauche),便一躍成為近年時尚界的人氣品牌,每年更以不同款式的個性包包獲得注意,這兩年最火紅的款式非Muse及Downtown莫屬,到服裝秀場繞一圈,一定可以在模特兒或時尚人士的手上看到YSL的身影。

ⓔMax Mara

🏠 408-410 Rue Saint-Honoré ☎ 01 42 61 75 67 🕐 週二～週六 10:00~19:00、週日 12:00~18:00 休 週日 🌐 www.maxmara.com

義大利的服裝品牌,「Max」代表力量,「Mara」則是創辦人Achille Maramotti先生的姓氏縮寫。Maramotti 先生在1951年創立這個品牌,並且以高級布料、精緻裁縫和兼具實穿性的時尚精神,風靡高級女性成衣界。擁有50多年歷史的 MaxMara遍及世界90多個國家,接近2,000間的服裝精品店,是潮流時人到歐洲採購不可錯過的品牌,因為,價格真的非常誘人。

ⓒ愛馬仕Hermès

🏠 24 Rue de Faubourg Saint-Honoré ☎ 01 40 17 46 00 🕐 週一～週六 10:30~19:00 休 週日 🌐 www.hermes.com

以馬具起家的愛馬仕,是真正高檔的上流品牌。1837年創業,到了20世紀初才推出皮件跟手提包,只限以高級皮革特別訂做的仕女用手提包,知名的凱莉包(Kelly)與柏金包(Birkin),是所有時尚女性心目中的夢幻逸品。

這間店底層以包包、香水及男士用品為主,1樓則以服飾及鞋子為主。當然,熟知愛馬仕的人都知道,到店裡要買到包的機會很小,而且還得在預訂後,至少經過3~5年以上的等待才能入手,因此增加了它的稀有性。

ⓓPrada

🏠 6 Rue de Faubourg Saint-Honoré ☎ 01 58 18 63 30 🕐 週一～週六 10:30~19:00、週日 11:00~18:00 🌐 www.prada.com

1913年,Prada以製作旅行皮件起家,開始雖曾受到義大利皇室的青睞,但在缺少新意和突破之下日漸沒落,直到1978年,在創辦人Mario Prada的孫女Miuccia Prada接手後,以防水尼龍包包重新打入市場,創造時尚化、年輕化新話題,竟迅速讓這個老品牌重新翻身。

Salvatore Ferragamo
聖羅蘭左岸店 Yves SaintLaurent - Rive Gauche
瑪德蓮廣場 Place de la Madeleine
Ⓔ
Ⓜ Madeleine
Valentino
Givenchy
愛馬仕Hermès
ⓑ
CHANEL
ⓐ ⓒ
Lanvin
Polo Ralph Lauren
Tod's
Cartier
Bottega Veneta
ⓓ Prada
Ladurée
Furla
ⓔ Max Mara
Hervé Chepelier
Longchamp
Ⓜ Concorde

地鐵8號線

École Militaire ┊ Concorde(P46~47) ┊ Madeleine ┊ Opéra(P75) ┊ Grands Boulevards(P117) ┊ République(P77) ┊ Saint-Sébastien-Froissart ┊ Bastille(P63~65)

立體派的藝術朝聖之旅

Saint-Sébastien - Froissart站

聖十字教堂 Ste-Croix

② Breizh Café可麗餅店

Ⓜ St-Sébastien - Froissart

畢卡索美術館 Musée Picasso ①

聖德尼聖體教堂 St-Denys du St-Sacrement

Oliviers & Co.

法蘭克福懷博書店

L'As du Fallafel

Ⓜ Chemin Vert

① 畢卡索美術館

Musée Picasso

🚇搭地鐵1號線於St-Paul站下，或搭地鐵8號線於St-Sébastien Froissart、Chermin Vert站下，皆步行約6~8分鐘 📍5 Rue de Thorigny 75003 Paris ☎01 85 56 00 36 🕐週二～週五10:30~18:00，週六、週日和國定假日10:30~18:00，最後入場17:15 ⓧ週一、1/1、5/1、12/25 💲全票€14、優待票€11，18歲以下免費 🌐www.museepicassoparis.fr

　在巴黎度過大半生的西班牙畫家畢卡索，後代為抵其遺產稅而將其一大部分的畫作贈予法國政府，促成了這間畢卡索博物館的誕生。**館內收藏了超過5,000件以上畢卡索的作品，領域橫跨畫作、雕塑、素描、陶器，甚至詩作。**除了畢卡索的作品外，還有他的個人收藏，包括塞尚(Paul Cézanne)、布拉克(Georges Braque)、盧梭(Henri Julien Félix Rousseau)、米羅(Joan Miró)及雷諾瓦(Pierre-Auguste Renoir)等人的畫作。

除了可麗餅，店內來自布列塔尼的蘋果酒，也被視為佐餐的最佳拍檔。

② Breizh Café可麗餅店

🚇搭地鐵8號線於Saint-Sébastien - Froissart站下，步行約5分鐘 📍109 Rue Vieille Du Temple 75003 Paris ☎01 42 72 13 77 🕐09:00~23:00 💲可麗餅€6.8~€17.5 🌐breizhcafe.com/fr

這個源自布列塔尼地區的薄餅，在法國不僅是當點心，也可以做為正餐。

道地好味

　Breizh Café除了開在首都巴黎、布列塔尼的康卡爾(Cancale)和聖馬洛(Saint-Malo)，在日本也有分店，而這家位於巴黎瑪黑區的分店，則被眾多美食導覽書或網站視為**全市最好吃的可麗餅店**，店內空間小小的位子也不太多，加上盛名遠播，如果不事先訂位，就得要有排隊的心理準備。

　在台灣我們一般吃到的是甜的可麗餅，但在法國，可麗餅有甜鹹兩種吃法，前者多以小麥粉做成，鹹的則用蕎麥粉，而Breizh Café的賣點是這些都使用有機原料，連雞蛋的來源都是找本地有機餵養、自由放養的雞，再依不同口味加入當季新鮮食材。

　法國人喜歡吃完鹹的可麗餅再點個甜的，甜的可麗餅呈圓弧三角形，從最簡單的餅皮加上檸檬薄片的原味可麗餅，到加了冰淇淋、淋上糖漿或巧克力的多種口味，奶油味道都特別濃郁，餅皮則是柔軟厚實，嘗一口便有幸福的感覺。

畢卡索美術館的前世今生

　博物館的前身是棟名為Hôtel Salé的建築，其主人Pierre Aubert de Fontenay是一名因收取鹽稅而致富的封建領主，也因此這棟興建於1656~1659年間的豪宅，被稱為「鹽府」。

　後來因為各種原因，這棟宅邸換過多位主人，包括當時威尼斯共和國的大使，也曾作為校舍，1815年巴爾札克(Balzac)便就讀於此…直到1964年後才收歸國有，因此早在1985年變身畢卡索博物館前，它已是此區著名地標。

115

Data
起訖點_Pont de Sèvres←→Mairie de Montreuil
通車年份_1922年
車站數_37個
總長度_19.6公里
起訖時間_約05:30~01:15(各起站不一)

地鐵9號線 Ligne 9

地鐵9號線以略呈拋物線的線型通過市區,是巴黎第4繁忙的地鐵線,其間除了行經有夏佑宮的Trocadéro站、近鄰拉法葉百貨和春天百貨的Chaussee d'Antin La Fayette和Havre Caumartin外,在Iéna站附近就有好幾間美術館和博物館,深得小文青們的喜歡。

Grands Boulevards站

1931年開站,同時連接8和9號線,步行不到1分鐘,可達凱凡蠟像館或海斯星光秀,與與明星名人近距離接觸。

©Musée Grévin

Iéna站

1923年開站的Iéna站,緊臨Avenue d'Iéna,該站匯集了巴黎市立近代美術館、東京宮、吉美亞洲藝術博物館和時尚與服飾博物館,這些會館的規模不大,但仍有看頭,閒餘之時,仍可替自己安排一場小文青之旅。

巴黎市立近代美術館
Musée d'Art Moderne de la Ville de Paris
收藏了20世紀美術巨匠的作品,是1937年巴黎博覽會的展覽館之一,喜愛近代美術的人千萬別錯過這座藝術聖殿。

P.118-119
P.117
Franklin D. Roosevelt站
P.44-46
P.74
P.98
P.94-95
P.147

Gare Saint-Lazare
Saint-Lazare ⑭ ③ ⑬ ⑫

Haussmann Saint-Lazare
Ⓔ Chaussée d'Antin La Fayette ③

Saint-Augustin
Miromesnil ⑬
Saint-Philippe du-Roule
Havre-Caumartin
Franklin D. Roosevelt ①
Ⓐ ③ ⑦ ⑧
Auber ⑧ ⑦
Opéra

⑦ ⑧ Grands Boulevards
Richelieu Drouot
Bonne Nouvelle ④ ⑧
Strasbo Saint-D

Rue de la Pompe
Avenue Henri Martin Ⓒ
Iéna
Alma Marceau
Boulainvilliers Ⓒ ⑥ Trocadéro
La Muette
Pont de l'Alma
Ranelagh
Jasmin
⑩ Michel-Ange Auteuil
⑩ Michel-Ange Molitor
Exelmans
Porte de Saint-Cloud
Marcel Sembat
Billancourt
Pont de Sèvres

Havre - Caumartin站

Pont de l'Alma站

Trocadéro站

地鐵9號線

凱凡蠟像館Musée Grévin

突破刻板的參觀模式，凱凡蠟像館將名人蠟像融入各種奢華、復古的場景中，讓遊客在各年代重要名人的陪伴下，輕鬆探索法國歷史發展的足跡。

©Musée Grévin

©Musée Grévin

République站

P.77

③ République
⑤ Oberkampf

Mairie de Montreuil

nt-Ambroise
Voltaire
Charonne
Rue des Boulets

Croix de Chavaux
Robespierre
Porte de Montreuil
Maraîchers
Buzenval

① Ⓐ ②
⑥ **Nation**

Chaussee d'Antin - La Fayette站

Stop by Stop零殘念精華路線推薦
達人帶你玩9號線

Trocadéro館
1 夏佑宮
Palais de Chaillot
建議參觀時間：60~90分鐘
為了迎接1937年的世界博覽會而建的夏佑宮，除了仍保留壯觀精巧的建築景觀，兩翼的建築內現今則規畫了4座博物館，因此來這裡除了賞景拍照，也可進行一場精采的博物館巡禮。(P.94~95)

Franklin-D.-Roosevelt館
迪奧藝廊
2 La Galerie Dior
建議參觀時間：90~120分鐘
迪奧藝廊呈現了迪奧從1947年發展至今的演變，公開創辦人Christian Dior和歷屆創意總監的設計手稿和作品，展示迪奧設計的精髓以及巴黎高級訂製文化的發展。(P.47)

Chaussee d'Antin - La Fayette館
老佛爺美食天地名酒窖
3 Duclot La Cave
建議參觀時間：60~120分鐘
開幕於2010年5月的波爾多酒窖(La Bordeauxthèque)，如今更名為Duclot La Cave，像一間名牌精品旗艦店，提供來自法國和世界各地2,500種葡萄酒、香檳等酒類。(P.98)

地鐵 9 號線

藝文和時尚的小文青之旅

Iéna站

❶ 吉美亞洲藝術博物館
Musée National des Arts Asiatiques-Guimet

> 小編按讚
>
> 西方世界中最大的亞洲藝術博物館,在歐洲可說是亞洲藝術收藏界中的指標!

🚇搭地鐵9號線於Iéna站下,出站即達;或搭地鐵6號線於Boissière站下,步行約3分鐘 📍6 Place d'Iéna 75116 Paris ☎01 56 52 54 33 🕐週三~週一10:00~18:00,售票至閉館前45分鐘 ❌週二、1/1、5/1、12/25 💰永久展和特展套票全票€13、優待票€10;每個月第一個週日免費 🌐www.guimet.fr

　館藏分布於3個樓層的展場中,**以中國和印度文物最為豐富**,其中包括商周時代的青銅器、以西域異族為主題的唐三彩、明朝的瓷器,及印度早期各類佛陀雕刻和18~19世紀的細密畫(les miniatures)…此外,**大量吳哥和占婆文物更是該博物館的一大亮點**,其他還有阿富汗的聖物、西藏的神像、日本的武士盔甲等,館藏幾乎可說橫越絲路、遠達佛教發跡之地,甚至直抵古埃及和希臘。

❷ 東京宮
Palais de Tokyo

🚇搭地鐵9號線於Iéna站或Alma Marceau站下,皆步行約3~5分鐘 📍13 Avenue du Président Wilson 75116 Paris ☎01 81 97 35 88 🕐12:00~22:00(12/24到18:00) ❌週二、1/1、5/1、12/25 💰全票€12、優待票€9 🌐www.palaisdetokyo.com

　與時尚與服飾博物館隔著威爾森總統大道對望的冂字型建築,其西翼稱之為東京宮,該建築於1937年開幕時正值「國際現代生活藝術科技展」期間,當時**這棟被當成創意、建設計畫空間的建築,曾容納藝術博物館、攝影和電影中心等**,直到2002年才以東京宮的名義對外開放,並展出各色與現代藝術相關的特展。

地圖標示:
- Boissière Ⓜ Rue Boissière / Rue de Lübeck
- 吉美亞洲藝術博物館 Musée National des Arts Asiatiques-Guimet ❶
- ❹ 時尚與服飾博物館 Musée de la Mode et du Costume
- 投卡德候廣場 Pl. du Trocadéro-et-du-11-Novembre
- Iéna Ⓜ Pl. de Tokyo
- 東京宮 Palais de Tokyo ❷
- ❸ Alma - Marc 巴黎近代美術館 Musée d'Art Moderne de la Ville de Paris
- Trocadéro Ⓜ
- 🏛建築與遺產之城 La Cité de l'Architecture et du Patrimoine
- Pont de l'Alma
- Av. du Président Wilson
- Rue de Longchamp

❸ 巴黎市立近代美術館
Musée d'Art Moderne de la Ville de Paris

🚇搭地鐵9號線於Iéna站或Alma Marceau站下，皆步行約3~5分鐘 📍11 Avenue du Président Wilson 75116 Paris ☎01 53 67 40 00 ⏰週二~週日10:00~18:00(週四至21:30)，售票至閉館前45分鐘 ⌂週一和國定假日 💲永久展免費、特展視展覽而異 🌐www.mam.paris.fr

巴黎市立近代美術館**收藏了20世紀美術巨匠的作品，是1937年巴黎博覽會的展覽館之一**，其中最有名的，是Raoul Dufy為電氣館所畫的大作以禮讚科學文明的《電氣神怪》，此外還有馬諦斯的《舞蹈》、蒙德里安的《持扇的女人》等。由於永久展覽不收費，喜愛近代美術的人千萬別錯過這座藝術聖殿。

> 建築師Léon Ginain以公爵夫人在熱那亞的老家為靈感，打造了這棟義大利文藝復興風格的建築。

❹ 時尚與服飾博物館
Musée de la Mode et du Costume

🚇搭地鐵9號線於Iéna站或Alma Marceau站下，皆步行約3~5分鐘 📍10 Avenue Pierre 1er de Serbie 75116 Paris ☎01 56 52 86 00 ⏰週二~週日10:00~18:00(週四至21:00) ⌂週一和國定假日 💲全票€15、優待票€13，18歲以下免費 🌐www.palaisgalliera.paris.fr

暱稱為嘉黎耶拉博物館(Musée Galliera)，不僅因為它的建築由嘉黎耶拉公爵夫人Maria Brignole-Sale De Ferrari出資，更因這座博物館最初的構想也來自於這位誕生於今日義大利熱那亞(Genova)的女貴族。

嘉黎耶拉公爵夫人在她的丈夫過世後繼承了大筆財產，為了保存該家族的藝術收藏，她決定自費成立一座博物館，但夫人在該博物館落成前便已過世，而她的收藏最後也因故落腳於義大利的Palazzo Rosso和Palazzo Bianco。此情形使落成於1894年的博物館缺乏展品，因此成為各項特展的展覽場所，直到1977年時，才出現這座**以法國18世紀至今時尚設計、服飾與配飾為主題的博物館**。

Trocadéro(P94~95) | Iéna | Franklin D. Roosevelt(P42~44) | Havre Caumartin(P74) | Chaussée d'Antin La Fayette(P98) | **Grands Boulevards** | République(P77)

與明星名人近距離接觸
Grands Boulevards站

1 凱凡蠟像館
Musée Grévin

🚇搭地鐵8、9號線於Grands Boulevards站或Richelieu - Drouot站下,皆步行約2~3分鐘 🏠10 Boulevard Montmartre 75009 Paris ☎01 47 70 85 05 ⏰09:30~19:00或10:00~18:00;每日開放時間略有變動,請上網查詢 💰全票€26、優待票€19,5歲以下免費;上網購票另有優惠 🌐www.grevin.com

　　凱凡蠟像館將名人蠟像融入各種奢華、復古的場景中,你可以**體驗與法國影星共飲雞尾酒的珍貴時刻,或是走進演員的後台與他合影留念**,讓遊客在各年代重要名人的陪伴下,輕鬆探索法國歷史發展的足跡。

　　蠟像館建立於1882年,內部裝飾融合路易十四與威尼斯洛可可風格,鍍金圓屋頂與大廳則採用巴洛克風。館內還有一座魔幻宮殿(Palais des Mirages),運用燈光、鏡子等光學原理創造出奇幻的視覺效果,它是1900年萬國博覽會中的參展作品之一,繽紛的色彩如夢似幻。

> 由於不提供訂位,要來夏提爾用餐,排隊等候是免不了的。

> 併桌用餐是常見的事,增加了大家彼此交談的機會,現場氣氛歡樂喧鬧。

2 夏提爾工人餐廳
Le Bouillon Chartier

🚇搭地鐵8、9號線於Grands Boulevards站下,步行約2分鐘 🏠7 Rue du Faubourg Montmartre 75009 Paris ☎01 47 70 86 29 ⏰11:30~午夜 💰主餐€7起 🌐www.bouillon-chartier.com

　　來到巴黎似乎一定要品嘗法國料理,但想到價錢又常讓人舉步不前,其實,巴黎也有**平價的法式餐廳**,夏提爾工人餐廳(Le Bouillon Chartier)就是其一。由Chartier兩兄弟攜手開業於1896年的Le Bouillon Chartier,bouillon指的是價格較低的食堂,常客一般是工人,後來轉型成如今的餐廳。夏提爾餐廳其實不小,大大的柱子撐起高聳的天花板,**穿著白色長圍裙服加黑背心的服務生來往穿梭**,呈現一種老巴黎美好時代的氛圍。

Data
起訖點_ Boulogne - Pont de Saint-Cloud←→Gare d'Austerlitz
通車年份_1923年
車站數_23個
總長度_11.7公里
起訖時間_約05:30~01:15(各起站不一)

地鐵10號線
Ligne 10

啟用於1923年的10號線全程地下化,線路不長而且運量不大,是一條比較安靜的地鐵線。

Cluny - La Sorbonne站

到Cluny-La Sorbonne站可探訪克呂尼博物館、聖賽芙韓教堂,附近也有一座知名的索邦大學,這一帶文藝宗教氣息濃厚。

克呂尼博物館Musée de Cluny
克呂尼博物館又稱國立中世紀博物館,收藏品以中世紀藝術品為主,在兩層樓的空間中,展出包括中世紀彩繪手稿、掛毯、貴重金屬、陶器等,其中最受人重視的還是占大部份比例的宗教聖物,如十字架、聖像、聖杯、祭壇金飾等,件件雕工精細。

Stop by Stop零殘念精華路線推薦
達人帶你玩10號線

Cluny - La Sorbonne站

1 聖賽芙韓教堂Eglise Saint Severin
建議參觀時間:30~60分鐘
屬於哥德式建築的聖賽芙韓教堂裝飾繁複,堪稱巴黎最美的教堂之一,其中尤以內部圍繞祭壇的雙迴廊最具建築美感。(P.122)

Cluny - La Sorbonne站

3 索邦大學
Sorbonne Université
建議參觀時間:30~90分鐘
索邦大學是歐洲最古老的學校之一,素有「歐洲大學之母」的美譽,至今仍延續傳統,是巴黎的社會、藝術和人文科學研究重心。來到這裡,不妨前往索邦教堂旁的索邦廣場上,找一家咖啡館坐下來,感受一下濃厚的學術氣息。(P.123)

Cluny - La Sorbonne站

2 克呂尼博物館
Musée de Cluny
建議參觀時間:60~90分鐘
《仕女與獨角獸》(La Dame à la Licorne)系列掛毯,分別代表了人類的五種感官和追求自由的意志,鮮明的色彩和高雅的人物表現是它不朽的原因,是館內的鎮店之寶;另外,21座國王頭雕像的國王廊(La Galerie des Rois)也是參觀重點。(P.123)

地鐵10號線

Gare de Lyon站

P.66

P.122-123

Boulogne Pont de Saint-Cloud

Boulogne Jean Jaurès
Michel-Ange Molitor
Chardon Lagache
Mirabeau
Porte d'Auteuil
Michel-Ange Auteuil
Église d'Auteuil
Javel André Citroën
Charles Michels
Javel
Avenue Émile Zola
Ségur
La Motte Picquet Grenelle
Duroc
Vaneau
Sèvres Babylone
Odéon
Mabillon
St-Michel
St-Michel Notre-Dame
Cluny La Sorbonne
Maubert Mutualité
Cardinal Lemoine
Jussieu
Quai de la Rapée
Gare de Lyon
Gare d'Austerlitz
Bercy

121

探索中世紀藝術和宗教
Cluny - La Sorbonne站

① 莎士比亞書店
Librairie Shakespeare & Co

🚇搭地鐵4號線於St-Michel站下，或搭RER B、C線於St-Michel Notre-Dame站下，皆步行約2~5分鐘 📍37 Rue de la Bûcherie 75005 Paris ☎01 43 25 40 93 🕐書店 10:00~20:00、週日 12:00~19:00，咖啡館 週一～週五9:30~19:00，週六~週日9:30~20:00 🌐www.shakespeareandcompany.com

> 莎士比亞書店不僅僅是一間單純的書店，它代表一種人文精神。

文青必訪

早期的老闆席維亞‧畢區(Sylvia Beach)曾幫助艾略特(T. S. Eliot)、費茲傑羅(Fitzgerald)和海明威(Hemingway)等作家，在編輯和財務上提供協助，使作家們能在日後發揮才華。愛爾蘭作家喬伊思(James Joyce)的重要著作《尤里西斯》(Ulysses)，也是在席維亞的贊助下才能順利出版，但遺憾的是，該書店後於1941年結束營業。直到George Whitman於1951年時在河左岸開了另一家名為Le Mistral的書店，為了紀念畢區，它在1964年更名為今日的莎士比亞書店。該書店依舊延續傳統，如今仍收留可能成為明日文壇閃亮之星的作家，**只要你說得出自己作品的優點，並把作品給老闆閱讀，就能在這兒借宿**，如果你只是個單純的讀者，也歡迎你來這兒尋寶。

> 教堂內部周圍的彩色玻璃繪滿聖經宗教故事，賦予參觀者視覺上相當強烈的震撼力。

② 聖賽芙韓教堂
Église Saint-Séverin

🚇搭地鐵10號線於Cluny-La Sorbonne站下，或搭地鐵4號線於Saint-Michel站下；或搭RER B、C線於St-Michel Notre-Dame站下，皆步行約2~3分鐘 📍3 Rue des Prêtres Saint-Séverin Paris ☎01 42 34 93 50 🕐9:00~19:30，開放時間時有變動，請去電或上網查詢最新資訊。 💲免費 🌐www.saint-severin.com

屬於哥德式建築的聖賽芙韓教堂**裝飾繁複，堪稱巴黎最美的教堂之一**，其中尤以內部圍繞祭壇的雙迴廊最具建築美感。教堂內部的彩色玻璃繪在昏暗光線和宗教氣氛的襯托下，充滿了肅穆的神秘感。就算是沒有宗教信仰的人，只是站著欣賞眼前的這一切，都會產生一種平和靜謐的感受。雖然聖賽芙韓教堂沒有聖母院和聖禮拜堂的高知名度，但絕對是一個相當值得拜訪的經典教堂。

③ 克呂尼博物館
Musée de Cluny

🚇搭地鐵10號線於Cluny La Sorbonne站下，步行約2分鐘 ♿28 rue Du Sommerard, 75005 Paris ☎01 53 73 01 73 ⏰週二～週日 9:30～18:15 ⓧ週一、1/1、5/1、12/25 💰全票€12、優待票€10，18歲以下免費；每月第一個週日免費 🌐www.musee-moyenage.fr

　　克呂尼博物館又稱國立中世紀博物館，**收藏品以中世紀藝術品為主**，在兩層樓的空間中，展出包括中世紀彩繪手稿、掛毯、貴重金屬、陶器等，其中最受人重視的還是占大部份比例的宗教聖物，如十字架、聖像、聖杯、祭壇金飾等，件件雕工精細。

> 國王廊(La Galerie des Rois)收藏來自巴黎聖母院、聖潔維耶芙修道院和聖日爾曼修道院等的雕像遺跡。

> 博物館的鎮館之寶是回溯到15世紀的《仕女與獨角獸》(La Dame à la Licorne)系列掛毯，代表了人類的五種感官和追求自由的意志。

> 索邦教堂(Chapelle de la Sorbonne)前身是索邦學院的校舍，1887年被列為法國歷史遺蹟(Monument historique)。

④ 索邦大學(人文學院)
Faculté des Lettres de Sorbonne Université

🚇搭地鐵10號線於Cluny La Sorbonne站下，步行約5分鐘 ♿1 Rue Victor Cousin 75005 Paris ☎01 40 46 22 11 🌐lettres.sorbonne-universite.fr ❗大學內部不開放參觀

　　巴黎大學是歐洲最古老的大學之一，1255年時一位名叫索邦(Robert de Sorbon)的神父，在路易九世(Louis IX)資助下，成立了第一個學院——索邦學院(Collège de Sorbonne)，從此索邦成了巴黎大學的代稱。1968年法國學生運動後，巴黎大學被拆成了13所獨立的大學(巴黎第一至第十三大學)，其中第四大學(巴黎一索邦大學)直接繼承了舊大學的人文學院。巴黎第四大學於2018年與第六大學合併為索邦大學(Sorbonne Université)。至今索邦大學仍延續傳統，是**巴黎的社會、藝術和人文科學研究重心**。

Data
起訖點_ Châtelet←→Mairie des Lilas
通車年份_1935年
車站數_13個
總長度_6.3公里
起訖時間_約05:30~01:15(各起站不一)

地鐵11號線 Ligne 11

地鐵11號線很短，僅行駛巴黎市區的東部一小段，沿途也僅有13站而已；事實上，遊客搭乘11號線多半是為了前往龐畢度中心參觀，或是到法蘭克特權者街逛街，它們皆於Rambuteau站下車，步行幾分鐘可達。

Rambuteau站

位於地鐵11號線上的Rambuteau站開始營運於1935年，因為就位於RueRambuteau街上，於是取了相同的名字。因為附近的龐畢度中心是來巴黎的人，不可錯過的朝聖點，地鐵站內永遠有川流不息的觀光客進出。

龐畢度中心Centre Pompidou
建築本身即很可觀的龐畢度中心，平均每年都會更新各樓層的展覽，以現代及當代的重要藝術作品為主，內容涵蓋畫作、裝置藝術、影像及雕塑等。蒐羅名家有馬諦斯、畢卡索、夏卡爾等。

法蘭克特權者街Rue des Francs-Bourgeois
這裡是血拼族的重要據點，一家家小小的店面，以設計感強烈的商品居多，如首飾、服飾、文具用品等，特別是與Rue Vieille du Temple交叉的Jean Herouet之家起至孚日廣場這一段，更是這條街的精華。

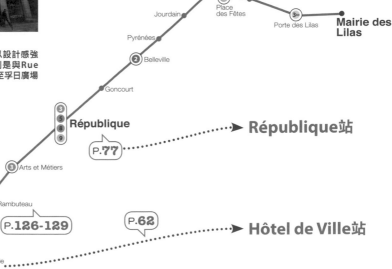

達人帶你玩11號線

Hôtel de Ville站

➜1 聖雅克塔Tour Saint-Jacques
建議參觀時間：30分鐘
即使18世紀末拆除了教堂，如今只剩下高52公尺的塔樓，聖雅克塔仍於1998年被聯合國教科文組織列入世界遺產。(P.62)

Rambuteau站

➜2 法蘭克特權者街Rue des Francs-Bourgeois
建議參觀時間：30~60分鐘
這是血拼族的重要據點，街道兩側集合了許多有趣的服飾和藝品商店，讓人有尋寶的樂趣；週日時逛街人潮更是洶湧。(P.127)

Rambuteau站

➜3 Oliviers & Co.
建議參觀時間：30~60分鐘
創立於1996年的Oliviers & Co.，是全球知名的的橄欖油品牌，嘗起來清香柔順，深受許多五星級名廚和熱愛料理的人士歡迎。(P.126)

Rambuteau站

➜4 龐畢度中心Centre Pompidou
建議參觀時間：60~120分鐘
有別於一般傳統美術館，龐畢度中心重點在推動當代藝術，以及提供公共閱讀空間，不定期的各項展出，範圍廣泛，經常給予參觀者不同的驚喜。來巴黎別忘了來這裡看看這座外觀特殊的建築物和內部展示。(P.128~129)

République站

➜5 Jacques Genin
建議參觀時間：30~60分鐘
雖名為巧克力店，種類不多的糕餅卻也是人氣商品，其美味的巧克力自然不在話下，甜度不高的可可醬和泡芙質感的外夾心，給人軟餡輕柔滑膩，且可可餘香綿長、優雅的口感。(P.77)

| Hôtel de Ville(P.62) | Rambuteau | République(P.77)

逛設計師創意小店，吃便宜又好吃的美食

Rambuteau站

1 flunch

搭地鐵11號線於Rambuteau站下，步行約2分鐘 ⏰21 Rue Beaubourg 75003 Paris ☎01 40 29 09 78 🕙11:00~22:00 💲主菜€9.99起 🌐www.flunch.fr

　說到flunch，絕對是許多對金錢精打細算的人的最愛，這是家法國連鎖自助餐廳，裡頭可以**依自己的預算挑選喜好的食物，不用花很多錢就可以吃飽飽**。

　一進去flunch，最先看到自助吧台，裡頭有各式前菜冷盤、生菜沙拉、甜點小食…這裡的食物有的是以盤計價，盤子分大中小3種不同尺寸，不管拿什麼都盡量裝，價格都依你選擇盤子的大小而定；另一種就是整份(盤)食物寫明價格了，喜歡就直接取走，再去結帳。flunch的食物不見得多美味，但無限供應的附餐，一定都能讓人吃很飽。

> 主餐必須到櫃檯點選，有炸雞、排骨、牛肉、漢堡、海鮮…可以選擇，點完後再去取主餐。

> 附餐區裡的配菜薯條、薯泥、青豆煮豆、紅蘿蔔、飯水…都可以任意而且「吃到飽」。

2 麗弗里路
Rue de Rivoli

搭地鐵11號線在Hôtel de Ville站下，出站即可抵達；或搭地鐵1號線於Tuileries站Louvre - Rivoli站下，皆出站即達。

　麗弗里路從杜樂麗花園一直延伸到巴士底廣場(Place de la Bastille)，街上聚集了許多商店，靠近羅浮宮這段以紀念品商店為主，琳瑯滿目的展示著印有「Paris」字樣或艾菲爾鐵塔圖案的衣服、T恤、模型、明信片、絲巾，令人眼花撩亂。

3 **法蘭克特權者街**

Rue des Francs-Bourgeois

🚇搭地鐵11號線於Rambuteau站下，或搭地鐵1號線於St-Paul站下，皆步行約5~10分鐘可達

Francs-Bourgeois當時的意思是自由民，事實上是指因收入微薄付不出稅金的人，因14世紀這裡有些收容他們的住所而得名。

走入法蘭克特權者街讓人有柳暗花明又一村的感覺，四周靜謐的巷子，突然出現這麼一條人聲鼎沸的街道，週日時逛街人潮更是洶湧。這裡是血拚族的重要據點，一家家小小的店面，以設計感強烈的商品居多，如首飾、服飾、文具用品等，特別是與Rue Vieille du Temple交叉的Jean Herouet之家起至孚日廣場這一段，更是這條街的精華。

4 **l'As du Fallafel**

> 號稱是全巴黎最好吃、價格又便宜的中東Fallafel。

🚇搭地鐵1號線於Saint-Paul站下，步行約3~5分鐘 　🕐34 Rue des Rosiers 75004 Paris 　☎01 48 87 63 60 　✅週日~週四12:00~23:00、週五12:00~16:00、週六18:30~23:00 　💲素食Fallafel€6.7、沙威瑪€10

老饕大推

法文Fallafel就是英文的Falafel，也就是所謂的「炸豆丸子」，是一種以鷹嘴豆泥加上調味料做成的油炸鷹嘴豆餅，是中東國家一帶流行的庶民小吃。

店名望文生義，自然是以做Fallafel為主，菜單就貼在門口，等待的時間不妨輪流先去看想吃什麼，以節省點菜的時間；點餐後不消幾分鐘，就會拿到一份美味的Fallafel。這裡的食物都會以英文加註解釋，像沙威瑪(Shawarma)就是將Fallafel和羊肉、火雞肉這3樣食物一起裝呈在一種稱Pita的麵餅裡，整個餡料滿滿的非常豐富，其中Fallafel吃起來有著多種香料混著咖哩的香氣，炸著酥酥的但不過乾，再沾著一點酸黃瓜和店家特製的優格一起食用，若敢吃辣還可以加一點莎莎醬。這裡的肉類除了羊，還有雞和牛，另外還有素食選擇。

建築本身就是藝術

Rambuteau站

1 龐畢度中心

Centre Pompidou

🚇搭地鐵11號線於Rambuteau站下,步行約2分鐘
🏠Place Georges Pompidou 75004 Paris ☎01 44 78
12 33 🕚11:00~21:00(6樓藝廊週四至23:00),售票至閉館前
60分鐘 🈳週二、5/1 💰全票€15、優待票€12,特展門票依展
覽而異 🌐www.centrepompidou.fr

即使以現代的眼光來看,龐畢度中心的風格依舊十分前衛和後現代。

達人必GO

　　龐畢度中心能在巴黎誕生,得歸功於法國已故總統喬治·龐畢度(George Pompidou)於1969年提出的構思。在興建一座全世界最大的當代藝術中心的願景下,從681件知名建築師設計圖中,選出藍佐·皮亞諾(Renzo Piano)與理查·羅傑斯(Richard Rogers)的設計圖,並於一片爭議聲中,在1971年開始動工。龐畢度中心於1977年1月正式啟用,不幸的是,喬治·龐畢度已在這段期間過世,無緣看到文化中心的成立,為紀念他,此文化中心便以他命名。

　　龐畢度中心**平均每年都會更新各樓層的展覽**,以現代及當代的重要藝術作品為主,內容涵蓋畫作、裝置藝術、影像及雕塑等。有別於一般的傳統美術館,它將重點放在推動當代藝術以及提供公共閱讀空間上,不定期的各項展出,範圍廣泛,經常給予參觀者不同的驚喜。龐畢度中心1樓為大廳及書店,2樓和3樓是圖書館,4~5樓是當代和現代藝術博物館。

龐畢度中心

龐畢度中心立體圖

往塞納河 市政廳
Rue du Renard
圖書館入口
f d c
5樓雕塑階梯
b
a
入口
往停車場
之人行入口
Rue Beaubourg
Rue Rambuteau
布蘭庫西階梯
Atelier Brancusi
伊果史塔文斯基
Pl. Igor Stravings
e
Rue Saint-Martin
龐畢度廣場
Pl. Georges Pompidou
Rue Saint-Martin
往RER
Châtelet-les-

ⓐ正面建築

正面建築和廣場相連,是美術館的入口,廣場上最引人注目的是那幾根像是大喇叭的白色風管,建築師刻意把廣場的高度降到街道地面下,因此即使這麼前衛風格的造型,也不會和四周的19世紀巴黎公寓格格不入。

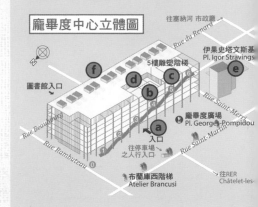

造型如透明水管的突出電扶梯,讓人印象深刻,搭著電扶梯的人群就像是管子裡的輸送物,被分送到各自前往的樓層。

地圖

flunch
Rue St-Denis
Bd de Sébastopol
Rue du Temple
Rue de Poitou
Ⓜ Rambuteau
聖十字教堂
Ste-Croix
Breizh Café
可麗餅店
Ⓜ Châtelet
Les Halles
1
龐畢度中心
Centre Pompidou
畢卡索美術館
Musée Picasso
Rue des Archives
Oliviers & Co.
法蘭克特攝香街
Rue des Francs Bourgeois
聖雅克塔
Tour Saint-Jacques
Rue de la Verrerie
Ⓜ Hôtel de Ville
L'As du Fallafel
Rue des Rosiers
Ⓜ Châtelet
Rue de Rivoli

ⓑ4樓當代藝術館

龐畢度中心平均每年都會更新各個樓層的展覽，這一樓以1965~1980年的當代重要藝術創作為主，約集結了東西方55個國家、180位藝術家的作品，內容涵蓋畫作、裝置藝術、影像及雕塑。

ⓓ5樓雕塑露台

由米羅(Miro)、Richier、Ernst三位藝術家創作的戶外雕塑及露天水池，是摩登的龐畢度中心開闊的清新空間，由於樓層甚高，中心旁又無高建物遮蔽，因此可以眺望到聖心堂和鐵塔，景色優美。推開玻璃門走近水池旁，似乎能頃刻置身於巴黎之上，在黃昏的光線下，方形的水面折射出雕塑的倒影，呈現極為美麗的視覺效果。

ⓒ5樓現代藝術館

這裡的收藏以1905~1965年代的現代藝術為主，在41間展示不同藝術家作品的房間裡，畢卡索(Picasso)和馬諦斯(Matisse)兩位大師，可說是本區的主將。

ⓔ伊果史塔文斯基廣場Place Igor Stravingsky

位於龐畢度文化中心後方，後有聖梅希教堂(Église Saint-Merri)，介於兩座前衛和古典的建築之前，廣場上色彩豐富的動態噴泉，由Jean Tinguely及Niki de Saint-Phalle夫妻檔所設計吸引許多人駐足觀賞，假日廣場前也是街頭藝人喜愛表演的場地之一。

> 這個廣場以其彩色活動的噴水池聞名，也是巴黎第一個動態噴泉。

ⓕ背面建築

外觀看起來就像是座大型機器的龐畢度中心，建築的三向立面——正面、背面及底座，各有不同的設計基調，但一致的語言就是「變化」和「運轉」。
背面建築作為圖書館的入口，各種顏色鮮豔的管子是這一面的特色，代表不同的管路系統，空調系統為藍色，電路系統為黃色，水管為綠色，電梯和手扶梯為紅色，五顏六色的水管顯露在外，成為龐畢度主要的識別面貌。

Data
起訖點_Porte de la Chapelle←→Mairie d'Issy
通車年份_1910年
車站數_31個
總長度_17.17公里
起訖時間_約05:30~01:15(各起站不一)

地鐵12號線 Ligne 12

地鐵12號線不算長，主要通行於巴黎市區的南北段，和2號線一樣，是要前往蒙馬特地區可能會搭乘的地鐵線；而除了蒙馬特，沿途也行經不少大站，像是Madeleine和Concorde站，對觀光客來說，也是一條搭乘率高的地鐵線。

Lamarck - Caulaincourt站

地鐵12號線上的Lamarck - Caulaincourt站，啟站於1912年，名字是因出口處剛好近於Rue Lamarck和Rue Caulaincourt這兩條路上的交叉口。地鐵站位於高25公尺的蒙馬特山丘上，出入口的雙排樓梯正是電影《艾蜜莉的異想世》(Amélie)的場景之一。

蒙馬特美術館 Musée de Montmartre
這棟建築是蒙馬特地區最古老的的旅館，裡面展出了紀錄蒙馬特歷史及風景的畫作，而過去藝術家們留下的紀念物品，也讓這個小小美術館每年都可以吸引數以萬計的遊客慕名而來。

Abbesses站

通車於1912年的Abbesses站位於地鐵12號線上，具有特殊造型的地鐵出口，是由法國新藝術派的藝術家Hector Guimard所設計的，漂亮的拱圈與欄杆讓人印象深刻。這是一個不僅具有功能性的地鐵站，還具有藝術的氣息，值得花點時間佇足感受。另外體力好的人不妨不坐電梯改走樓梯，這裡的樓梯牆面彩繪著可愛的圖畫，非常有趣。

達利美術館Espace Montmartre Salvador Dali
達利美術館全名為達利蒙馬特空間，收藏了約300多件達利的作品。這個西班牙藝術家向來以兩撇翹鬍子為招牌造型，因此從藝廊地下樓走向1樓時，都可以欣賞到達利各種有趣的鬍子造型。

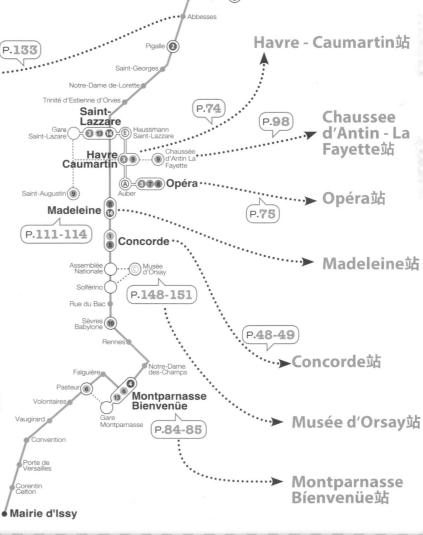

P.132
P.133
P.74
P.98
P.75
P.111-114
P.148-151
P.48-49
P.84-85

Havre - Caumartin站

Chaussee d'Antin - La Fayette站

Opéra站

Madeleine站

Concorde站

Musée d'Orsay站

Montparnasse Bíenvenüe站

Mairie d'Aubervilliers
Aimé Césaire
Aubervilliers Front Populaire
Porte de la Chapelle
Marx Dormoy
Marcadet Poissonniers ④
Jules Joffrin
Lamarck Caulaincourt
Abbesses
Pigalle ②
Saint-Georges
Notre-Dame-de-Lorette
Trinité d'Estienne d'Orves
Saint-Lazzare ③ ⑬ ⑭ ⑤ Haussmann Saint-Lazzare
Gare Saint-Lazare
Havre Caumartin ③ ⑨ ⑨ Chaussée d'Antin La Fayette
Saint-Augustin ⑨ Ⓐ ③ ⑦ ⑧ **Opéra**
Auber
Madeleine ⑧ ⑭
Concorde ① ⑧
Assemblée Nationale Ⓒ Musée d'Orsay
Solférino
Rue du Bac
Sèvres Babylone ⑩
Rennes
Notre-Dame des-Champs
Falguière
Pasteur ⑥ ④
Volontaires ⑬
Vaugirard Gare Montparnasse
Convention **Montparnasse Bienvenüe**
Porte de Versailles
Corentin Celton
● **Mairie d'Issy**

Stop by Stop零殘念精華路線推薦
達人帶你玩12號線

Lamarck · Caulaincourt站
1 蒙馬特美術館Musée de Montmartre
建議參觀時間：60~120分鐘
這棟蒙馬特最古老的的旅館，完整保存了蒙馬特與藝術家們之間的繽紛歷史！據說館內庭院還是雷諾瓦知名畫作《鞦韆》的場景，雖然現在的庭院已不若當年綠樹參天，但卻仍不改其清幽愜意的氣息。(P.132)

©Shadowgate

Concorde站
5 杜樂麗花園Jardin des Tuileries
建議參觀時間：30分鐘
一邊依傍塞納河，栗樹、萊姆樹以及五彩繽紛的花朵為杜樂麗花園帶來靜謐，青銅雕塑作品添加些許莊嚴氣氛，是典型法國花園的特色。(P.49)

Abbesses站
2 達利美術館
Espace Montmartre Salvador Dali
建議參觀時間：60分鐘
達利的超現實藝術可在這個美術館一覽無遺，特別是達利常用的《時間》主題，在各種雕塑、繪畫作品中都可發現，令人回味無窮。(P.133)

Concorde站
6 橘園美術館Musée de l'Orangerie
建議參觀時間：60~120分鐘
橘園美術館以收藏印象派的作品聞名，特別是莫內的名作《睡蓮》，已經成為鎮館之作。(P.49)

Madeleine站
4 瑪德蓮教堂Église de la Madeleine
建議參觀時間：30分鐘
瑪德蓮教堂外觀具有希臘神殿風格，而內部精緻、鍍金的細膩裝飾，在灰濛濛的光影下充滿了美感，這裡整體聖潔莊嚴的氣氛，很值得花時間細心感受。(P.111)

©Fredrik Rubensson

Abbesses站
3 蒙馬特聖尚教堂
Église Saint-Jean de Montmartre
建議參觀時間：30分鐘
不同於其他教堂的古典風格，它是巴黎第一座以鋼筋混凝土建造的現代教堂，並使用磨光原色寶石加以裝飾，帶有世紀末的頹廢氣息，卻又不失莊重。(P.133)

Montparnasse Bienvenüe站
7 蒙帕納斯塔Tour Montparnasse
建議參觀時間：60分鐘
蒙帕納斯塔樓高210公尺，是巴黎市區最高的建築物，遊客可以來到頂樓的露天觀景台賞景，尤其是夕陽西下時分，花都風華盡在遊人懷抱之中，更添浪漫。(P.84)

在石階巷弄裡發現藝術驚喜

Lamarck - Caulaincourt站

① 狡兔酒館

Le Lapin Agile

🚇搭地鐵12號線於Lamarck-Caulaincourt站下，步行約3分鐘 📍22 Rue des Saules 75018 Paris ☎01 46 06 85 87 週二、週四、週五、週六21:00~凌晨1:00 💲入場費成人€35、學生€25(皆含1杯飲料) www.au-lapin-agile.com

至今酒館外牆上都還看得到吉勒畫作的複製品。

狡兔酒館打從1860年就展開它風光的歷史，起初這家酒館以「殺手」(Cabaret des Assassins)為名，直到1880年畫家吉勒(André Gill)在這裡畫下了一幅手持酒瓶跳出煎鍋的兔子才有了改變，由於法文裡「吉勒的兔子」(Le Lapin à Gill)與「狡兔」(Lapin Agile)諧音，而讓這裡從此改名為狡兔酒館。

如同它斑駁而又鮮豔的外觀一般，酒館的光鮮歷史故事也總是為人所稱道。**這裡一直以來以詩、歌等法國民謠表演著稱，過去可是作家、畫家們群聚出沒的重要場地**，包括畢卡索、尤特里羅、莫迪里亞尼(Amedeo Modigliani)、詩人魏爾倫(Paul Verlaine)、都曾是這裡的常客，也因此讓酒館成了不少畫家的筆下素材。

［地圖標示：
Lamarck-Caulaincourt
蒙馬特葡萄園 Vigne de Montmartre
① 狡兔酒館 Le Lapin Agile
② 蒙馬特美術館 Musée de Montmartre
帖特廣場 Pl. du Terte
達利美術館 Espace Dalí Montmartre
③ 聖心堂 Basilique de Sacré-Coeur
Château Rouge
蒙馬特聖皮耶教堂 St-Pierre de Montmartre
Abbesses
蒙馬特小火車乘車處
Barbès-Rochechou
④ 蒙馬特聖尚教堂 Église St-Jean-de-Montmartre
Pigalle
Anvers
］

據說館內庭院還是雷諾瓦知名畫作《鞦韆》的場景，雖然現在的庭院已不若當年綠樹參天，但卻仍不改其清幽愜意的氣息。

©Shadowgate

② 蒙馬特美術館

Musée de Montmartre

🚇搭地鐵12號線於Lamarck-Caulaincourt站下，步行約5~8分鐘 📍12 Rue Cortot 75018 Paris ☎01 49 25 89 39 🕙10:00~18:00(4~9月10:00~19:00)，閉館前45分鐘最後入場 💲全票€15、優待票€8~10，10歲以下免費 www.museedemontmartre.fr

這棟蒙馬特最古老的的旅館，完整保存了蒙馬特與藝術家們之間的繽紛歷史！1680年代，曾被當時的演員Claude Roze買下它當成住宅。19世紀開始，這棟房舍整修為藝術家的工作室，成為雷諾瓦在巴黎的第一個落腳處，從此便展開它與藝術圈的不解之緣。**不少藝術家都曾在此租屋創作**，其中還包括誕生於蒙馬特的城市景觀畫家尤特里羅(Maurice Utrillo)和他的母親。目前美術館中展出了記錄蒙馬特歷史及風景的畫作，而過去藝術家們留下的紀念物品，也讓這個小小美術館每年都吸引上萬遊客前來朝聖。

跌入意想不到的超現實空間

Abbesses站

這座美術館是全法國唯一一處專設達利永久展的場所,就連博物館中的配樂也經特別設計。

❸ 達利美術館
Espace Dalí Montmartre

🚇搭地鐵12號線於Abbesses站下,步行約5~8分鐘 🏠11 Rue Poulbot 75018 Paris ☎01 42 64 40 10 ⏰10:00~18:00 💲全票€14、優待票€12,8歲以下免費 🌐www.daliparis.com

達利(Salvadore Dalí)不但是超現實主義的領袖,也是本世紀最受爭議的藝術家,畫中的意境難測、個人行事乖張,更增加他個人作品的魅力。這座美術館由達利親手設計,**收藏了約300多件個人作品,包括雕塑和版畫,充滿了不可思議的風格**,其中又以《愛麗絲夢遊仙境》(Alice in Wonderland)、《太空象》(Space Elephant)、《燃燒中的女人》(Woman Aflame)、《時間》(Time)等備受矚目。

❹ 蒙馬特聖尚教堂
Église Saint-Jean de Montmartre

🚇搭地鐵12號線於Abbesses站下,出站即達 🏠19-21 rue des Abbesses 75018 Paris ☎01 46 06 43 96 🌐www.saintjeandemontmartre.com

正對著Abbesses地鐵站出口的蒙馬特聖尚教堂,由設計師Anatole de Baudot於1904年完成,**不同於其他教堂的古典風格,它是巴黎第一座以鋼筋混凝土建造的現代教堂**,並使用磨光原色寶石加以裝飾,帶有世紀末的頹廢氣息,卻又不失莊重。

Data
起訖點_Asnières – Gennevilliers Les Courtilles和
Saint-Denis - Université←→Châtillon - Montrouge
通車年份_1911年
車站數_32個
總長度_24.3公里
起訖時間_約05:30~01:15(各起站不一)

地鐵13號線Ligne 13

主要行駛巴黎市區南北向的地鐵13號線,是前往羅丹美術館和巴黎傷兵院的人可能會搭乘到的路線,
且都於Varenne站下;請留意該線到了北段的La Fourche會分成兩支線。

Varenne站

地鐵13號線上的Varenne站,開站
於1923年,取名來自出口處旁的Rue
de Varenne街。由於羅丹美術館就在
附近,月台特別以仿羅丹的雕塑作品
裝飾其間,讓人一到了地鐵站,就能
感受到藝術的氛圍。

羅丹美術館Musée Rodin
羅丹博物館收藏有19世紀最偉大的雕
塑家羅丹(Auguste Rodin)的雕塑品。
大部份的大型作品,都置於前後露天
庭院,其中最有名的便是《沈思者》(Le
Penseur)。

地鐵13號線

Stop by Stop零殘念精華路線推薦

達人帶你玩13號線

Varenne站

1 羅丹美術館Musée Rodin
建議參觀時間:60~180分鐘

這個美術館收藏有偉大的
雕塑家——羅丹的作品,而他的學生
愛人——卡蜜兒的部分作品亦收藏
其內,偌大的室內外展場讓喜歡雕
塑藝術的人,願意花不少時間細心欣
賞。(P.135)

©Carlo Ciccarelli

Champs-Élysées - Clemenceau站

2 大小皇宮Grand et Petit Palais
建議參觀時間:60~180分鐘

大皇宮和小皇宮(Petit Palais)隔著邱吉爾大道(Avenue
Winston-Churchill)而立,它們和一旁的亞歷山大三世橋都屬1900年巴
黎萬國博覽會的建築,博覽會後,大、小皇宮以博物館的形式保留。(P.47)

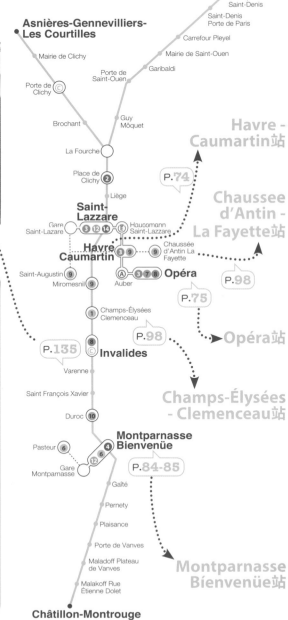

沉思在雕塑大師的藝術世界

Varenne站

① 法蘭西軍事博物館 (巴黎傷兵院)

Musée de l'Armée - Invalides

🚇搭地鐵8號線於La Tour-Maubourg站下，或搭地鐵13號線於Varenne站下，或搭地鐵8、13和RER C線於Invalides站下，或搭地鐵13號線於Saint-François-Xavier站下，皆步行約6~8分鐘 📍129 Rue de Grenelle 75007 Paris ☎01 44 42 38 77 ◐◑博物館10:00~18:00，售票至閉館前30分鐘。1/1、5/1、12/25休。開放時間時有變動，請上網查詢最新資訊。售票至閉館前30分鐘 ⓧ1/1、5/1、12/25 💰全票€15、優待票€12，18歲以下免費 🌐www.musee-armee.fr

> 巴黎重要的軍事觀光景點，細數歐洲的戰爭和武器歷史。
>
> 小編按讚

法國路易十四時期戰爭頻仍因而傷兵不斷，於是興建於1671~1674年間的巴黎傷兵院，成為專門醫治傷兵和安置退伍傷殘軍人的地方。10年後，這裡又擴建了聖路易教堂(Église Saint-Louis-des-Invalides)和圓頂教堂(Dôme des Invalides)；到了拿破崙時期，這裡已是全巴黎規模最大的醫院了。

巴黎傷兵院**今日不再具有醫療的功能，而是由法國國防部掌管，闢為重要的軍事觀光景點**，這裡有南北兩個入口，分別是從沃邦廣場(Place Vauban)或傷兵大道(Esplanade des Invalides)進入，後者的綠色草坪可以廣寬的角度欣賞整個傷兵院面貌，特別是正中央的圓頂教堂閃閃發亮的金色大頂，氣勢凌人。

> 圓頂教堂是傷兵院中的禮拜堂，也是拿破崙陵寢(Tombeau de Napoléon I)的所在地。

> 羅丹作品中最有名的《沉思者》(Le Penseur)——這位深陷於痛苦思索中的雕像，據說是亞當和普羅米修斯的綜合體。

② 羅丹美術館

Musée Rodin

🚇搭地鐵13號線於Varenne站下，步行約3分鐘 📍77 Rue de Varenne 75007 Paris ☎01 44 18 61 10 ◐週二～週日10:00~18:30 (12/24~31 16:00閉館)，售票至閉館前1小時 ⓧ週一、1/1、5/1、12/25 💰€13，18歲以下免費 🌐www.musee-rodin.fr ❗10~3月每月第一個週日免費

> 迷人的露天美術館，在優美的庭院中尋訪沉思者。
>
> 絕世創作

羅丹博物館位於一棟獨立的雙層建築中，前身為畢洪府(Hôtel Biron)，羅丹(Augeuste Rodin,1840~1917)於1908~1917年曾在此從事創作，1911年法國政府買下了這個房子，在民意的推動以及羅丹於1916年決定捐出他的所有作品下，該美術館於1919年正式開放。有別於大多數的博物館，**羅丹美術館將這位20世紀最偉大的雕塑家大部份的大型作品，放置於前後露天庭院展出。**

地圖標示

- Invalides (RER)
- Assemblée Nationale
- Rue de l'Université
- Bd. de la Tour Maubourg
- Rue Fabert
- Rue St-Dominique
- Rue Aristide Briand
- Solférino Ⓜ
- Rue de Martignac
- Rue Casimir
- 武器博物館 Musée de l'Armée
- La Tour-Maubourg Ⓜ
- Rue de Grenelle
- Varenne Ⓜ
- 巴黎傷兵院 Les Invalides
- ① 聖路易教堂 Église St-Louis-des-Invalides
- 圓頂教堂 Dôme des Invalides
- ② 羅丹美術館 Musée Rodin
- Rue de Varenne
- Rue du Bac
- Av. de Tourville
- 沃邦廣場 Pl. Vauban
- Av. de Villars
- Bd. des Invalides
- Av. de Ségur
- Av. Duquesne
- Rue de Babylone
- St-François-Xavier

Data
起訖點_Saint-Lazare←→Olympiades
通車年份_1998年
車站數_12個
總長度_13.9公里
起訖時間_約05:30~01:15(各起站不一)

地鐵14號線 Ligne 14

駛於巴黎市區中央地帶的地鐵14號線線路不長，全長13.9公里也僅停靠12站，其中較大的站是Madeleine；另外，想前往柏西購物村和柏西公園的人，可以選擇搭乘此線於Cour St-Émilion站下。

Mairie de Saint-Ouen

Porte de Clichy

Saint-Quen

Pont Cardinet

Saint-Lazzare

Gare Saint-Lazare ③ ⑫ ⑬ Ⓔ Haussmann Saint-Lazzare

P.74

Havre - Caumartin站

Havre Caumartin ③ ⑨ ⑨ Chaussée d'Antin La Fayette

P.98

⑨ Saint-Augustin Ⓐ ③ ⑦ ⑧ **Opéra** Auber

Chaussee d'Antin - La Fayette站

P.75

Opéra站

Madeleine ⑧ ⑫

⑦ Pyramides

Les Halles ④

Ⓐ Ⓑ Ⓓ

① ④ ⑦ ⑪

Châtelet Les Halles

P.99

Pyramides站

P.111-114

Madeleine站

Châtelet

Gare de Lyon站

Cour St-Émilion站

最後通車的地鐵14號線上的Cour Saint-Émilion站，始營運於1998年，搭著手扶梯就可以上下月台，地鐵出口處連接著柏西購物村，是個購物逛街的好去處。

P.66

Quai de Rapée ⑤ Ⓐ Ⓓ **Gare de Lyon**

⑤ ⑩ Ⓒ Bercy ⑥

Gare d'Austerlitz Cour St-Émilion

Ⓒ

Bibliothèque François Mitterrand

貝西村Bercy Village
貝西村又稱聖艾蜜莉庭園，是過去酒倉改建而成的購物中心，在鋪設整齊的石頭路上，整體是明亮的氣氛，石頭路兩邊不是商店就是餐廳，多數餐廳都會把座位延伸到外頭，而顧客也樂於離開室內，待在戶外感受怡人的環境。

地鐵14號線

Stop by Stop零殘念精華路線推薦
達人帶你玩14號線

Madeleine站
1 瑪德蓮教堂 Église de la Madeleine
建議參觀時間：30分鐘
瑪德蓮教堂外觀具有希臘神殿風格，而內部精緻、鍍金的細膩裝飾，在灰濛濛的光影下充滿了美感，這裡整體聖潔莊嚴的氣氛，很值得花時間細心感受。(P.111)

Madeleine站
2 瑪德蓮廣場 Place de la Madeleine
建議參觀時間：30~60分鐘
來瑪德蓮廣場休息、逛街和購物的同時，別忘了到佛雄買些甜食，甜蜜的滋味不僅讓人回味，也充滿了虛榮。(P.111)

Pyramides站
3 聖歐諾黑路 Rue Saint-Honoré
建議參觀時間：60~90分鐘
這條象徵巴黎時尚指標的大街，除了匯集各種世界級名牌，還有不少複合式和設計師商店，是喜歡頂級精品的人，絕不能錯過的地方。(P.99)

Gare de Lyon站
4 工藝創作街 Viaduc des Arts
建議參觀時間：60~90分鐘
這塊屬於藝術家的天堂，創作範圍包羅萬象，手繪瓷器、藝術表框、傳統表演服飾製作與租借、牆壁塗料、復古家具、布料設計、古畫修復…等其他地方罕見或逐漸消失的技術，全都在此匯聚一堂。(P.66)

Cour St-Émilion站
5 貝西村 Bercy Village
建議參觀時間：60~120分鐘
由酒倉改建而成的購物中心，在鋪設整齊的石頭路上，石頭路兩邊不是商店就是餐廳，多數餐廳都會把座位延伸到戶外，就這麼浩浩蕩蕩的一字排開，像極了舉辦嘉年華會的美食市集。(P.139)

在塞納河畔愜意購物與生活

Cour St-Émilion站

② 西蒙波娃橋

Passerelle Simone-de-Beauvoir

🚇搭地鐵14號線於Cour St-Emilion站下，或搭地鐵6、14號線於Bercy站下，或搭地鐵6號線於Quai de la Gare站下，皆步行約6~10分鐘

　這條用來紀念法國知名女作家西蒙波娃的橋，於2006年正式啟用，是**塞納河最後落成的橋**。全長304公尺的它分為上下兩層，猶如兩道上下倒置的弧線彼此交錯，並通往不同高度的堤道。

① 法國電影資料館

La Cinémathèque Française

🚇搭地鐵14號線於Cour St-Emilion站下，步行約6~8分鐘；或搭地鐵6、14號線於Bercy站下，步行約5分鐘 📍**51 Rue de Bercy 75012 Paris** ☎**01 71 19 33 33** 🕐週一、週三~週五12:00~19:00，週六、日和假日11:00~19:00 🈲週二 💲全票€15、優待票€5~7.5 🌐**www.cinematheque.fr**

　Frank O. Gehry於1992年時完成了這座原為美國文化中心(Centre Culturel Americain)的建築，卻因為工程浩大而耗盡所有資產，文化中心因而宣告倒閉，儘管如此，還是有不少建築迷前來憑弔大師極富特色的建築外觀。直到2000年，這棟荒廢已久的建築，終於成為法國電影資料館的新家，**裡頭收藏了全世界的電影、影片和相關的文獻，堪稱全球最大的電影資料庫之一**，到此除了可以欣賞各個時期的電影之外，還不定期舉辦有關於電影的主題特展。

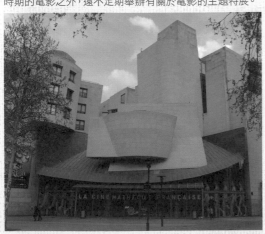

③ 貝西公園
Parc de Bercy

🚇搭地鐵14號線Cour St-Émilion站下，或搭地鐵6、14號線於Bercy站下，皆出站即達 📍Rue de Bercy Paris ⏰平日約08:00~20:30，假日約09:00~20:30，開放和關閉時間視季節調整

昔日因地理環境的優勢，這處位於塞納河岸的區域有利當時的船運，因此貝西公園前身是一座批發市場，以販售各類酒品為主。隨著其他交通事業的發展，這座市場逐漸遭到淘汰，於是在市政府的重新規畫下，這一片占地13.5公頃的土地，於1994年化身成為**由一座座弧形天橋串連而成的大型公園**，其中包含廣闊的草地、繽紛花圃環繞溫室的園藝花園，和一座環繞水塘的浪漫花園，是當地居民日常生活重要的活動綠地。

④ 貝西村
Bercy Village

🚇搭地鐵14號線於Cour St-Emilion站下，出站即達 📍Cour St-Emilion 75012 Paris ☎08 25 16 60 75 ⏰各店不一，約10:00~凌晨2:00 🌐www.bercyvillage.com

貝西購物村又稱聖艾蜜莉中庭，是過去**由酒倉改建而成的購物中心**，在鋪設整齊的石頭路上，散發著明亮的氣氛，石頭路兩邊不是商店就是餐廳。購物村兩邊林立著各色商店，包括廚具專賣店Alice Délice、地中海橄欖油專賣店Oliviers & Co，以及紅到台灣的麵包店Eric Kayser…走逛其中樂趣無窮。

> 多數餐廳都會把座位延伸到戶外，就這麼浩浩蕩蕩的一字排開，像極了舉辦嘉年華會的美食市集。

> 如果你想以合理的價格大啖牛排、漢堡等食物，Hippopotamus會是不錯的選擇！

Hippopotamus

📍貝西村10號(N° Boutique 10) ☎01 44 73 88 11 ⏰週日~週四11:00~23:30、週五~週六11:00~24:30 💰牛排€19.9起 🌐www.hippopotamus.fr

以「河馬」為名，這間**法國知名的連鎖牛排館，提供原始的碳烤美味**，它在法國各大城小鎮都能找到蹤跡，其中光是在巴黎就有將近30間分店，而這間位於貝西村中的分店，擁有寬敞的室內座位和舒適的露天座位，特別是天氣晴朗時，在戶外用餐更是令人心情愉快。

Data
起訖點_ Saint-Germain-en-Laye(A1),
Boissy-Saint-Léger(A2), Cergy-le-Haut
(A3), Marne-la-Vallée–Chessy (A4),
Poissy (A5)
通車年份_1969年
車站數_46個
總長度_108.5公里
起訖時間_約05:01~01:23(各起站不一)

RER A線
Ligne RER A

RER A線主要行駛巴黎市區東西向，共有5條分支，中間有一段路線和1號線重疊，遊客比較常用到的是La Défense - Grande Arche站、Charles de Gaulle – Étoile站及Gare de Lyon站。一般會搭乘RER A線主要是想前往巴黎迪士尼樂園和河谷Outlet購物村。

Val d'Europe站

Val d'Europe站開站於2001年，其全名是Serris – Montévrain – Val d'Europe，取名來自出口處旁的Centre Commercial Val d'Europe購物中心。附近還有一座Outlet購物村，不妨為自己特別安排一個購物日，好好盡情敗家。

河谷Outlet購物村
La Vallée Village Outlet
這座購物村雖然位於巴黎近郊，但交通十分方便，除了可以直接搭乘RER A線，也可以從巴黎市區乘坐購物村的接駁車。這裡集合了110個世界名牌，除Armani、Burberry、Givenchy等精品，還有Aigle、Calvin Klein、Diesel等平價品牌。

Stop by Stop零殘念精華路線推薦
達人帶你玩 RER A線

La Défense - Grande Arche站
1 凱旋門Arc de Triomphe
建議參觀時間：60分鐘
這裡是巴黎重大慶典遊行的起點，凱旋門上的雄偉雕刻是不能錯過的欣賞重點；你同時可以買票登上頂樓，眺望整個巴黎市區。(見P.38)

Gare de Lyon站
2 工藝創作街Viaduc des Arts
建議參觀時間：60~90分鐘
這塊屬於藝術家的天堂，創作範圍包羅萬象，手繪瓷器、藝術裱框、傳統表演服飾製作與租借、牆壁塗料、復古家具、布料設計、古畫修復…等其他地方罕見或逐漸消失的技術，全都在此匯聚一堂。(P.66)

Val d'Europe站
3 河谷Outlet購物村 La Vallée Village Outlet
建議參觀時間：3小時~半天
這座購物村集合了110個世界名牌，雖然是Outlet，但過季商品並不多，所以價格約在一般專櫃的8~9折，不過同日同店購物達€175以上，同樣可享退稅。(P.141)

La Défense - Grande Arche站

Charles de Gaulle – Étoile站

P.66

Gare de Lyon站

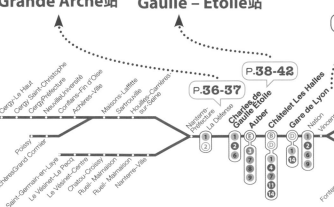

P.38-42
P.36-37
P.141

Cergy-Le Haut
Cergy Saint-Christophe
CergyPréfecture
NeuvilleUniversité
Conflans-Fin d'Oise
Achères-Ville
Maisons-Laffitte
Sartrouville
Houilles-Carrières-sur-Seine
Nanterre-Préfecture
La Défense
Charles de Gaulle Étoile
Auber
Châtelet Les Halles
Gare de Lyon
Nation
Vincennes
Val de Fontenay
Neuilly-Plaisance
Bry-sur-Marne
Noisy-le-Grand Mont d'Est
Noisy-Champs
Noisiel
Lognes
Torcy
Bussy-Saint-Georges
Val d'Europe
Marne-la-Vallée
Chessy

Poissy
AchèresGrand Cormier
Saint-Germain-en-Laye
Le Vésinet-Le Pecq
Le Vésinet-Centre
Chatou-Croissy
Rueil- Malmaison
Rueil- Malmaison
Nanterre-Ville
Fontenay-sous-Bois
Nogent-sur-Marne
Joinville-le-Pont
Saint-Maur-Créteil
Le Parc de St-Maur
Champigny
La VarenneChennevières
SucyBonneuil
Boissy-Saint-Léger

Parcs Disney

把世界名牌滿載而歸
Val d'Europe站

- L'Atelier
- L'Interprète
- Hôtel l'Élysée Val d'Europe
- Auchan超市
- Aparthôtel Adagio Paris Val d'Europe
- Val d'Europe 購物中心
- SEA LIFE 水族館
- Superdry極度乾燥
- Starbucks
- Guess
- ① 河谷Outlet購物村 La Vallée Village Outlet
- Val d'Europe RER

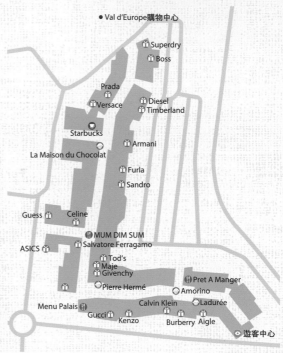

- Val d'Europe購物中心
- Superdry
- Boss
- Prada
- Versace
- Diesel
- Timberland
- Starbucks
- Armani
- La Maison du Chocolat
- Furla
- Sandro
- Guess
- Celine
- MUM DIM SUM
- Salvatore Ferragamo
- ASICS
- Tod's
- Maje
- Givenchy
- Pret A Manger
- Pierre Hermé
- Amorino
- Calvin Klein
- Ladurée
- Menu Palais
- Gucci
- Kenzo
- Burberry
- Aigle
- 遊客中心

這些名牌店以漆上不同顏色牆面的歐洲小木屋的店面比鄰而立，讓人像是走進了童話世界般愉悅興奮。

TRAVEL&STYLE

① 河谷Outlet購物村

La Vallée Village Outlet

比一般專櫃便宜的世界名牌，還可以退稅，血拚一族能不心動嗎？

購物天堂

🚌La Vallée Village Outlet提供每日兩班往來巴黎市中心和購物村之間的Shopping Exptress專車，半日來回全票€30、優待票€15、一日來回全票€25、優待票€20，需先上網預約。或搭RER A4線(往Marne-la-Vallée-Chessy-Parcs Disney方向)於Val d'Europe站下(如從Nation站上車，車程約30分鐘)，下車後循Centre Commercial Val d'Europe指標出站，出站後往右手邊方向走，步行穿越Centre Commercial Val d'Europe即達，步行約10分鐘，或搭乘RER站與購物村之間的穿梭巴士。 🏠3 Cours de la Garonne 77700 Serris ☎01 60 42 35 00 🕙10:00~20:00、週日 10:00~18:00 ⓧ5/1、12/25 🌐www.lavalleevillage.com

　這座購物村就位於巴黎近郊，**集合了110個世界名牌**，除Armani、Burberry、Givenchy、Salvatore Ferragamo、Tod's等精品外，還有Calvin Klein、Diesel、Furla、Kenzo、Sandro、Maje、Timberland…平價品牌。雖然是Outlet，但過季商品並不多，所以價格約在一般專櫃的8~9折，不過**同日同店購物達€175以上**，**同樣可享退稅**，此外如果遇上巴黎12~1和6~7月的折扣季，一樣會大打折，此時的價格就很讓人心動了。

Data
起訖點_Robinson(B2), Aéroport Charles de Gaulle 2-TGV(B3), Saint-Rémy-lès-Chevreuse(B4), Mitry-Claye(B5)
通車年份_1977年
車站數_47個
總長度_80公里
起訖時間_約04:47~01:22(各起站不一)

RER B線 Ligne RER B

RER B線上雖然僅有Luxembourg站附近的萬神殿、盧森堡花園和宮殿，是遊客可能的參訪地，但這條線更重要的意義是，它連接了戴高樂機場所在地的Aéroport Charles de Gaulle 1和Aéroport Charles de Gaulle 2-TGV兩站，換言之，只要想從機場搭RER進出市區的人，都會搭到這條線。

RER B線

Luxembourg站

　　RER B線上的Luxembourg站位於巴黎行政區第5區和第6區的交界處，從這裡前往盧森堡花園和宮殿雖然也可以搭地鐵Métro抵達，但因為出站後要走約10分鐘的路程，不如直接搭RER B線，出站即達；另外，從這一站出來也可以走到萬神殿。

萬神殿Panthéon
這裡是安置國家重要人物骨灰的萬神殿，法國的雄辯家米哈伯是首位安葬於此的名人，伏爾泰、盧騷、雨果、左拉等名人也都安息於此。

Cluny - La Sorbonne站

路線圖

Aéroport Charles de Gaulle
Mitry-Claye
Le Bourget
La Courneuve Aubervilliers
La Plaine Stade de France
La Chapelle ②
Poissonnière ⑦ ─ ⑤ Ⓓ Ⓔ Magenta
Gare du Nord
Les Halles ④
Ⓐ Ⓓ **Châtelet Les Halles**
Châtelet ① ④ ⑦ ⑪ ⑭
Ⓒ Ⓓ St-Michel Notre-Dame
St-Michel ④ ⑩ Cluny La Sorbonne
Luxembourg
[P.143] Port Royal [P.122-123]
④ ⑥ **Denfert Rochereau**
Cité Universitaire
Gentilly
Laplace
Arcueil-Cachan
Bagneux
Bourg-la-Reine
Robinson
Antony
Saint-Rémy-lès-Chevreuse
Orly Ouest ● Orly Sud
＊本圖省略部份停靠站

Stop by Stop零殘念精華路線推薦

達人帶你玩 RER B線

Luxembourg站
1 萬神殿Panthéon
建議參觀時間：60~90分鐘
這座仿羅馬萬神殿的建築同樣稱萬神殿，是安置法國歷代重要人物骨灰的地方，來這裡除了可以欣賞這座具羅馬建築風格的優美建築，也可以向這些名人致意，瞭解他們偉大的生平事蹟。(P.143)

Luxembourg站
2 盧森堡花園和宮殿 Jardin et Palais du Luxembourg
建議參觀時間：30~60分鐘
盧森堡宮殿和公園占地百頃，是休憩、漫步的好去處；宮殿建造靈感取自佛羅倫斯彼堤宮，現已部分改成博物館，內部展示文藝復興和現代藝術。(見P.143)

在名人的安息聖地追思緬懷
Luxembourg站

1 盧森堡花園和盧森堡宮
Jardin et Palais du Luxembourg

🚇搭地鐵12號線於Rennes站、4號線於Saint Sulpice站、4和10號線於Odéon站下或10號線於Mabillon站下，皆步行約8~10分鐘；或搭RER B線於Luxembourg站下，出站即達 📍19 Rue de Médicis-Rue de Vaugirard 75006 Paris ☎公園01 42 64 33 99、博物館01 40 13 62 00 🕐公園07:15(08:15)~14:45(21:30)、博物館10:30~19:00(週一至22:00) 🚫博物館5/1、12/25 💲公園免費；博物館全票€14、優待票€10 🌐www.museeduluxembourg.fr

　環繞著盧森堡宮的盧森堡公園，**占地百頃，裡頭除了芳草綠蔭之外，還有雕像、噴泉、露天咖啡座、網球場、音樂台，是巴黎人休憩、漫步的好去處。**園內的宮殿則是法國國王亨利四世(Henri Ⅳ)為出身義大利的皇后瑪麗·梅迪奇(Marie de Médicis)所建造的皇宮，為一解她的思鄉之情，建造靈感取自佛羅倫斯彼堤宮(Palais Pitti)。不過，法國大革命時盧森堡宮曾遭破壞，今日的面貌是重建後的成果，除了部份做為法國國會使用外，其餘改建成博物館，內部展示文藝復興和現代藝術，以及有關這位來自義大利皇后的紀念文物。

正面聳立著22根宏偉的科林斯式(Corinthian)柱，入口上方則裝飾著巴黎守護聖人聖潔維耶芙(Sainte Geneviève)為偉人戴上桂冠的浮雕。

2 萬神殿
Panthéon

🚇搭地鐵10號線於Cardinal Lemoine站下，步行約5分鐘；或搭RER B線於Luxembourg站下，步行約6~8分鐘 📍Place du Panthéon 75005 Paris ☎01 44 32 18 00 🕐10:00~18:00（地下室到17:30）、週日到16:00、12/24、12/31 10:00~17:00 💲全票€11.5 🌐www.pantheonparis.com

　1744年法王路易十五重病時許下承諾，只要病癒，便發願建座教堂，後來路易十五的病竟然奇蹟似的好轉，於是他將原已毀壞不堪的聖潔維耶芙修道院(Abbaye Sainte-Geneviève de Paris)重建成教堂，直到法國大革命時才重新命名，成為**安置國家重要人物骨灰的萬神殿**。法國的雄辯家米哈伯(H. Mirabeau)是首位安葬於此的名人，伏爾泰(Voltaire)、盧騷(Rousseau1)、雨果(Victor Hugo)、左拉(Émile Zola)等名人也都安息於萬神廟的地下墓室中。

Data

起訖點_Pontoise(C1), Massy-Palaiseau(C2), Dourdan-la-Forêt(C4), Versailles-Château-Rive-Gauche(C5), Saint-Martin d' Étampes(C6), Saint-Quentin-en-Yvelines(C7), Versailles-Chantiers(C8)
通車年份_1979年
車站數_84個
總長度_185.6公里
起訖時間_約05:30~01:15(各起站不一)

RER C線
Ligne RER C

RER C線主要串連巴黎市區和郊區的西北段至西南段,在市區內的3個大站——**Champs de Mars Tour Eiffel**、**Musée d'Orsay**和**Pont de l'Alma**下,則分別可以前往艾菲爾鐵塔、奧塞美術館和布萊利碼頭藝術博物館,尤其是前兩者,是來到巴黎一定要造訪的地標,搭RER C線比搭其他地鐵Métro來得快又方便。搭到C5終點站**Versailles-Château-Rive-Gauche**則可前往凡爾賽宮。

Versailles-Château-Rive-Gauche站

原為RER C5線終點站的Versailles-Rive Gauche站於2012年更名為Versailles-Château-Rive-Gauche站,原因是這裡是通往知名的凡爾賽宮(Château de Versailles)最近的車站,更名後,外來遊客就更容易尋找到。

凡爾賽宮
Château de Versailles
1677年,路易十四宣告朝廷和政府機構轉移到凡爾賽宮,自此浩大的建設工程便全面展開,成為法國史上最豪華的宮殿城堡。

Pont de l'Alma站

原本是RER C線上一條較為冷清的車站,在鄰近的布萊利碼頭藝術博物館於2006年開幕後,也成為觀光客前往朝聖的重要交通出入口。此站亦有走道連接地鐵線9號線的Alma Marceau站。

布萊利碼頭藝術博物館Musée du Quai Branly
這座碼頭藝術博物館以近30萬件來自非西方國家的藝術產物,在動線流暢的主展場,以地區分門別類展示,種類涵括了雕刻、面具、生活器具、宗教祭器、樂器⋯⋯各種過去生活在這些土地上的原始文物,館藏相當豐富;而除了靜藏展覽,也有影音導覽、舞蹈、戲劇和音樂表演等。

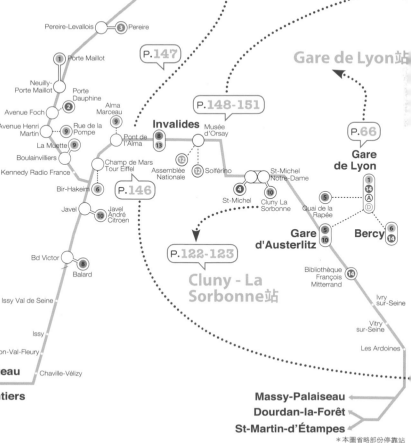

RER C線

Pontoise

Les-Grésillons

Saint-Ouen

⑬ Porte de Clichy

Pereire-Levallois — ③ Pereire

① Porte Maillot

Neuilly-Porte Maillot

Porte Dauphine

② Avenue Foch

Alma Marceau

Avenue Henri Martin — ⑨ Rue de la Pompe

La Muette ⑨

Boulainvilliers

Kennedy Radio France

⑨ Pont de l'Alma

Champ de Mars Tour Eiffel

Bir-Hakeim ⑥

Javel

Javel André Citroën ⑩

Bd Victor — ⑧ Balard

Issy Val de Seine

Issy

Meudon-Val-Fleury

Chaville-Vélizy

P.147

P.148-151

P.146

Invalides ⑧⑬ Musée d'Orsay

⑫ Assemblée Nationale

⑫ Solférino

④ St-Michel Notre-Dame

St-Michel Cluny La Sorbonne

Gare de Lyon站

Gare de Lyon ①⑭(A)(D)

P.66

⑤ Quai de la Rapée

⑤⑩ **Gare d'Austerlitz**

Bercy ⑥⑭

⑭ Bibliothèque François Mitterrand

Ivry sur-Seine

Vitry sur-Seine

Les Ardoines

P.122-123

Cluny - La Sorbonne站

↑ Versailles–Château

P.152-157

Versailles-Chantiers

Massy-Palaiseau
Dourdan-la-Forêt
St-Martin-d'Étampes

*本圖省略部份停靠站

Musée d'Orsay站

RER C線上的Musée d'Orsay站是所有造訪巴黎的人,不會錯過的重要車站,因為奧塞美術館(Musée d'Orsay)就位於出口處,從這裡進出比搭任何地鐵Métro還來得方便,而車站的名稱也與奧塞美術館同名。

奧塞美術館Musée d'Orsay
依傍塞納河的奧塞美術館是欣賞19、20世紀印象派畫作的好去處,它不但收藏豐富珍貴,古典主義藝術風格的建築物本身也頗有看頭,明亮的玻璃屋頂,更讓人在自然光線下欣賞藝術作品。

Champs de Mars - Tour Eiffel站

自RER C線的Champs de Mars - Tour Eiffel站於1988年開始營運後,讓人有比Métro更快的方式前往艾菲爾鐵塔。從這裡另外有走道連接地鐵6號線的Bir Hakeim站。

艾菲爾鐵塔Tour Eiffel
為萬國博覽會而興建的艾菲爾鐵塔,兼具實用與美感考量;鐵塔共分3層,開放時間和票價隨遊客目的樓層,和坐電梯或爬樓梯而有不同。建議在黃昏前往,可同時欣賞白天與夜晚不同景色,特別是往燈火通明的凱旋門方向,美的令人目光不忍稍移。

Champs de Mars · Tour Eiffel站
1 艾菲爾鐵塔Tour Eiffel
建議參觀時間:120分鐘
要體會巴黎的浪漫風情,最好的方法之一,就是登上艾菲爾鐵塔。鐵塔共分3層,隨遊客目的的樓層不同,收費也不同。(P.146)

Musée d'Orsay站
3 奧塞美術館Musée d'Orsay
建議參觀時間:3小時~1天
喜愛印象派的畫迷不能錯過的美術館,莫內、梵谷、雷諾瓦、馬內、竇加等最重要的大師,最經典的作品都在這裡了。(P.148~151)

Pont de l'Alma站
2 布萊利碼頭藝術博物館
Musée du Quai Branly
建議參觀時間:90~120分鐘
一面爬滿藤蔓蕨類的綠色圍牆、足以映射週邊塞納河和艾菲爾鐵塔風光的玻璃帷幕建築、綠意盎然的花園造景,再加上近30萬件來自非西方國家的原住民藝術產物,讓布萊利碼頭藝術博物館一開幕就造成轟動,你豈能不也來一探究竟!(P.147)

Versailles-Château站
4 凡爾賽宮
Château de Versailles
建議參觀時間:2~4小時
以奢華著稱的路易十四因凡爾賽宮名留千古,這座法國史上最豪華的宮殿城堡,擁有側翼、馬廄、花園等龐大附屬建築和腹地的「宮廷」,整座宮殿只能以金碧輝煌來形容。(P.152~157)

RER C線

站在世界地標放眼大巴黎

Champs de Mars - Tour Eiffel站

白天視野佳時，可遠眺72公里遠處！

巴黎最知名的地標，以防範強風吹襲的對稱鋼筋設計著稱。

❶ 艾菲爾鐵塔

Tour Eiffel

地標景點

🚇搭地鐵6號線於Bir-Hakeim站下，或搭地鐵6、9號線於Trocadéro站下，或搭地鐵8號線於École Militaire站下，搭RER C線於Champs de Mars-Tour Eiffel站下，皆步行約6~12分鐘 ☎0892 70 12 39 ⏰09:15~22:45、鐵塔關閉時間 23:45、樓梯 09:30~22:45、電梯 09:30~23:00，開放時間會變更，請上網查詢最新資訊 💰電梯至第2層(2ème étage)全票€18.1、優待票€4.5~9，頂層(Sommet)全票€28.3、優待票€7.1~14.1；樓梯至第2層(2ème étage)全票€11.3、優待票€2.8~5.6，樓梯至第2層(2ème étage)加上電梯至頂層(Sommet) €21.5、優待票€5.4~10.7。4歲以下免費 🌐www.toureiffel.paris/cn

為萬國博覽會而建的艾菲爾鐵塔**高320公尺，自1887年到1931年紐約帝國大廈落成前，保持了45年世界最高建築物的地位**。艾菲爾鐵塔共分3層，第2層可以爬樓梯或搭電梯的方式抵達，這裡的高度還不算太高，可以清楚辨識出巴黎的其他主要地標物。頂層只能搭乘電梯前往，如果打算繼續「攻頂」，最好在抵達2層時就先加入排隊等電梯的隊伍，一邊排隊一邊欣賞風景以節省時間，畢竟旺季時排上1~2個小時的隊伍稀鬆平常。在抵達274公尺高的頂層後，就可以慢慢欣賞巴黎的景物了。不過最好的觀賞時機當然是趕在黃昏前爬上鐵塔，可同時欣賞白天與夜晚時截然不同的景色！

原住民藝術原味再現

Pont de l'Alma站

綠意蔥蔥的植生牆是博物館的招牌，結合了環保與現代化的時尚設計。

② 布萊利碼頭藝術博物館
Musée du Quai Branly

🚇搭地鐵9號線於Alma-Marceauc站下，步行約8分鐘；或搭RER C線於Pont de l'Alma站下，步行約3分鐘 🏠37 Quai Branly 75007 Paris ☎01 56 61 70 00 ⏰週二～週日10:30～19:00，週四10:30～22:00 🚫週一 💰永久展和特展套票全票€12、優待票€9 🌐www.quaibranly.fr

坐落於塞納河畔的布萊利碼頭藝術博物館，占地約4萬平方公尺，落成於2006年，**館藏以非洲、美洲、大洋洲和亞洲原住民藝術為主，風格迥異於西方國家常見的文物收藏**，因此，它的開幕讓巴黎人眼睛為之一亮，迅速成為熱門新景點。事實上，這座博物館也被視為前法國總統席哈克(Jacques René Chirac)任內的重要政績之一。

布萊利碼頭藝術博物館光是外觀就能引起新話題，法國建築師Jean Nouvel以充滿現代感的設計賦予它獨特的面貌，包括一面爬滿藤蔓蕨類的植生牆、足以映射周邊塞納河和艾菲爾鐵塔風光的玻璃幃幕建築、綠意盎然的花園造景…結合環保與現代化的時尚設計，和內部的原始藝術典藏產生強烈的對比，一時間掀起一股仿傚風潮。

在這裡，近30萬件來自非西方國家的藝術產物，在動線流暢的主展場，以地區分門別類展示，種類涵括了雕刻、面具、生活器具、宗教祭器、樂器…而除了靜藏展覽，也有影音導覽、舞蹈、戲劇和音樂表演等，讓遊客能以更生動活潑的方式，了解這些原住民精采的藝術文化遺產。

各種過去生活在這些土地上的原始文物，一一重現於世人眼前，充滿質樸的趣味。

舊火車站裡的印象派全覽

Musée d'Orsay站

> 美術館的屋頂採用玻璃,讓人可在自然光線下欣賞藝術作品。

1 奧塞美術館

Musée d'Orsay

> 奧塞美術館不但收藏珍貴,古典主義藝術風格的建築物本身也是頗有看頭。

🚇搭地鐵12號線於Solférino站下,步行約6~8分鐘;或搭RER C線於Musée d'Orsay站下,出站即達 🏠Esplanade Valery Giscard d'Estaing 75007 Paris ☎01 40 49 48 14 🕐9:30~18:00(週四至21:45)、週日09:30~17:00 🚫週一 💶全票€16、優惠票€13、夜晚票(週四18:00~21:45) €12,每月第一個週日和18歲以下免費 🌐www.musee-orsay.fr

美術聖地

依傍塞納河的奧塞美術館是欣賞19、20世紀印象派畫作的好去處,前身為火車站,為了不破壞塞納河沿岸景觀,歐雷翁(Orléans)鐵路公司特別邀請Laloux等3位著名建築師設計,使其景觀能與對岸的羅浮宮及協和廣場相互呼應。

館藏作品來自羅浮宮與印象派美術館,範圍橫跨1848~1914年間的多種畫作,包括以德拉克洛瓦(Eugène Delacroix)為首的浪漫派(Romamticism),安格爾(Jean-Auguster-Dominique Ingres)的新古典主義(Neoclassicism),米勒(Jean-François Millet)、盧梭(Pierre Étienne Théodore Rousseau)的巴比松自然主義(Barbizon, Naturalism),庫爾貝(Gustave Courbet)的寫實主義(Realism),一直到描繪感覺、光線、倒影的印象派(Impressionnist)。

印象派小百科

光鮮的巴黎、時尚的巴黎、美食的巴黎…每個人都可以找到他自己關於巴黎的答案,但對於一群昔日的印象派畫家們來說,巴黎代表的是自由、隨興,更是他們追尋自我藝術實現的天堂。

「印象派」或稱之為「印象主義」(Impressionnisme),這字眼起源於1874年的第一屆印象派畫展,當時的官方沙龍排擠不受歡迎的畫家及畫作,莫內和雷諾瓦等人又不願意參加「沙龍落選展」,於是決定聯合舉行畫展,莫內在這次畫展中展出《印象・日出》(Impression, Soleil Levant),引起了可想而知的嘲諷輿論,到了1920年,「印象主義」甚至成為畫界評嘲諷這一群反動畫家的代名詞。

印象派畫家大致分為前後期,初期代表者有莫內、雷諾瓦、竇加,後期代表者則如塞尚、梵谷、高更等人。他們有的熱中於追逐光影,有的則沈醉於美好事物,但他們的共同點,也是印象派畫作的特色,就是注重光線色彩、忽視物體的具體形象。

在畫作的主題方面,他們也不再限於討好貴族富貴,而是從描繪自然風景畫,延伸到真實生活裡的所見所聞,也因此充滿歡樂、隨興氣氛,街邊林立各種酒館、餐廳,還有各種舞者、女侍做為他們的模特兒的巴黎右岸,就成了印象派畫家們的集散地。

他們的終其一生都在巴黎及近郊追求美感的人生,有的則選擇短暫停留,但巴黎卻也確因為他們的出現,增添了更多的色彩和故事。

奧塞美術館1樓Rez-de-Chaussurée

大廳中央展出雕塑作品，里爾廳(Galerie Lille) 以1850年代的德拉克洛瓦和安格爾等人以及寶加早期的作品為主。這裡也有土魯斯-羅特列克(Toulouse-Lautrec)的展覽廳。而塞納廳(Galerie Seine)則展示以米勒為首的巴比松派、庫爾貝的名畫以及馬內(Edouard Manet)等人的作品。

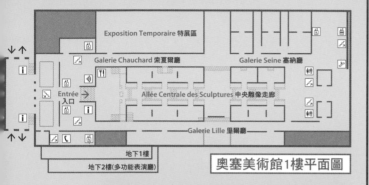

奧塞美術館1樓平面圖

怎麼沒有我想看要看的畫作或藝術品？

奧塞美術館的館藏非常豐富，展出的畫作或藝術品會不時調整，所以以前看到的作品這次未必也看得到。因此建議前往美術館之前，先上網查詢想要看的作品是否展出中喔！

利用美術館網站上的檢索功能查詢你想要看的作品，作品的介紹頁右上角會顯示展示地點。如果該欄位是空白的話，表示目前未展出。

舊火車站建築
奧塞美術館的主要館藏鎖定於1848~1914年間的藝術作品，展出內容從立體的雕塑作品、平面性的繪畫，以及當時社會中不同風貌的設計精品。而美術館原本的舊火車站，可以從電影《審判》(The Trial，美國，1962) 中，一睹未經改建前的舊火車站風采。

馬內的《奧林匹亞》(Olympia)
在此區的陳列作品中，也可追溯沿古典的浪漫主義畫派過渡到新畫派的演進，當中首推馬內1863年時的作品《奧林匹亞》。

米勒的《拾穗》(Des Glaneuses)
《拾穗》是19世紀法國大畫家米勒的作品，完成於1857年，在落日餘暉中，三位農婦彎著腰，揀拾收割後的殘穗，光線柔和，氛圍溫暖，展現樸實農家生活的一面。

奧塞美術館6樓 5 Étage

6樓則集印象派之大成，包括新、後印象派(Neo et Post-Impressionnist)的畫作，梵谷、高更、馬內、竇加、雷諾瓦、莫內等大師都在這裡。

梵谷《隆河上的星夜》(La nuit étoilée)
這是梵谷的代表作之一，他用豐富的層次表現出星空的迷人，獨特的筆觸賦予了滿天的星星生命力，卻也流露出他內心的孤獨。

梵谷的《自畫像》
(Portrait de l'Artiste)
自從去年底重整開放後，奧塞將館內所有的印象派作品再度分門別類，在此樓層新、後印象派畫作，其中最引人注目的包括這幅梵谷約創作於1890年的《自畫像》，以及同為後印象派大師高更的1891年的作品《大溪地女子》(Femmes de Tahiti)。

馬內的《草地上的午餐》
(Le Déjeuner sur l'Herbe)
這幅馬內創作於1865~1866年間的《草地上的午餐》，構圖來自一張拉斐爾的版畫，它在藝術史中占有極為重要的地位，說明了畫家所具有的自由宣言：畫家有權為了美感的效果，而在畫中選擇他所認定的標準及喜好來自由作畫，這樣的態度即是往後「為藝術而藝術」主張的由來。

高更《大溪地女人》
(Femmes de Tahiti)
這幅是保羅・高更(Paul Gauguin)，在1891年初次來到大溪地，描繪兩位坐在沙灘上的當地女子。
當時，他正為自己的財務問題感到困擾，但是來到這個原始島嶼，他被單純的氣息所感染，意外獲得了人生的平靜與快樂；而這種心情也投射在他的畫作上，高更將他著迷於大溪地女子身上黝黑健康的膚色，與純樸慵懶的野性美，直接表現於作品上。

雷諾瓦的《煎餅磨坊的舞會》(Bal du Moulin de la Galette)

法國印象派大師雷諾瓦的第一個群像傑作，就是這幅《煎餅磨坊的舞會》，創作於1876年，在此之前，他都是以簡單的人物為主題。在這幅作品中，雷諾瓦靈活運用光線和色彩，生動活潑表現了巴黎人快樂幸福的生活面貌。

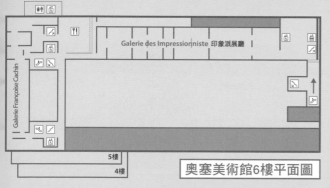

卡勒波特的《刨地板的工人》(Raboteurs de Parquet)

1875年由卡勒波特(Caillebotte Gustave)參考相片畫成的《刨地板的工人》，是印象派中最接近寫實主義的作品，工人的雙手和刨出的曲線使畫面充滿活力和臨場感。這幅畫栩栩如生的程度猶如相片，是照相寫真的先驅。

寶加的《舞蹈課》(La Classe de Danse)

寶加最為人所熟知的作品便是芭蕾舞者，他以一系列優美線條、動人表情描繪出正在練習、上台演出，以及接受獻花鞠躬中的舞者，將舞者的身段完美呈現，這張完成於1873~1876年間的《舞蹈課》，屬於該系列題材的知名作品之一。

雷諾瓦《彈鋼琴的少女》(Jeunes filles au piano)

透過兩個少女描繪出中產階級生活的美好氛圍，讓人怡然神往。背景用色豐富，但各自互補，形成和諧的視覺感受，是雷諾瓦晚年的特色。

奧塞美術館6樓平面圖

Galerie des Impressionniste 印象派展廳

Galerie Françoise Cachin

5樓
4樓

法國最壯觀的宮殿

Versailles-Château-Rive-Gauche站

① 凡爾賽宮

Château de Versailles

🚇搭RER C線於C5終點站Versailles-Château-Rive-Gauche站下，步行約5~10分鐘可達 🏠Place d'Armes, Paris 78000 Versailles ☎01 30 83 78 00 🌐 www.chateauversailles.fr

擁有3座宮殿和1個大花園的超華麗宮殿。

地標景點

Versailles-Rive-Droite 火車站
Boulevard de la Reine
Rue de la Paroisse
Rue Carnot
凡爾賽宮
Château de Versailles ①
Avenue Nepveu Nord
Avenue de Saint-Cloud
Avenue de l'Europe
Avenue Nepveu Sud
Avenue de Paris
Route de Saint-Cyr
RER C線
Versailles-Château

　這是**法國有史以來最壯觀的宮殿**，早在路易十三(Louis XIII)時期還只是座擁有花園的狩獵小屋，直到路易十四(Louis XIV)繼位，他有意將政治中心移轉至此，遂展開擴建計畫，耗費50年才打造完工，其規模包括宮殿(Le Château)、花園(Jardins de Versailles)、特里亞農宮(Les châteaux de Trianon)、瑪麗安東奈特宮(Le Domaine de Marie-Antoinette)和大馬廄(La Grande Ecurie)等，建築面積比原來增加了5倍。

　隨著路易十四的去世，這種宮廷般的大肆排場與崇尚君主權力的生活，在路易十五(Louis V)和路易十六(Louis XVI)掌政期間並未改變，王公貴族們依然奢靡無度，日夜縱情於音樂美酒的享樂中。沒想到卻引發法國大革命，路易十六被送上斷頭台，凡爾賽宮人去樓空，直到路易菲利浦(Louis-Philippe)與各黨派協商之後，1837年，將凡爾賽宮改為歷史博物館。**在這裡，看到的不僅是一座18世紀的宮殿藝術傑作，同時也看到了法國歷史的軌跡。**

凡爾賽花園Jardin de Versailles

🕐 8:00~18:00，時有更動，請上網確認 ⑤ 免費；噴泉表演€12、優待票€8，音樂花園全票€10、優待票€7.5

花園是拜訪凡爾賽宮的重點之一，這裡包含了噴泉、池塘、林道、花床、運河等，其中光是噴泉就有32個，要慢慢欣賞這偌大的花園得花上至少半天的時間。天氣晴朗的日子裡，漫步在法式花園中是件極為享受的事情，尤其是碰到難得的噴泉表演，此時宮廷音樂在耳邊響起時，真的有置身在18世紀的凡爾賽宮的感覺！

正殿的花園僅能徒步，所以穿著輕便的鞋子是必要的，視個人時間許可選擇最壯觀的幾座噴泉參觀即可。穿過正殿花園抵達運河區時，可在這裡從事多種活動，像是租船遊運河或是租腳踏車在附近的林區遊玩；此外，這裡也有販賣輕食的小攤和餐廳供旅客享用午餐或下午茶，或是自己攜帶三明治或麵包，在運河區的草坪上愉快用餐。至於在特里亞農宮的花園，就得看是不是有時間參觀瑪麗安東奈特宮來決定了。

凡爾賽花園

① 水壇 / ② 拉朵娜池 / ③ 海神池（地圖標示）

① 水壇 Le Parterre d'Eau

凡爾賽宮正殿前方的兩座水壇，歷經多次修改後於1685年定形，每座池塘設有四尊象徵法國主要河流的臥式雕像。水壇的整體結構還包含了「猛獸之戰」兩個噴泉，它們位於通往拉朵娜噴泉大台階的兩側。

② 拉朵娜池 Le Bassin de Latone

拉朵娜池的靈感來自奧維德（Ovid）名作《變形》（Metamorphoses），展現阿波羅和狄黛娜之母的神話傳說。拉朵娜池最初是拉朵娜與她的孩子雕像站在岩石上，四周是6隻半身露出水面的青蛙，另外24隻青蛙則分布於拉朵娜池外的草坪上。但是在1689年時這裡做了些許的修改，建築師用同心大理石底座取代了岩石，拉朵娜及其子女置於最高層；前方的兩個雷札爾德池形成的花壇是拉朵娜池的延伸體。

©Fred Romero

③ 海神池 Le Bassin de Neptune

海神池興建於1679~1681年間，也稱為「龍腳下」的池塘或「冷杉池」。1740年時，海神池右臂加上了裝飾雕塑，這3組雕像分別為出自亞當的《海神和昂菲特利埃》、布夏東的《普柔迪》和勒穆瓦納的《海洋之帝》。

池中駕馭馬車的阿波羅，是蒂比根據勒布倫的繪畫雕製而成。

④阿波羅池 Le Bassin d'Apollon
自1636年的路易十三時期起，這裡就有一個名為天鵝池的池子，路易十四將它加寬並配上豪華的鍍金鉛製雕像組。阿波羅池的前方是大水渠，其建造時間長達11年之久，這裡曾經舉辦過多場水上活動。

⑤舞廳 Le Bosquet de la Salle de Bal
這個勒諾爾特興建於1680~1683年之間的舞廳也稱為洛可可式庭園，其假山砂石和貝殼裝飾全由非洲馬達加斯加運來。涓涓的流水順著階梯流下，昔日音樂家在瀑布上方表演，觀眾就坐在對面的草坪階梯欣賞。

⑥柱廊 La Colonnade
柱廊自1658年便開始修建，取代了1679年的泉之林。列柱廊的直徑為32公尺，64根大理石立柱雙雙成對，支撐著拱廊和白色大理石的上楣，上楣的上方則有32只花瓶，拱廊之間三角楣上的浮雕代表著玩耍的兒童，弓形拱石上雕飾著美女和水神人頭像。

⑦圓頂林園
Le Bassin d'Encelade
圓頂林園自1675年來歷經了幾次的修改，因此不同的裝飾皆有不同的名稱。在1677年到1678年時，由於池塘中心安置著吹號噴泉的信息女神雕像，當時稱為信息女神林園；到了1684~1704年時，一組阿波羅洗浴的雕像又使它成為阿波羅浴園。現今圓頂林園的名稱是始自1677年擺放了兩個白色大理石圓頂的亭子，雖然這些建築物已在1820年時被摧毀。

現在的大運河有提供貢多拉出租，可以划著小船體驗當時貴族的閒情逸致。

⑧大運河
Le Grand Canal
大運河建於1668年至1671年之間，長度為1500公尺，寬度為62尺，做為舉行水上慶典或活動的場地，平時也供貴族們划船享樂。此外大運河地勢較低，整個凡爾賽花園內的排水都會導至大運河。

特里亞農宮和瑪麗安東奈特宮
Les châteaux de Trianon et le Domaine de Marie-Antoinette

這裡最值得令人稱讚的是面對花園的列柱廊，這是由建築師羅貝爾・德・科特的設計，也曾得到路易十四的讚許。

從凡爾賽的正殿步行到特里亞農宮和瑪麗安東奈特宮需20多分鐘，碰上天氣晴朗的日子裡，漫步在偌大的公園林區中，是段愉快的路程。
特里亞農宮過去是宮廷舉辦音樂會、慶典節日或品嘗糕點的場所，同時也是路易十四與宮廷夫人約會的私人宮殿。瑪麗安東奈特宮則是瑪麗・安東奈特路易十六妻子的離宮，她生前最喜歡這裡，在此也留下不少文物。

🚶 從凡爾賽宮步行約20~30分鐘；或搭小火車前往，車資全票€8.5、優待票€6.8 ⏰ 週二~週日12:00~17:30(售票至16:50)，時有更動，請上網確認 休 週一、1/1、5/1、12/25
💲 全票€12、優待票€8

⑨特里亞農宮 Les châteaux de Trianon

特里亞農宮建於1670年，是由路易十四指派建築師勒沃在特里亞農村莊上建一座「陶瓷特里亞農宮」，其牆壁上全鋪著藍白色的彩釉瓷磚，不過在1687年時被摧毀，第二年由朱爾另建一座取代，即是今日所見的特里亞農宮。這裡是宮廷舉辦節慶、音樂會的場所，也是路易十四與夫人約會的秘密花園，雖然不及正殿的華麗，但宮內有皇帝、皇后的臥室鏡廳、貴人廳、孔雀石廳、高戴樂廊、花園廳、列柱廊、禮拜堂等房間，外圍也有個很大的花園，種植了各式各樣的花草。

皇后莊園(Maison de la Reine)的外觀和平民百姓住的農舍無異。

©Jean-François Gornet

瑪麗皇后很喜歡演戲扮演劇中的角色，因此在1778年又增建了一座劇院。

⑩瑪麗安東奈特宮
Le Domaine de Marie-Antoinette

原稱小特里亞農宮(Petit Trianon)的瑪麗安東奈特宮建於1762~1768年間，是供路易十五和德・蓬帕杜夫人使用的行宮。在1768年增建了植物園、動物園和法式閣樓。到了1774年時，路易十六在執政的第一年把這座宮殿送給了他的妻子瑪麗・安東奈特(Marie Antoinette)，並想藉此遠離宮廷享有寧靜的生活。瑪麗安東奈特宮因此成了她的最愛，同時在也留下了許多皇后的遺跡，在她居住在此期間，將部分的花園改建成英式花園並增建了一個農莊，裡面有大、小型餐廳、聚會沙龍、接待室等10棟建築，但參觀的重點仍在周遭的花園及劇院等建築。

Satoshi Nakagawa

RER
C 線

Champs de Mars
Tour Eiffel

Pont de l'Alma

Musée d'Orsay

Versailles–Château

凡爾賽城堡Château de Versailles

城堡是凡爾賽宮的參觀重點，前方大廣場經常大排長龍，來自各地的遊客等著參觀這座法國最有名的皇宮。延伸於石頭廣場後方的宏偉建築即是城堡，由下往上觀望，讓人更增添幾分崇敬，至於裝飾於大門的路易十四太陽神標誌，則象徵他的偉大功績。

◆ 週二～週日9:00~17:30(售票至16:50) ，時有更動，請上網確認
⊘ 週一、1/1、5/1、12/25 ⑤ 全票€19.5、優待票€14.5，與特里亞農宮和瑪麗安東奈特宮通行證(Passport)不含噴泉表演及音樂花園票價£21.5、含噴泉表演及音樂花園票價£28.5

凡爾賽宮城堡

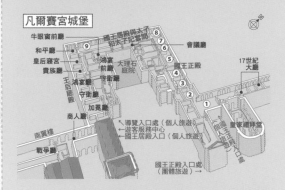

牛眼窗前廳
和平廳
皇后寢宮
貴族廳
王后居間廳
商人廳
南翼樓
戰爭廳
國王寢殿與太子和太子妃寢室
會議廳
國王正殿
17世紀大廳
鴻宴前廳
大理石庭院
守衛廳
鴻宴廳
加冕廳
皇家禮拜堂
導覽入口處（個人旅遊）
遊客服務中心
國王居殿入口（個人旅遊）
國王正殿入口處（團體旅遊）→

> 禮拜堂上層為國王和皇室專用，下層歸公眾和官員使用。

皇家禮拜堂La Chapelle Royale

皇家禮拜堂在路易十四去世前5年、落成於1710年，是凡爾賽宮中的第5座禮拜堂，也是唯一以獨立結構方式興建的禮拜堂。彌撒是宮廷日常生活中的一個重要環節，在1710~1789年之間，禮拜堂還舉辦了一些皇家子女的洗禮和婚禮。

國王正殿Le Grands Appartement du Roi

國王正殿是國王處理朝廷大事和政績的地方，同時也是國王召見大臣的場所，特別是每週一、三、四舉辦正殿晚會的地點。這裡有和平、維納斯、阿波羅等共9座廳房，其精緻的壁畫與華麗的擺飾十分氣派。

①海格立斯廳Le Salon d'Hercule

這間獻給希臘神話中英雄人物海格立斯神的廳堂，位於1樓東北角，為連接國王正殿中路和皇家禮拜堂的大廳，以大量的大理石和精美的銅雕為裝飾。其實在皇家禮拜堂尚未建成時，這裡就做為禮拜堂之用，到了1710年禮拜堂峻工後，才成為國王接待賓客官員的場所。

②豐饒廳 Salon de l'Abondance

打開海格立斯廳西面的一扇大門，就來到富饒廳，它主要用來陳列路易十四的珍貴收藏，包括許多徽章及藝術品，當時已有部份藏品放置於櫃子中。目前這些珍藏已移至羅浮宮展覽，只留下幾只現在看來仍舊精緻的漂亮櫃子。

③維納斯廳 Le Salon de Vénus

又稱為金星廳的維納斯廳，壯觀的大理石柱和富華堂皇的裝飾，立刻讓人感受它的非凡氣勢。特別是位於西側牆面上那幅虛構遠景圖，栩栩如生的廊柱和宮殿，讓整個廳房產生更深更長的錯覺，此畫出自法國藝術大師Jacques Rousseau之手，大廳內的希臘神話人物雕像Méléagre和Atalante，也是他的作品。維納斯廳在過去是皇家享用點心的廳房。

④黛安娜廳 Le Salon de Diane

亦稱月神廳，在路易十四時期，當正殿舉行晚會時，這裡就會改成台球室，路易十四在中央的台球桌上大展身手，后妃臣子就圍在旁邊觀賞助興。天花板上的壁畫《主宰狩獵和航海的黛安娜之神》是出自Gabriel Blanchard之手，面對窗戶的是路易十四27歲時的半身塑像。

⑤戰神廳 Le Salon de Mars

原是守衛房間的它又稱火星廳，到了1684年之後，才改為正殿舉辦晚會時的音樂廳，廳內鍍金的浮雕壁畫、華麗的水晶燭燈…將戰神廳裝飾得金碧輝煌，站在這裡，也不難想像當時路易十四與眾臣同樂的情景。大廳側牆掛著的兩幅肖像分別是路易十五及其夫人瑪麗‧勒捷斯卡(Maria Leszczyńska)。

⑥墨利丘廳 Le Salon de Mercure

亦稱水星廳，過去因曾用來展示國王華麗高貴的大床，而又稱為御床廳，只是這張大床在法國大革命時被送進熔爐做為償債之用，現在墨利丘廳中的床，是路易‧菲利浦時期重新放置的。大廳天花板的壁畫出自Jean-Baptiste de Champaigne之手，描繪《坐在雙公雞拉著的戰車上的墨丘利》(Mercure Sur Son Char Tiré par Deux Coqs)，廳內同樣高掛著路易十五和夫人的肖像。1715年路易十四過世時，其遺體便是停放在墨利丘廳。

⑦阿波羅廳 Le Salon d'Apollo

這個國王的御座廳又稱為太陽神廳，是國王平時召見內臣或外賓的地方，所以不論排場或裝潢，都顯得特別尊貴奢華。只是這班昔日場景已不復見，紅色波斯地毯高台上的國王寶座，是後來放置的替代品。大廳天花板的壁畫出自Lafosse之手，以圓形鍍金浮雕環繞的油畫中，清楚看到阿波羅坐在由飛馬駕馭的座車上，四周眾神簇擁環伺。

⑧戰爭廳 Le Salon de la Guerre

這間由大理石、鍍金浮雕和油畫裝飾而成的廳房，從1679年由Jules Hardouin Mansart開始打造，主要獻給羅馬女戰神Bellona，稱之戰爭廳。牆上有幅橢圓形的路易十四騎馬戰敵浮雕像，出自路易十四御用雕刻家Coysevox Antoine之手，天花板上是勒布朗的作品，描繪法國軍隊征戰勝利、凱旋而歸。由此可通往鏡廳。

⑨鏡廳 La Galerie des Glaces

國王正殿中最令人驚豔的莫過於鏡廳，鏡廳是連接國王正殿、國王居殿和王后居殿的一個廳堂，其長76公尺、高13公尺、寬10.5公尺，一側是以17扇窗組成的玻璃落地窗牆，由於面向凡爾賽花園，可將戶外風光盡收眼底；一面則是由17面400多塊鏡子組成的鏡牆，反射著鏡廳內精緻的鍍金雕像、大理石柱、水晶燈和壁畫，讓這裡永遠閃耀著華麗風采。

王后居殿 Le Grand Appartement de la Reine

加冕廳是因1804年時拿破崙一世和約瑟芬的加冕圖(Le Sacre de Napoléon)而得名，如今正品收藏在羅浮宮中。

王后居殿與國王正殿形成相對的結構，18世紀時屢次修改其裝飾。與國王相反，王后只在王后寢宮中支配所有的事情，白天她可在此接見朋友，夜晚這裡則是她與國王共度良宵的地方，此外這裡也是末代皇后瑪麗‧安東奈特(Marie Antoinette)在凡爾賽宮度過最後一夜之處。除了皇后寢宮(La Chambre de la Reine)之外，這裡還有貴族廳(Le Salon des Nobles)、鴻宴廳(L'Antichambre du Grand Couvert)、加冕廳(Salle du Sacre)等。

在太子和太子妃的起居室中，許多國王的近親皆在此居住過，目前仍保持著18世紀的樣子，路易十四與路易十五之子皆在此居住過。

國王居殿與太子和太子妃套間 L'Appartement du Louis XIV et les Appartements du Dauphin et de la Dauphine

當皇室搬入凡爾賽宮後，這裡便成了路易十四的日常生活實際場所，國王居殿的設計理念是極盡表現路易十四的君主身份，因此無時無刻都得遵守各種禮儀。然而其後代則將此處轉變成私人的安樂窩，但是直到舊君主制度的末期，國王的居殿一直是權威的代表。

楓丹白露 Fontainebleau

位於巴黎東南方的楓丹白露(Fontainebleau)，名稱源自Fontaine Belle Eau，意謂著「美麗的泉水」。12世紀，法王路易六世(Louis VI)下令在此修建城堡和宮殿，做為避暑勝地，而歷代的國王不是拿它來當作行宮、接待外賓，就是長期居住在此，因此，重要的皇室文物或建築風格都在這裡留下痕跡，深具藝術遺產價值。

楓丹白露在眾多國王中，以法蘭斯瓦一世(François I)的修建計畫最具看頭，他除了保留中世紀的城堡古塔，還增建了金門、舞會廳、長廊，並加入義大利式建築裝飾。這種結合文藝復興和法國傳統藝術的風格，在當時掀起一陣仿效浪潮，也就是所謂的「楓丹白露派」。

路易十四(Louis XIV)掌政後，每逢秋天，便選在楓丹白露進行狩獵活動，這項傳統一直延續到君主專制末期。不過到了17世紀後，法國皇室搬移至凡爾賽宮居住，楓丹白露光采漸漸黯淡，甚至在法國大革命時，城堡的家具遭到變賣，整座宮殿宛如死城。直到1803年，經由拿破崙的重新布置，楓丹白露才又重現昔日光彩。

楓丹白露資訊

⌂ Château de Fontainebleau 77300 Fontainebleau ☎ 01-60-71-50-70 ◴ 城堡週三～週一10~3月09:30~17:00、4~9月09:30~18:00(售票至關閉前45分鐘)；庭園與花園11~2月09:00~17:00、3、4、10月09:00~18:00、5~9月09:00~19:00，開放時間會變動，請上網查詢 ☒ 城堡週二、1/1、5/1、12/25 ⓢ 大殿建築全票€14、優待票€12(閉館前1小時全部€8)，庭園與花園免費 ⓦ www.chateaudefontainebleau.fr

如何前往

火車

從巴黎里昂火車站(Gare de Lyon)搭火車於Gare de Fontainebleau-Avon站下，車程約40分鐘，約每2小時1班。

班次、時刻表及票價可上網或至火車站查詢，車票可上網、至火車站櫃台購買，或先在台灣向飛達旅遊購買法國火車通行證(France Rail Pass)。

飛達旅遊
⌂ 台北市中山區南京東路三段168號10樓之6
(02)8161-3456 ⓦ www.gobytrain.com.tw

法國國鐵
ⓦ www.sncf.com

火車站至楓丹白露交通

從Gare de Fontainebleau-Avon火車站前，轉搭巴士1號於Château站下，車程約15分鐘，車資為€2.1，下車即達。

旅遊諮詢

楓丹白露遊客服務中心
⌂ 4bis place de la République 77300 Fontainebleau ☎ 01 60 74 99 99 ◴ 週一～週六10:00~18:00；週日和國定假日5~10月10:00~13:00、14:00~17:30、11~4月10:00~13:00 ⓦ www.fontainebleau-tourisme.com

楓丹白露城堡 1樓和花園

Le Raz-de-Chaussée et Les Jardins du Château de Fontainebleau

楓丹白露的1樓主要分為四部分，一是拿破崙一世紀念館，二是小殿建築，三是分布大殿建築前後數個美麗的庭園，最後還有歐仁妮皇后的中國博物館。小殿建築和拿破崙一世紀念館必須參加導覽行呈才能參觀。因此天氣好的時候，不妨以庭園和花園為參觀重點，或是進入中國博物館，看看這些曾屬於中國圓明園中的珍貴文物。

拿破崙一世紀念館
Le Musée Napoléon 1er

坐落在路易十五側翼樓內，成立於1986年，內部收藏著拿破崙及其家庭成員於1804~1815年帝國時代保留的收藏品，包括有畫作、雕塑、室內陳設及藝術品、住過的房間、用過的武器及裝飾品等。各式各樣的收藏品反映了拿破崙皇帝及義大利國王的生平、皇帝的禮物、戎馬生活，此外還有一些拿破崙第二任妻子──瑪麗·露易絲(Marie Louise)、羅馬國王、皇帝的母親和兄弟姊妹們的肖像和使用過的物品。

庭園與花園Les Cours et Les Jardins
◎榮譽庭園La Cour d'Honneur

從入口裝飾著拿破崙徽章、並稱為「榮譽之門」的大柵欄門進入後，首先映入眼簾的便是榮譽庭園，楓丹白露的參觀遊覽就從這裡開始。

榮譽庭園原本稱之為白馬庭園(Le Cour du Cheval Blanc)，其名稱源自1626年在此放置的一座白馬雕塑，不過，在1814年拿破崙宣布退位，並在這裡與侍衛軍隊告別，這裡又有了「訣別庭園」(Cour des Adieux)的別稱。

◎馬蹄型階梯L'Escalier en Fer-à-Cheval

位於白馬庭園前方這座造型優美的馬蹄型階梯，階梯興建於1634年，是亨利二世任命建築師Jean Androuet du Cerceau所建，不但做為宮殿的主要入口，階梯下的拱門還可供馬車經過，是件極具巧思的設計。不過原先的馬蹄型階梯已遭毀壞，現在看到的是由安德胡·杜賽索重建的結果。

楓丹白露城堡1樓和花園分布圖

◎噴泉庭園La Cour de la Fontaine

雖然稱為噴泉庭園，真正的主角卻是廣大的鯉魚池(L'Etang aux Carpes)，它從16世紀起就是城堡內舉辦水上活動的場所，中央的亭子則是休憩、觀賞表演和用膳之處。

◎大花壇Le Grand Parterre

大花壇位於鯉魚池的東邊，是路易十四的御用建築師勒諾特(André le Nôtre)親自設計的法式庭園。過去曾是法蘭斯瓦一世的大花園，後來亨利四世讓水利工程師和園藝師重新布置了這個大花壇。今日的大花壇綠草如茵、花開遍野，漫步其間悠哉愜意。

◎橢圓庭園La Cour Ovale

這座宮殿中歷史最悠久的建築，內有一座興建於12世紀的方形鐘塔，後者是法蘭斯瓦一世對楓丹白露進行整修改建時，少數保存下來的原始建築。前往這裡需由太子門(La Porte Dauphine)進入，1616年路易十三的加冕儀式便是由此展開，所以又稱加冕門(La Porte du Baptistère)。

◎英式花園Le Jardin Anglais

前身是法蘭斯瓦一世時期建造的松樹園，一度遭到荒廢，直至拿破崙一世時，又任命建築師M.-J. Hurtault，以英式花園的形式為它重新設計。

◎黛安娜花園Le Jardin de Diane

一座散布著花圃、噴泉和雕塑的花園，充滿著典雅的英式風情，花園名字出自於亨利四世時期，在此安置的一尊由巴代勒·米培厄於1684年製作完成的黛安娜塑像。

小殿建築Les Petits Apartments

位於楓丹白露宮的底層，小殿建築是1808年時拿破崙一世下令在舊有建築基礎上修建而成的寓所。由於在大殿建築內的一舉一動必須符合王宮制度要求，小殿建築的設計可以讓國王和皇后擁有比較不受拘束和規範的私人生活，其中包括國王的客廳、書房和臥室，以及皇后客廳和臥室等。

◎鹿廊La Galerie des Cerfs

鹿廊長74公尺、寬7公尺，由路易·布瓦松於1600年前後裝修。鹿廊的牆壁畫滿亨利四世時代的皇家建築與城堡，和圍繞在城堡周邊的森林景色。此外，在鹿廊看到的青銅像，全是以前用來點綴城堡外花園和庭園裡的裝飾品。

歐仁妮皇后的中國博物館Le Musée Chinois de l'Impératrice

1863年時，在歐仁妮皇后(Eugénie de Montijo)的要求下，原本此處的4個大廳，改建成如的客廳和中國博物館，做為起居休憩和晚宴之用，值得一提的是這裡的博物館中，珍藏了大量1860年英法聯軍入侵中國圓明園時搶奪的中國文物，像是字畫、首飾、玉器、瓷器、金銀飾、景泰藍等，據說總數多達3萬件。

楓丹白露城堡2樓
Le Premier Etage du Château de Fontainebleau

楓丹白露城堡的2樓以聖三一禮拜堂、大殿建築和拿破崙一世內套房為主，三者都是楓丹白露的參觀重點，尤其是前兩者，漫步其間，細細品味周邊精緻的壁畫和文物，仍能感受到這個城堡曾經散發的華麗風采。

聖三一禮拜堂
La Chapelle de la Trinité

現在看到的聖三一禮拜堂是1550年由亨利二世設計和保留下來的，其前身是路易九世創建的聖三一救濟修道院。接下來的整修和裝飾工程則是在亨利四世和路易十三世時期完成，包括穹頂中央著名的聖經故事——《耶穌受難圖》壁畫。

每當舉辦彌撒時，國王和皇后就會端坐於看台上（除非是重大節慶才會下來），至於祭台前方一座未經裝飾的陽台，則是為樂師和唱師班所使用。

大殿建築Les Grands Apartments
◎盤子長廊La Galerie des Assiettes

長廊興建於西元1840年的路易－菲利浦時期，其天花板和牆上的21幅壁畫，是根據黛安娜長廊拱頂的石膏油畫重製而成，畫面描繪神話裡的眾神和獵人，由Ambroise Dubois和助手完成於1600~1605年間。

◎法蘭斯瓦一世長廊La Galerie François 1er

1494年法國占領義大利後，文藝復興的思想也間接傳入法國，這種風氣又以法蘭斯瓦一世在位時最為風行，他為了在楓丹白露打造一座這樣的長廊，特別請來了一位跟隨米開朗基羅畫派的義大利藝術家和梭(Il Rosso)，以及法國、義大利的雕塑家和畫家，共同完成內部的壁畫、仿大理石雕塑、細木護牆板等裝飾和設計。完成後法蘭斯瓦一世大喜，將它視為楓丹白露內重要的藝術傑作，經常邀請貴族名流前來參觀。長60公尺、寬和高各6公尺的長廊原是兩邊採光的建築，但北面的窗戶在1785年興建側翼時被堵上，從另一邊的玻璃窗，則仍可居高欣賞噴泉庭園和鯉魚池的風光。

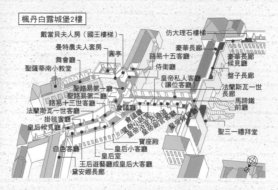

◎侍衛廳La Salle des Gardes

　這裡是國王的侍衛掌控大臣進入大殿建築的地方，所謂的大殿建築是國王和皇后的主要生活空間，大臣只能進入到與他們身份相符的房間。這裡的家具是第二帝國時期的布置，原先為餐廳。

◎舞會廳La Salle de Bal

　舞會廳始建於法蘭斯瓦一世，原設計成具有義大利式柱廊和搖籃形拱頂的大陽台，然而直到法蘭斯瓦一世辭世，舞會廳仍未完工，他的兒子亨利二世(Henry II)接任後，改成具有平頂藻井的大廳，並以華麗的壁畫和油畫裝飾。

　舞會廳內有10扇大玻璃窗，北面是城堡最古老區的橢圓庭園，南面近大花壇。下方護牆板的木條同樣漆以鍍金，上方和藻井的壁畫則以神話或狩獵題材為主，呈現一種金碧輝煌的氛圍。仔細觀賞，整體裝飾中大量採用國王名字起首字母和象徵國王的月牙徽標記所組成的圖案，常看到的還有字母C(凱瑟琳．梅迪奇Catherine de Médicis名字起首字母)和字母D(國王的情人黛安娜Diane de Poitiers名字起首字母)。

◎黛安娜長廊La Galerie de Diane

　黛安娜長廊長80公尺、寬7公尺，於1600年由亨利四世所建，只是不久後長廊損毀，直到1858年才被拿破崙三世改建成圖書館，並存放拿破崙一世及歷代皇室的藏書、字畫、手稿和骨董。

◎皇后室La Chambre de l'Impératrice

　自16世紀末到1870年，幾乎所有的皇后都使用過這個房間，現今存留下來的擺設出自拿破崙妻子約瑟芬皇后(Joséphine de Beauharnais)的設計，最後一位使用它的主人，則是拿破崙三世的妻子歐仁妮皇后。

◎寶座殿La Salle du Trône

　原是國王的寢宮，1808年時被拿破崙改設為寶座殿，並在週日舉行宣誓和引見儀式。整個殿所空間雖然不大，但不失金碧輝煌，御座取代了床位，但大部份的家具都是從18世紀路易十六時期就遺留下來的原件。在這裡也可以看到幾個朝代的裝飾，像是17世紀中葉的天花板中部牆裙和帶三角楣的門，以及1752~1754年間新增的細木護牆板和維爾白克雕塑等。

拿破崙一世內套房L'Appartement Intérieur de l'Empereur

◎皇帝小臥室La Chambre de Napoléon

　雖為皇帝的辦公室，但拿破崙也把它當成第二臥室，房間內鐵床頂飾帶有鍍金銅製的皇家標誌。根據拿破崙的秘書男爵凡的回憶錄中指出，拿破崙的日子多是在他的辦公室度過的，只有回在這裡他才覺得像是在自己家，一切都歸他使用。

◎皇帝私人客廳Le Salon de l'Abdication

　這裡所有陳設為1808~1809年間的布置，又稱為讓位廳，因為拿破崙在1814年4月16日時，就是在這裡宣布讓位。

同場加映：雙河遊船玩巴黎
塞納河・聖馬丁運河

巴黎除了有知名的塞納河，還有一條人工河道——聖馬丁運河；當地的旅遊業者，也規畫出不少遊船行程，讓你除了可以坐地鐵暢遊巴黎，也可以以搭乘遊船的方式，感受這個城市的無限魅力。

塞納河 La Seine

塞納河可說是巴黎的母親之河，巴黎不但是從河中之島——西堤島開展歷史的，巴黎多少名勝古蹟，也沿著河畔建立發展，塞納河並於1991年就名列世界文化遺產，成為巴黎重要的珍寶。

巴黎以塞納河為中心分成左岸和右岸，為連結河的兩岸，建立了多達37座橋樑，讓遊客可以隨時站在橋上，欣賞塞納河的綽約風姿；而除了靜態欣賞美景，沿著河畔悠行，也可以看盡巴黎幾世紀以來的絕代風華；當然，最輕鬆的方式莫過於搭乘觀光船，順著船行、迎著涼風，便可一一瀏覽兩岸經典建築，輕鬆進行一趟精緻的巴黎小旅行。

而巴黎的遊船公司也提供不同的行程和內容選擇，基本上皆有塞納河遊覽行程，並提供包括中文或英文的多種語言導覽；高檔一點的，則供應豪華午餐或晚餐，雖然價格高昂，不過遊客仍趨之若鶩，須事先訂位。

塞納河河上巴士Batobus

🚏有9個停靠站，包括艾菲爾鐵塔、巴黎傷兵院、奧塞美術館、聖日爾曼德佩教堂、聖母院、植物園、市政府、羅浮宮、協和廣場，各停靠站皆可購票和搭船 ☎ 01 76 64

79 12 ⏱ 10:00~19:00、1/30~3/7、11/11~12/19（週一～週四10:00~17:00、週五～週日10:00~19:00）、3/8~7/17 10:00~19:00，每年狀況不一，請上網查詢 🎫 7/18~7/26，每年狀況不一，請上網查詢 💲1日券 全票€23、優待票€13，2日券 全票€27、優待票€17 🌐 www.batobus.com ❗船上和停靠站都沒有廁所

停靠站最多，可以在船票有效期限內，在停靠站隨時上船和下船參觀景點，時間隨意無限制，也省卻再排隊買票的麻煩，等於是把遊船當成交通工具玩巴黎。

新橋遊船Vedettes du Pont-Neuf

🚏購票處和搭乘處在綠林廣場旁(Square du Vert Galant) ☎ 01 46 33 98 38 📠 01 43 29 86 19 ⏱3月15日~10月31日10:30~22:30約每30~90分鐘一班、11月1日~3月14日10:30~22:00約每45分鐘~2小時一班，遊程約1小時 💲全票€14、優待票€7 🌐 www.vedettesdupontneuf.com

雖然不能任意上下站，但在1小時的遊程裡，可以一一欣賞到新橋、聖母院、市政廳、羅浮宮、協和廣場、艾菲爾鐵塔、亞歷山大三世橋、奧塞美術館等重要建築，是快速認識巴黎的方法。

巴黎人遊船Bateaux Parisiens

🚏購票處和搭乘處在艾菲爾鐵塔下河畔Port de la Bourdonnais，建議提早預約 ☎ 01 76 64 14 45 ⏱一般遊程週一～週四 10:30~22:00、週五～週日10:00~22:00，每趟遊程40~45分；午餐遊程 12:45，遊程約2小時；晚餐遊程18:15、20:30，遊程約1小時15分。逢假日或有變動，請上網查詢。 💲全票€16、優待票€7.5，午餐遊程€75起、晚餐遊程€95起 🌐 www.bateauxparisiens.com

有一般純遊船行程，船上提供13種耳機語言導覽，另有含午餐的遊程；但對於花都有所浪漫想像的人，可以參加晚宴遊程，此時不妨換上小禮服，一邊嘗著精緻的法式料理，一邊欣賞美妙樂音，接受著其他船隻上人們的艷羨眼光，聽起來非常勢利眼，卻十足的巴黎。

蒼蠅船Bateaux-Mouches

購票處和搭乘處在愛瑪橋(Le Pont de l'Alma)，建議提早預約 01 42 25 96 10 01 42 25 02 28 10:15~22:30，15:30前每45分鐘一班，之後每30分鐘一班，週五～週日10:00~22:30 每30分鐘一班。時間隨季節變動，遊程約1小時10分 全票€15、優待票€6；蒼蠅船＋Open Tour Bus(Bus'N'Boat)1日券全票€40、優待票€20，2日券全票€44、優待票€20 www.bateaux-mouches.fr

　　古代的塞納河只有大橋和小橋，河岸居民靠著交通渡輪，這就是「蒼蠅船」的前身。蒼蠅船是遊客瀏覽巴黎最基本也最經濟的方式，望著觀光船和運輸用船在河上忙碌地穿梭，看見右岸與左岸，也看見人文的軌跡。另外也提供餐廳遊程。

水上餐廳
Cruises on the Seine restaurants

搭地鐵12號線於Solférino站下，步行約6~8分鐘；或搭RER C線於Musée d'Orsay站下，出站即達 集合點：奧塞美術館前Port Solferino, 11 Quai Anatole France 75007 Paris 01 43 43 40 30 12:30(12:15登船)、18:45(18:15登船)、21:15(20:45登船)，全程約1小時15分鐘~2小時 12:30 €59起、18:45 €70起、21:15 €75起 www.marina-de-paris.com/en 需事先報名，也可先在台灣向飛達旅遊購買(電話：02-8161-3456、網址：www.gobytrain.com.tw)

　　強力推薦這個遊船，因為不僅能欣賞塞納河兩岸經典風光，遊船公司在餐食和氣氛的安排也是極為細膩，讓人能特別感受到花都浪漫風情。

　　白色的遊船內擺著一張張漂亮的餐桌，所有的乘客準時優雅進入船艙，像是要參加一場宴會般令人期待；坐定後，先是點餐服務，不像一般晚宴遊船僅提供簡餐，這裡供應正統的西式料理，菜單不但分前菜、主菜和餐後甜點、飲料，而且每一種類還有兩種以上的選擇，甚至也供應素食；更重要的是菜色頂級、擺盤精緻，就像是品嘗法式料理般令人驚喜。

　　遊船從Port of Solférino碼頭出發後，先向東南行，到聖路易島後折返往西北行，接下來至Pont de Grenelle的自由女神像(Statue of Liberty)後再返回碼頭；一路船行穩定，大家一邊品嘗著美食，一邊透過明亮的玻璃窗欣賞河岸美景，船公司也會隨著眼前的景致變換音樂，氣氛營造的輕鬆浪漫。

聖馬丁運河
Canal Saint-Martin

　　長4.6公里的聖馬丁運河建造於1825年，是當年拿破崙建設巴黎城市水利系統的計畫之一，共設有9個閘口。

　　今日的運河是遊客來到巴黎的熱門觀光路線，搭上遊船，就可以沿途欣賞運河風光，而且只要船一接近水門，閘口就會立即注水，方便遊船通行，磅礴水流所形成的氣勢和聲響可謂壯觀，比起單純遊河更為有趣。

　　聖馬丁運河也是電影《艾蜜莉的異想世界》的拍攝場景之一，艾蜜莉就站在這裡玩起水漂兒，所以不一定要花錢搭船，學學她在這裡丟丟小石、喃喃自語，也是一種法式浪漫。

Canauxrama遊船公司

13 Quai de la Loire 01 42 39 15 00 09:45、14:30從Port de l'Arsenal(阿森港)出發，全程約2.5小時，抵達至Bassin de la 聖馬丁運河行程全票€23、優待票€13，雙河遊程票€23、優待票€13，雙河遊程全票4歲以下免費 www.canauxrama.com

　　共有2種遊程可選擇，聖馬丁運河行程(Cananl Saint Martin)和雙河遊程(Croisière combinée Canal St Martin et Seine)，讓你用不同的方式去體驗聖馬丁運河。

　　聖馬丁運河行程行程會經過4座雙鎖、2座平轉橋與1座升降橋，還有步行無法抵達的神秘地下金庫。雙河遊程顧名思義，穿過聖馬丁運河的閘口，再欣賞塞納河上的巴黎美景。

Paris Canal遊船公司

19~21 Quai de la Loire 01 42 40 29 00 10:00、15:00奧塞美術館→葉維特公園、14:30葉維特公園→奧塞美術館，全程約2.5小時。開船時間因季節變動，請先確認 全票€23、優待票€15~20，4歲以下免費 www.pariscanal.com

　　除了穿越聖馬丁河上的各個閘口，以及欣賞塞納河河岸上的地標建築，Paris Canal還會把你帶到巴士底地下長達2公里的通道，來一場不一樣的巴黎冒險！

塞納河的沿途風光

搭乘遊船時，如果從最西邊的比爾凱姆橋Le Pont de Bir-Hakeim開始至東端結束，將可沿途欣賞到至少28種的不同風光：

比爾凱姆橋Le Pont de Bir-Hakeim→夏佑宮Palais de Chaillot→艾菲爾鐵塔Tour Eiffel→耶納橋Le Pont d'léna→黛比橋La Passerelle Debilly→巴黎市立近代美術館Musée d'Art Moderne de la Ville de Paris→愛瑪橋Le Pont de l' Alma→大皇宮Grand Palais→小皇宮Petit Palais→巴黎傷兵院Invalides→亞歷山大三世橋Le Pont Alexandre III→協和廣場Place de la Concorde→橘園美術館Musée de l' Orangerie→杜樂麗花園Jardin des Tuileries→奧塞美術館Musée d'Orsay→羅浮宮博物館Musée du Louvre→皇家宮殿和花園Palais Royal & Jardin du Palais Royal→藝術橋Le Pont des Arts→新橋Pont Neuf→西堤島Ile de la Cité→聖禮拜堂Sainte Chapelle→聖母橋Pont Notre Dame→巴黎聖母院Cathédrale Notre-Dame de Paris→雙橋Pont au Double→聖路易島Ile Saint Louis→塞納河畔的舊書攤Les Bouquinistes de la Seine→巴士底歌劇院Opéra Bastille→植物園Jardin des Plantes

巴黎旅遊資訊
文·圖／墨刻編輯部

簽證辦理

台灣遊客前往法國觀光無需辦理申根簽證,只要持有效護照即可出入申根公約國,6個月內最多可停留90天。摩納哥雖然並不屬於申根公約國,但接受國人以免申根簽證待遇入境。有效護照的定義為,預計離開申根區時最少還有3個月的效期。

儘管開放免簽證待遇,卻不代表遊客可無條件入境,入境申根國家所需查驗的相關文件包括:來回航班訂位紀錄或機票、英文或法文行程表、當地旅館訂房紀錄或當地親友邀請函、英文存款證明或其他足以證明自己能在當地維生的證明、公司名片或英文在職證明等等。另外,原本辦理申根簽證所需的旅遊醫療保險,雖同樣非入境時的必備證明,但最好同樣投保,多一重保障。

目前「歐盟旅行資訊及許可系統」(ETIAS)仍在建置中,預計2025年中開始,國人前往包含法國、義大利、西班牙、葡萄牙等歐洲30個國家和地區,需要事先上網申請ETIAS且獲得授權,手續費€7。ETIAS有效期限是3年,或持有護照到期為止。效期內只要持有效護照及ETIAS即可不限次數出入申根公約國,無需再辦理申根簽證,6個月內最多可停留90天。

歐盟ETIAS官網
🌐 travel-europe.europa.eu/etias_en
法國在台協會
📍 台北市信義區信義路五段7號39樓A室　☎ (02)3518-5151　🕐 週一～週五9:00~12:00　🌐 france-taipei.org/

飛航資訊

從台灣可搭長榮航空、中華航空和法國航空直飛巴黎,或利用其他航空公司經香港、新加坡或曼谷轉機前往巴黎。另外法國、荷蘭、國泰、瑞士、英國、德國漢莎、土耳其等航空,提供經第三地甚至第四地轉飛波爾多、里昂、蒙貝利耶、馬賽、史特拉斯堡等法國境內大城的航班。詳情或旅遊套裝行程可洽各大航空公司或旅行社。

台灣飛航巴黎主要航空公司

航空公司	網址
長榮	www.evaair.com
華航	www.china-airlines.com/tw
國泰	www.cathaypacific.com
泰航	www.thaiairways.com
法航	www.airfrance.com.tw
新航	www.singaporeair.com

機場至市區交通

巴黎有兩處機場，一為戴高樂機場(Aéroport Paris-Charles-de-Gaulle，簡稱CDG，或暱稱為Roissy)，一為奧利機場(Aéroport de Paris-Orly)。戴高樂機場位於巴黎市區東北方約25公里，一般航空多降落在此，CDG共有3個航廈，分別是CDG1、CDG2和CDG3，因此，上機前記得要詢問航空公司是在哪一個航廈起降。

其中，長榮航空和中華航空從台北直飛巴黎的航班，便是停靠在CDG1，CDG2主要供法國航空和國內航班使用，日本航空和大韓航空也會在此起降；至於CDG3多為廉價航空使用。在CDG1與CDG2、CDG3航廈之間，有提供免費的無人電車(CDGVAL)，方便旅客往返使用。

奧利機場位於市區南方約14公里處，設有南航廈SUD和西航廈OUEST兩個航廈，前者大部分供國際航班起降，後者則以國內線航班居多；奧利機場與戴高樂機場之間有法航機場巴士Les Cars Air France可接駁(Ligne3)，車程約75分鐘。

從機場前往巴黎市區，不論搭乘巴士、RER、火車或計程車等，可選擇的交通方式眾多，十分便利。

巴黎機場

🌐 www.parisaeroport.fr

羅西巴士Roissybus

由巴黎大眾運輸公司(Régie Autonome des Transports Parisiens，簡稱RATP)經營，是往來戴高樂機場和巴黎市區的巴士中最便宜的。

🔄 戴高樂機場─歌劇院(11, Rue Scribe) ⏰ 05:15~00:30，約15~20分鐘一班，車程約60分鐘。 💲 單程€16.2 巴黎大眾運輸公司 🌐 www.ratp.fr/titres-et-tarifs/billet-aeroport

奧利巴士Orlybus

負責奧利機場和巴黎市區間的交通營運，也由巴黎大眾運輸公司經營。

🔄 奧利機場─Denfert-Rochereau廣場。 ⏰ 05:35~00:00，約8~15分鐘一班，車程約25~35分鐘。 💲 單程€11.2 巴黎大眾運輸公司 🌐 www.ratp.fr/titres-et-tarifs/billet-aeroport

RER

從戴高樂機場

CDG1或CDG2兩個航廈均可搭RER B線前往市區市區北站(Gare du Nord)、Châtelet-Les Halles等大站，可銜接地鐵(Métro)或其他RER路線至各地。

可在機場購買車票，記得車票要保留至出站，並通過驗票機查驗。

RER B線

⏰ 04:50~00:11，約10~20分鐘一班，車程至北站約25分鐘、至Châtelet-Les-Halles約28分鐘。 💲 單程€11.45 🌐 www.ratp.fr/titres-et-tarifs/billet-aeroport

---

巴黎的區間

從巴黎市區到近郊一共分成5個區間(Zone)，巴黎主要觀光景點都位於1~2區內，也就是都在地鐵票適用的範圍，但如果要到遠一點的地方，則要購買RER車票或適合的優惠票券(見P.000)。

1區(1 Zone)：巴黎市區(巴黎的行政區域20區內皆是)

2區(2 Zone)：巴黎市周邊，含布隆森林。

3區(3 Zone)：拉德芳斯一帶

4區(4 Zone)：奧利機場、凡爾賽宮。

5區(5 Zone)：戴高樂機場、河谷Outlet購物村、巴黎迪士尼樂園、楓丹白露。

巴黎分區地圖

從奧利機場

可從機場乘坐單軌列車Orlyval到RER B的Antony站，由此搭RER B線前往北站(Gare du Nord)、Châtelet-Les Halles等大站，再銜接地鐵至各地。

單軌列車Orlyval

⏰ 06:00~23:35，約4~7分鐘一班，車程約6分鐘。 💲 單程€11 🌐 www.ratp.fr/titres-et-tarifs/billet-aeroport

巴士

在戴高樂機場CDG1與CDG2兩個航廈，可搭巴士351號抵達市區的Nation (2 Ave. du Trône)，車票可於上車時購買。

⏰ 07:00~21:37，約30分鐘一班，車程約70~90分鐘。 💲 單程€6.3 ❶ 另有夜間巴士N140、N143號

在奧利機場可搭巴士183號抵達市區的Porte de Choisy，車票可於上車時購買。

⏰ 06:00~00:20，約30分鐘一班，車程約50分鐘。 💲 單程€6.3 ❶ 另有夜間巴士N22、N31、N131、N144號

計程車

從戴高樂機場搭計程車至巴黎市區，車程約30~50分鐘，車資約€55~62；從奧利機場至市區，車程約20~40分鐘，車資約€30~35，以上遇夜間和假日需加價，大件行李每件加收約€2。

火車站至市區交通
地鐵
　　市區主要7座火車站都和地鐵或RER線交會,交通方便。

市區交通
地鐵METRO和高速郊外快車RER
　　見P.16~25。

巴士
　　建議先到地鐵站的遊客中心索取巴士路線圖,可快速尋找欲搭乘的巴士號碼與巴士站的位置。巴士車票與地鐵票通用,90分鐘內可不限次數轉乘。上車後,記得將票插進收票機打印即可,如果持旅遊卡,請在上車時拿給司機看。如果沒事先買好車票,可於上車時購買,但請自備零錢。
　🌐 www.ratp.fr

計程車
　　搭計程車必須到計程車候車處(Station de Taxi)或有Taxi標誌的地方乘坐,上車時記得確認一下計程表。每台車均限載4人,第5名乘客需加收費用,電話叫車亦須額外付費。
　💲依不同時段共分A、B、C三種價格,起跳價均為€€7.3,A價適用於週一~週六10:00~17:00間行駛於市區,每公里€1.14;B價適用於週一~週六17:00~10:00以及週日07:00~00:00和國定假日的00:00~23:59間行駛於市區,或週一~週六07:00~19:00行駛於郊區,每公里€1.53;C價適用於週日00:00~7:00間行駛於市區,或週一~週六19:00~07:00行駛於郊區,以及週日和國定假日整天行駛

於郊區,每公里€1.7。此外,除第5人需加收€4.5外,第二件放至於行李箱中的行李每件需加付€1。

巴黎觀光巴士
Paris TootBus
　　開設多條路線,包括Must See Paris、Pari Discovery、Paris Express,以及Paris Fashion Tour、Paris by Night、Kids Tour等主題旅遊。
　💲€33~€67,因路線而異。 　🌐 www.tootbus.com/en paris/home
Big Bus Paris
　　搭乘這種紅色雙層巴士可在巴黎市內10個停靠站任意上下車,起迄點為艾菲爾鐵塔,沿途經戰神廣場、Garnier歌劇院、羅浮宮/Big Bus Information Certre、羅浮宮/藝術橋、聖母院、奧塞美術館、香榭麗舍大道、大皇宮、Trocadéro,車上備有中、英、日、韓、法語的耳機導覽。
　🕒9:45起,約10~15分鐘一班,全程約2小時15分鐘。 　💲日券ClassicTicket全票€42、優待票€22,2日券Premiur Ticket全票€53.1、優待票€31.5,2日豪華券Delux Ticket全票€67.5、優待票€37;上網購票另有9折優惠、
　🌐 www.bigbustours.com/en/paris/paris-bus-tours
塞納河遊覽船
　　搭船遊塞納河,除了在船上用餐必須事先預約外,絲觀光均可上船買票、自由乘坐。欲了解當地有哪些遊覽船公司,可於遊客服務中心或各大飯店櫃台索取相關資訊。各種遊覽船行程請見P.162~163。

優惠票券
巴黎博物館通行證Paris Museum Pass
　　參觀巴黎大大小小的博物館,光是門票也是一筆不

小的支出，建議購買巴黎博物館通行證，憑卡可無限次、免費進入巴黎超過50個以上的博物館和景點，包括羅浮宮、奧塞美術館、龐畢度中心、凱旋門、聖母院、凡爾賽宮及楓丹白露等，可省去許多排隊購票的時間。

通行證分為2、4、6日三種，購買後在背面寫上第一天使用的日期及姓名即可，要注意的是，使用天數必須連續，不得中斷與彈性任選。可於各大博物館、遊客服務中心和地鐵站購買。

💲 2日券€55、4日券€70、6日券€85

🌐 parismuseumpass.com

歐洲博物館之夜
La Nuit Européenne des Musées
每年5月中旬，歐洲3,000多家博物館都選在同一個週末夜晚，免費開放民眾參觀，光是法國就有1,000多間博物館參與，在大巴黎地區則有超過130家共襄盛舉，包括羅浮宮、奧塞美術館、龐畢度中心、大小皇宮、傷兵院、羅丹美術館、凡爾賽宮、楓丹白露等，會在該週末晚上到午夜免費開放。而除了靜態的博物館參觀，當晚還有音樂、舞蹈、電影、戲劇等表演可欣賞，每年的舉辦日期與詳細活動內容，請於5月前上網查詢。
🌐 nuitdesmusees.culture.fr

旅遊資訊

時差
台北時間減7小時，夏令時間(3月最後一個週日起至10月最後一個週日止)減6小時。

電壓
220伏特

貨幣及匯率
使用歐元，一般以Euro和€表示，本書皆以€表示。1歐元約可兌換35元台幣(匯率時有變動，僅供參考)。

小費
在咖啡館或餐廳，除非帳單上寫明「Service Compris」，不然要給小費，咖啡館或啤酒店給些零錢即可，餐廳的話約是消費金額的15~18%。在高級飯店住宿，行李、房間清潔及客房服務小費行情約€1~2。如果是電話叫計程車，給司機的小費約為車資的5%。

打電話
從法國打到台灣：0-886-x(區域號碼去掉0)-xxxxxxxx (6~8碼電話號碼)
從台灣打到法國：002-33-x(區域號碼去掉0)-xx-xx-xx-xx(8碼電話號碼)
法國國內電話：xx(區域號碼)-xx-xx-xx-xx(8碼電話號碼)

退稅
退稅
觀光客在法國購物可享退稅優惠，條件是
❶ 必須在貼有Tax Free Shopping貼紙的店內消費超過€100，
❷ 必須在購買商品後3個月內離境(指法國及其他歐盟國家)，
❸ 離境時出示購買商品及商家所開立的退稅單。如達退稅標準，每次退稅約可退得購買金額的12~13%。

只要符合退稅標準，即可在結帳時請櫃台幫你辦理，辦理時需要出示護照，並填寫退稅表格，退稅方式可選擇退入信用卡或退成現金(歐元)，這點在填寫退稅表格時便會詢問，選擇後至機場退稅時，是不能更改的。

退稅請至最後離境的歐盟國家機場辦理，辦理時請先至退稅櫃台，提供護照、機票、發票和退稅表格，有時海關人員會要求檢查是否有購買這些商品，因此建議將商品帶在手邊；由於退稅隊伍常大排長龍，記得要提早到機場，才不會因趕不上飛機而錯失退稅良機。

海關蓋章後，如果是退現金，則至現金退稅櫃台(Cash Refund Office)領取歐元，如果是退回信用卡，請將表格放入退稅信封內(收執聯請自己保留)，再投遞至退稅郵筒內，約2~3個月內，換算成台幣的退稅金額，便會退至你指定的信用卡帳戶內。
🌐 www.globalblue.com

旅遊諮詢

法國在台協會
Bureau Français de Taipei
📍 台北市信義區信義路五段7號39樓A室　📞 (02)3518-5151　🕐 週一～週五9:00~12:00　🌐 france-taipei.org/

駐法國台北代表處
Bureau de Représentation de Taipei en France
📍 78 rue de l' l'Université 75007 Paris　📞 01 44 39 88 30 旅外國人急難救助全球免付費專線：00-800-0885-0885　🕐 週一～週五09:00~12:30、13:30~17:00　🌐 www.roc-taiwan.org/fr

旅遊資訊參考網站
巴黎旅遊局L'Office de Tourisme de Paris
提供巴黎景點與文化藝術介紹，以及城市的新聞和生活相關資訊。
🌐 www.parisinfo.com
PARISCityVision
提供各種觀光巴士帶旅客暢遊巴黎，包括巴黎半日遊、一日遊、夜間表演秀觀光團、夜景行程、遊艇晚餐以及巴黎近郊行程等，選擇眾多。
🌐 www.pariscityvision.com

國家圖書館出版品預行編目資料

巴黎地鐵地圖快易通. 2024-2025/陳瑋玲, 墨刻編輯部作. -- 初版. -- 臺北市: 墨刻出版股份有限公司出版: 英屬蓋曼群島商家庭傳媒股份有限公司城邦分公司發行, 2024.01
168面; 18.3×24.2公分公分. -- (地圖隨身GO; 82)
ISBN 978-986-289-977-9(平裝)

1.CST: 火車旅行 2.CST: 地下鐵路 3.CST: 旅遊地圖 4.CST: 法國巴黎

742.719   112022104

作者
陳瑋玲・墨刻編輯部

攝影
墨刻攝影組

主編
陳瑋玲 (特約)・趙思語

美術設計
董嘉惠 (特約)・李英娟

地圖美術設計
董嘉惠 (特約)・墨刻編輯部

出版公司
墨刻出版股份有限公司
地址：台北市104民生東路二段141號9樓
電話：886-2-2500-7008
傳真：886-2-2500-7796
E-mail：mook_service@cph.com.tw
讀者服務：readerservice@cph.com.tw
墨刻官網：www.mook.com.tw

發行公司
英屬蓋曼群島商家庭傳媒股份有限公司城邦分公司
地址：台北市104民生東路二段141號2樓
電話：886-2-2500-7718   886-2-2500-7719
傳真：886-2-2500-1990   886-2-2500-1991
城邦讀書花園：www.cite.com.tw
劃撥：19863813
戶名：書虫股份有限公司

香港發行所
城邦(香港)出版集團有限公司
地址：香港九龍九龍城土瓜灣道86號順聯工業大廈6樓A室
電話：852-2508-6231
傳真：852-2578-9337

馬新發行所
城邦(馬新)出版集團 Cite (M) Sdn Bhd
地址：41, Jalan Radin Anum, Bandar Baru Sri Petaling, 57000 Kuala Lumpur, Malaysia.
電話：(603)90563833
傳真：(603)90576622
E-mail：services@cite.my

製版・印刷
凱林彩印股份有限公司

經銷商
聯合發行股份有限公司（電話：886-2-29178022）
誠品股份有限公司
金世盟實業股份有限公司

城邦書號
KA2082

定價
360元

ISBN
978-986-289-977-9・978-986-289-975-5（EPUB）
2024年1月初版

首席執行長 Chief Executive Officer
何飛鵬 Feipong Ho

生活旅遊事業總經理暨墨刻出版社長 PCH Group President & Mook Managing Director
李淑霞 Kelly Lee

總編輯 Editor in Chief
汪雨菁 Eugenia Uang

資深主編 Senior Managing Editor
呂宛霖 Donna Lu

編輯 Editor
趙思語・唐德容・陳楷琪・王藝霏・林昱霖
Yuyu Chew, Tejung Tang, Cathy Chen, Wang Yi Fei, Lin Yu Lin

資深美術設計主任 Senior Chief Designer
羅婕云 Jie-Yun Luo

資深美術設計 Senior Designer
李英娟 Rebecca Lee

影音企劃執行 Digital Planning Executive
邱茗晨 Mingchen Chiu

資深業務經理 Senior Advertising Manager
詹顏嘉 Jessie Jan

業務經理 Advertising Manager
劉玫玟 Karen Liu

業務專員 Advertising Specialist
程麒 Teresa Cheng

行銷企畫經理 Marketing Manager
呂妙君 Cloud Lu

行銷企畫專員 Marketing Specialist
許立心 Sandra Hsu

業務行政專員 Marketing & Advertising Specialist
呂瑜珊 Cindy Lu

印務部經理 Printing Dept. Manager
王竟為 Jing Wei Wan

墨刻整合傳媒廣告團隊

提供全方位廣告、數位、影音、代編、出版、行銷等服務
為您創造最佳效益
歡迎與我們聯繫：mook_service@mook.com.tw